立山信仰史研究の諸論点

米原寛

桂書房

立山曼荼羅『大仙坊本Ａ本』

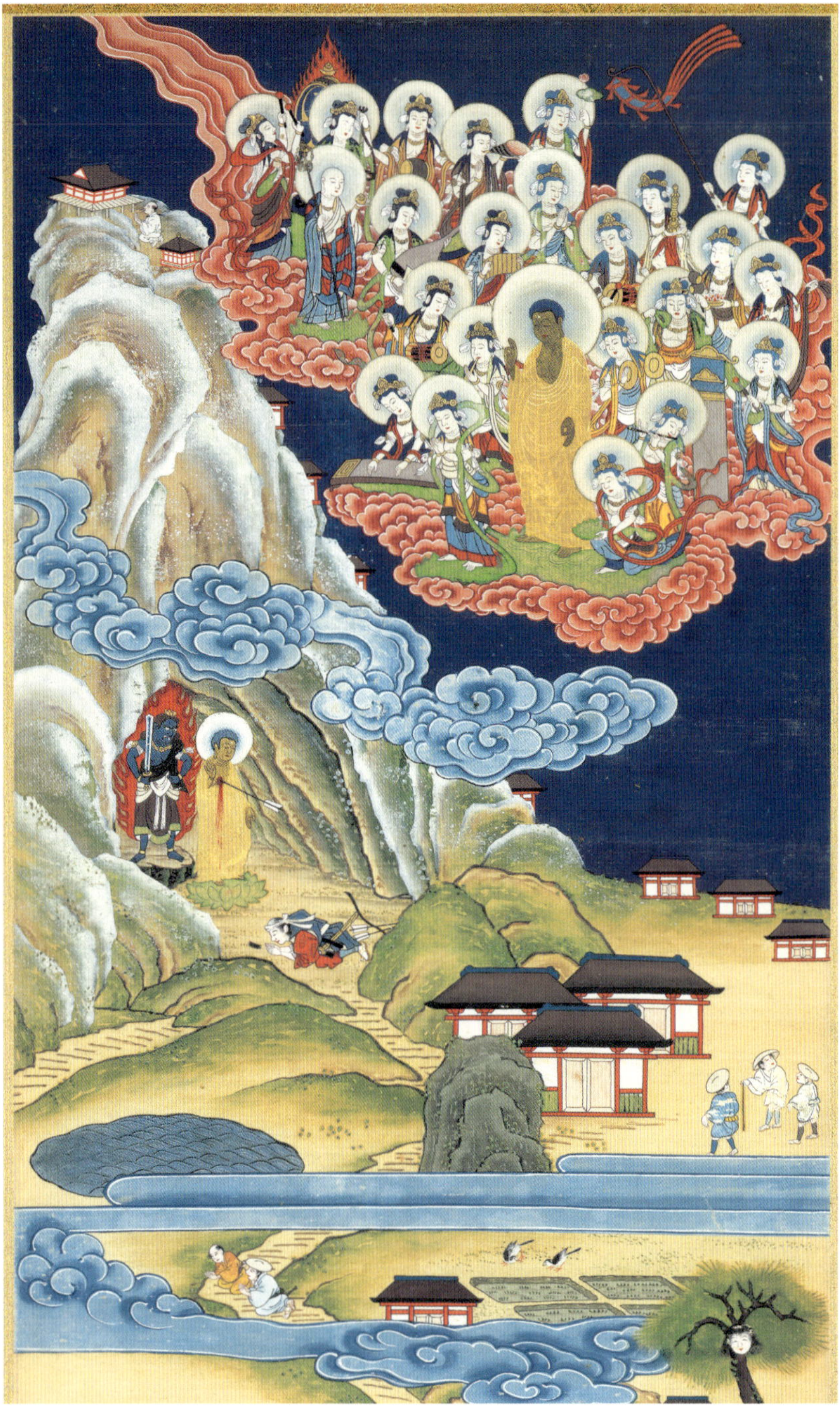

立山曼荼羅『大仙坊本Ａ本』部分拡大図

芦峅寺高割山絵図（個人所蔵）　法量・縦53.0cm×横357.0cm（部分拡大図）

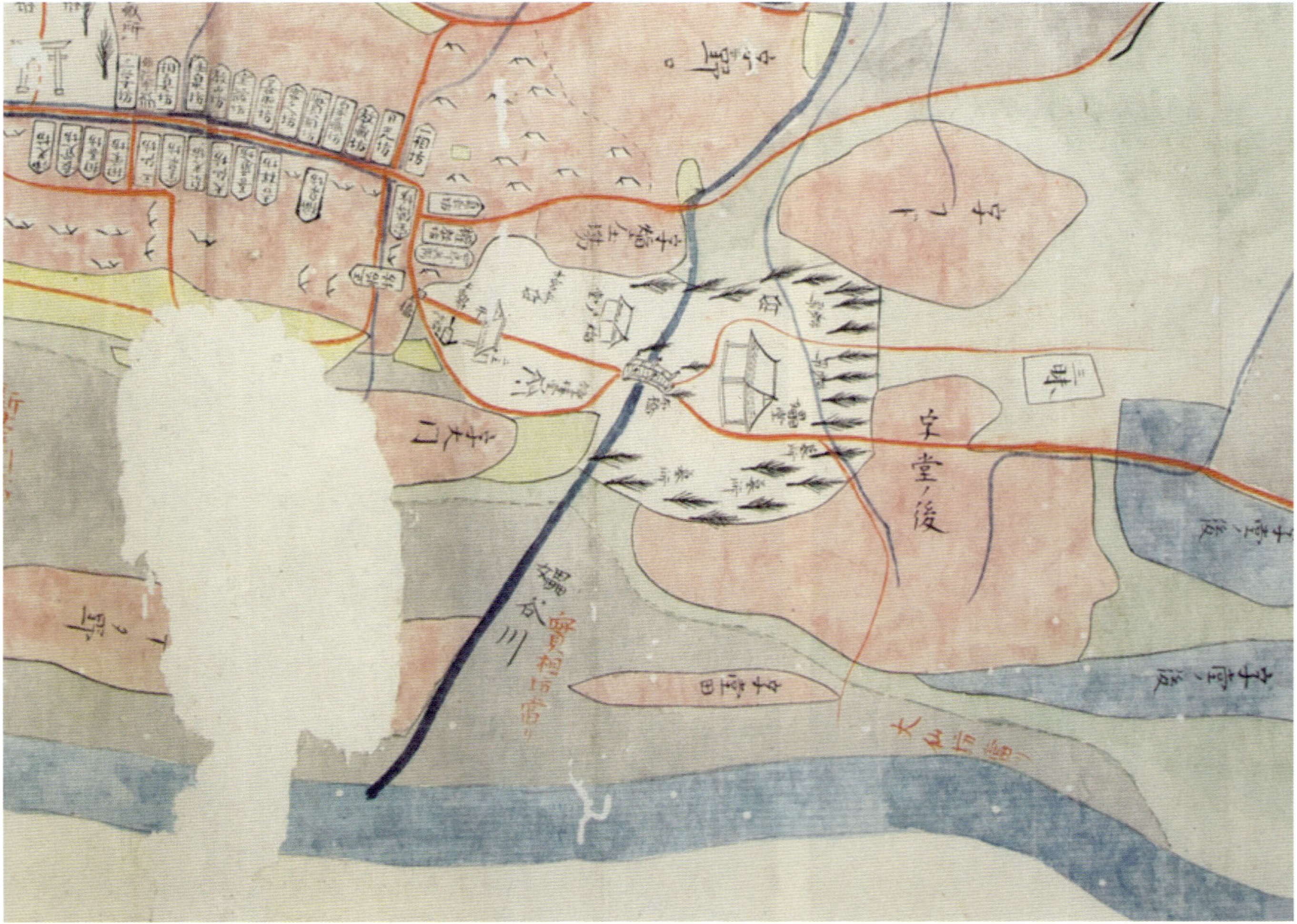

芦峅寺高割山絵図（個人所蔵）　法量・縦53.0cm×横357.0cm（部分拡大図）

目　次

第二部　加賀藩の宗教政策と宗教村落芦峅寺の様態

はしがき

日本において、山は自然のなかでも特に重要な意味を有し、山岳信仰という特異な信仰を生み出してきた。漢字で表現する「山」は中国の象形文字に由来するが、日本では、「山」は「ヤ・マ」であり、新井白石の『東雅』（註）には「古語にヤと云ひしには、重り積れるをいひ、マと云ひしは、限り隔たりぬるをいひしあり」（『新井白石全集』第四）との意を記している。すなわち「ヤ」は重なり積もるという意味であり、「マ」は隔てる、人を寄せ付けない、断つという意味であるという。ちなみに中国では、山は万物を産む源であるという。こうした日本人の山に対する畏敬の念は、やがて信仰を生み出すことになる。山岳信仰の成立である。

日本における山岳信仰の原初的な形は、地域を問わず山そのものが神であるとか、あるいは山に天から神が降《お》りたという考え方から、山の神を畏敬する観念から出発したとされる。古代人にとって、その思想ないしは信仰の上に、山岳の占める位置はきわめて重要なものがあったに違いない。しかしその信仰の内容と形については、時代によって地域によって、山に対する関わり方に規定されると。

いつの時代でも変わらぬ立山の麗々たる姿は、立山山麓に居住して、山を仰ぎ、山を望んで生活をする人々に多くの恵みを与えている。山麓の人々にとって、立山は大切な水の源であり、燃料その他の生活資料の供給源であり、また、人を寄せ付けない、きわめて近寄りがたい霊異をもち、さらに天空に向かって聳え立つ山の頂は、最も天に近く、天から神が天降《あも》るという感覚を有していた。立山は、大伴家持の「立山の賦」（『万葉集』巻十七）に詠まれたように「かむからならし」、すなわち山の神が領《うしは》きいます(止住)ところであった。なかでも「山が水の源」という認識は、後に「山の神」と「田の神」の交替信仰を生み出すこととなる。春になると、神が山から里へ降りてきて豊穣を司る田の神となり、秋の収穫をまって山に帰るのである。春祭り、秋祭り(新嘗祭)はそのゆえである。このような立山に対する山麓の民の山観は、畏敬に満ちた存在であり、山岳信仰に先行する信仰的感覚でもあった。それゆえ、立山はこのような山観によって、①峰々が続く連峰の太刀のような景観から「太刀山」、②険阻な地形が人を寄せ付けない「断《た》」つ山、③神仏が顕《あらわ》れる山との意味が込められている「顕《た》つ山」、という三つの概念を包含する「立山《たちやま》」の呼称がうまれたのであろう。また記紀や風土記にも、神が山を領有したり、占有したりしているように扱われている。『万葉集巻十七』「立山の賦」に大伴家持が、「皇神《すめがみ》のうしはきいます　新川のその立山《たちやま》」、大伴池主が「白妙に雪は降りおきて　いにしえゆ在り来にければ　こごしかも」と詠んでいるのも、同様の趣意であろう。

一方、古代における山岳は、死霊または祖霊がたむろし、鎮まる場所として、特殊な霊異と畏怖の念をもってみられていた。山は現世と違った他界であるという観念は早くから生じ、死霊や祖霊がとどまる山は、加賀の白山や越中の立山、陸奥の国の恐山など日本の各地に想定された。立山や恐山などでは、このように霊異と畏怖感をもってみられた一面があったがゆえに「死出の山」という感覚もうまれた。殊に立山の爆裂火口は地獄とみなされ、以後の山岳信仰に大きな影響を与えたのである。十一世紀中頃成立の『本朝法華験記』には立山地獄の景観や「而ルニ昔ヨリ伝ヘ云フ様、日本国ノ人罪ヲ造テ多ク此ノ立山ノ地獄ニ堕ツト云ヘリ」との文言が記されるようになったのである。十二世紀中頃成立の『今昔物語集』にもこの文言が引用されている。

ところで、古来、立山を日々仰ぎみて暮らす高志国《こしのくに》の民は、立山にどのような想いを抱いてきたのだろうか。また、標高三〇〇〇mの高山、立山に挑み、人と自然との結びつきが綾なす儀礼が修験の行者によって営まれた山岳信仰は、どのような内容を含み、どのような経緯によって形成されたのであろうか。本書はこうした観点から、多くの先学の学問的恩恵のもとに、立山信仰研究の諸論点の一端を明らかにしようと試みたものである。

本書は、立山信仰に係る多岐・多様にわたる先学のこれまでの論考を、Ⅰ「山岳信仰」としての側面、Ⅱ「山岳宗教」としての側面に大別して考察を加えるもので、序章及び第一部と第二部とにより構成している。序章では、昭和初期から今日までの立山信仰史研究の概要を、山岳信仰及び山岳宗教という視角から整理し、第一部と第二部の論考の視点を提起することとした。第一部は、立山を「山岳信仰」としての側面から、「立山信仰の諸相」と題し、立山の山岳信仰の視点から、第二部は「山岳宗教」としての側面から、「加賀藩の宗教政策と宗教村落芦峅寺の様態」と題して、芦峅寺衆徒の立山信仰観を探ろうとしたものである。

（註）新井白石「東雅」『新井白石全集』第四（東京活版、一九〇六年）に次のように記されている。「山《ヤマ》義不レ詳。（中略）ヤマといふは。ヤは高き義。マは圓《マドカ》なるをいふ也。其形の高く圓なるをいふ也といへり。（中略）古語にヤと云ひしには重り積れるをいひ。マト云ひしには限り隔りぬるをいひしあり」（四三頁）。

序章　立山信仰の研究史と考察概要

一　「立山信仰」の概念について

富山県民にとって、朝夕に眺める立山連峰は、古《いにしえ》のみならず現代においてもある種特有の感情をもつ。殊に、農耕を主たる生業としてきた県民・越中人は、「山の顔色」をみて豊穣を願い、豊凶を卜い、また、農事暦としてきた。それゆえに、立山に係る特殊な感情を、宗教民俗学的にいえば「立山信仰」と表現してきた。一方、中央において確立した修験信仰・山岳信仰・霊山信仰などという概念が次第に地方山岳にも伝播し、山岳の名称を附して「富士山信仰」「白山信仰」「御岳信仰」「英彦山信仰」そして「立山信仰」などと称し、それぞれに宗教民俗学あるいは歴史学の分野の一対象として研究されてきた。このような山岳にかかる先人の精神的宗教的活動を「○○信仰」と称するようになったのはいつ頃からのことなのだろうか。また、その概念はどのように規程されてきたのか。このことについて、「立山信仰」を例にとって考えてみることとしたい。

立山は、富士山・白山・御岳・英彦山などの独立峰の山岳と異なり、南北約八〇㎞にも及ぶ長大な連峰である。従って峰の数も多く、どの峰を遥拝するかによって山麓住民の抱く感情（信仰）も多様となる。いうならば峰の数だけ立山信仰があることになる。こうした基本的に多様性を有する「立山に係る信仰」を一律に「立山信仰」と呼ぶことは非常に大雑把な表現であるといわざるをえない。それゆえに立山信仰の概念を考える場合、在地型の立山信仰という視点及び中央の天台系修検の影響を受けて地方化した立山信仰という視点を提起しておきたい。

前者は、在地住民にとって固有の「立山信仰」である。山に向き合う山岳信仰には、山を神の山として遙拝の対象とする信仰がある。この信仰は、山に神の存在を認め、「領《うしは》きいます神」として祀るのである。こうした信仰は、仏教の影響をいまだ受けていない時代の、いわば日本古来の神祇信仰の系統に位置づけられるものである。富山県内における代表的なものとして、剱岳を遙拝し、日置神社や神渡《かんど》神社（いずれも現上市町）において剱岳に「領《うしは》きいます神」を祀る「剱岳信仰」、また、雄山を遙拝し、念法寺・立蔵《たちくら》社（現富山市本宮）において雄山に「領《うしは》きいます神」を祀る「雄山信仰」などある。

このような山の神を祀る信仰は、一つには、農耕を主たる生業とする山麓地域にあっては、たとえば宇奈月町下立《おりたて》の「田の神迎え」などにみられるように、「山の神」は「田の神」と同義とみなされ、農民信仰のなかに今なお息づいている事例も見出される。今一つには、山中の動植物を対象とした狩猟を主たる生業とする猟師・杣・木樵など山《やま》人《びと》の信仰がある。芦峅寺では今なお三月九日に山神祭りを行っており、この日以前には山中へ入ることを禁じている。

こうした多様な立山信仰の基層には、山麓住民の山の恵みに対する感謝の念や人知の及ばない自然の力に対する畏怖の念を抱いているという点で、今なお自然信仰というべき信仰が潜在していることは言うまでもない。

なお、このような山の神信仰以外にも、芦峅寺において南北朝時代頃には成立していたとみられる、大日岳を本地とする媼尊信仰が挙げられる。芦峅寺の媼《うば》尊信仰は、古代以降の山の神信仰の一つである山姥信仰の系譜を引きながら、大日岳を水源とする固有の山岳環境と相まって成立したもので、本来地獄信仰及び阿弥陀信仰とは全く異質の土着する民俗信仰である。それゆえに室町時代から江戸時代の初期にかけて、寺島・土肥氏等の在地武将や佐々成政・前田利家・利長等の戦国武将の篤い信奉を受けていたのである。

この他、立山連峰の山麓において、地域固有の「立山信仰」が生じた。その事例として、①上市町の黒川遺跡（円念寺山経塚・黒川上山遺跡・伝真興寺跡）にみられる剱岳を遙拝する山岳信仰（古代・中世）、②上市町の大岩山日石寺を中心とする剱岳を遙拝する不動明王信仰（古代～現代）（上市川水系）、③岩峅寺・芦峅寺を中心とする立山を登拝する「立山信仰」（古代～近世）（常願寺川水系）、④旧大山町の念法寺・立蔵社にみられる雄山を遙拝する「立山信仰」（古代～近世）（常願寺川水系）、⑤有頼開山の伝承をもつ大徳寺や立山社（いずれも現黒部市）を中心とする「立山信仰」（古代～近世）（布施川水系）、⑥熊野川に沿った飛驒方面からの立山道の途中にある文殊寺宝寿院・武部神社を中心とする真言系寺院を拠点とする「立山信仰」（熊野川水系）（中世から近世）、⑦旧有峰村にみられた薬師岳信仰（中世～近世）、などが挙げられる。

後者は、熊野や比叡山など中央の天台系修検の影響を受けて地方化した立山信仰の視点である。立山信仰研究者が一様にいうところの「立山信仰」は主にこの視点から言及されているものである。すなわち、熊野信仰や富士山信仰などにみられる地蔵信仰や阿弥陀信仰など経典に依拠した聖地・霊地信仰の立山版がいわゆる「立山信仰」と称せられてきているものである。

ところで、上記においてみてきた在地及び中央の「立山信仰」は、当然のことながら社会的環境の推移するなかでその有り様も変化している。とりわけ、古代から中世にかけての「立山信仰」と近世における「立山信仰」は、信仰の基相においては共通するものの、それぞれの時代における特有の社会的枠組みのなかでの容態は多様に異なるのである。

かくして「立山信仰」の概念は、これまで論議されてきた後者の「立山信仰」はもとより、前者の山麓の民が山体を神聖視し、「山の神」あるいは「田の神」として畏敬する遙拝信仰(原初的山岳信仰)をも含め、時代の推移とともに変容する「立山に係る信仰」の包括的概念とみることができる。

さて上記のように「立山信仰」の概念について縷々述べてきたが、本書は立山山麓の宗教村落芦峅寺や岩峅寺を拠点に、古代から近世にかけて展開してきた中央の霊山信仰が地方化した後者の「立山信仰」を俯瞰して概説せんとするものである。

二　立山信仰の研究史概要及び本書の考察視角

これまでに「立山信仰」が研究の対象となったのは、昭和九年に草野寛正が発表した「信仰ヲ中心トシテノ立山ノ歴史概説」と題する小論文(謄写版)が最初である。昭和十二年に新井梅次郎が発表した「立山信仰と時代相」(『高志人』二巻九号)と題する小論文は、「立山」と「信仰」という用語を併せて「立山信仰」という語を歴史用語として使用した最初の例であろう。その後、昭和十七年、近藤喜博の論文「立山信仰」(『国学院雑誌』四八巻一二号)、昭和十八年、高橋正秀の論文「立山をめぐる信仰」(『国学院雑誌』四九巻一号)において「立山信仰」という概念が当時の研究者の間で次第に熟していくこととなった。戦後の昭和四十二年、翁久允が『高志人』一四巻一号に「立山信仰雑感」という小論を発表したのを機に「立山信仰」の用語が定着し、以降高瀬重雄・木倉豊信・廣瀬誠をはじめ多くの研究者と立山信仰に係る研究成果が陸続と世に出されてきた。現在、立山信仰に関する多様なテーマ、そして論考の数には、枚挙に暇がないくらいで、数多くの研究者の手による研究成果が累積されてきた。加えて、平成三年十一月、富山県［立山博物館］の開館に伴い、学芸員の研究も深まり、立山信仰研究が単に立山の信仰に止まらず、日本の山岳信仰を解明する際にきわめて有為な研究対象との見方が、斯界において定着してきている。

研究の方法論として、一つに、文献に即した実証的研究、今一つに、伝承や説話文学など民俗学・国文学を援用した思想史的研究がある。近年、立山博物館では、後者の研究方法にも注目し、芦峅寺・岩峅寺衆徒が創案した立山曼荼羅に込められた信仰の内実を、各時代相との関連について調査を進めているところである。

本書では、「立山信仰」という概念で一括《ひとくくり》されたこれまでの多様な論考について、信仰内容を構成する視点から次の二つの範疇に分けて整理を試みた。すなわち立山信仰研究の多様な側面を、Ⅰ「山岳信仰」としての側面、Ⅱ「山岳宗教」としての側面に、大別して考察を加えることとしたのである。なお、この視角は、和歌森太郎が『山岳宗教の成立と展開』（名著出版、一九七五年）の総説で示している。和歌森の説によると、「山岳信仰」とは、山岳宗教が成立する前提をなすものであり、信仰という概念に即していえば、「人々がその社会生活や個々人の人生において現実につきまとう不安感、対人関係の不信感などを多少なりとも和らげたり鎮めたりするべく努力をする態度」であるというのである。すなわち文化発達の未熟な段階、いや文化が進展しても、人智をもって解消し難い不安は数々あった。この時山に籠もり、かつその主である山の神を絶対者と仰いで、それへの合一を求める態度であるといえる。一方、「山岳宗教」とは、山岳信仰を民衆にいざない、またこれを支える理念・教条を説いて、個々の人生の不安感を癒し鎮めながら、こうした教説に共鳴あるいは同感を覚える同士が、合い寄って修行をともにする教団「一山《いっさん》」を組織し、実践的修行を勧める宗教形態である。言うなれば、山岳信仰と山岳宗教は、「理念」と「実践的活動」といえるであろう。しかし、山岳信仰と山岳宗教の両概念は峻別されるものではなく、両者が相互に関連する集合概念ととらえることもできる。

次に掲げたものは、これまでになされた多様な立山信仰に係る論考を、「山岳信仰」としての側面と「山岳宗教」としての側面から、内容分類を試みたものである。

Ⅰ「山岳信仰」の側面

一　日本固有の山岳観に仏教的教説（浄土教的教説・十王信仰など）が複合的に習合した立山の地獄観・浄土観

ア　日本固有の山中他界観と立山の地獄・浄土観

イ　地獄信仰と立山

ウ　浄土信仰と立山

エ　中世、顕密体制下、寺社の教化活動の活発化や地獄思想の広がり

オ　文学や演劇にみる近世地獄観

二　「山の神信仰」に仏教的要素を複合した「嫗尊信仰」

ア　芦峅寺の山姥信仰と嫗尊信仰

イ　芦峅寺嫗尊信仰の特徴

ウ　嫗尊信仰に先行するカミ観念・霊魂観等

エ　嫗尊信仰に習合した「血盆経信仰」・女人往生観

Ⅱ「山岳宗教」の側面

一　日本の霊山信仰と構造

ア　地方霊山の山岳信仰における位置づけ

イ　地方霊山の一山組織
二　立山の宗教的景観の変容と開山
ア　修験寺院の創建
イ　修験集落の成立とその運営
ウ　開山縁起の成立と開山
エ　立山修験と在地武将
オ　立山修験の近世的変質
三　近世、宗教村落芦峅寺の宗教景観

また、上記Ⅱ三の「山岳宗教」としての側面について、さらに次のように細分化した。

一　加賀藩の宗教政策と岩峅寺・芦峅寺への対応
二　近世、宗教村落芦峅寺の村落構造（経済構造・身分支配）
三　近世、宗教村落芦峅寺に展開した民衆（庶民）信仰
(一)近世、芦峅寺の信仰内容及びその活動
ア「一山」の活動と多様な信仰行事
イ　血盆経信仰にもとづく女人救済儀礼
ウ「女人救済」を謳った宗教儀礼「布橋大灌頂会」
(二)芦峅寺の布教・勧進活動と檀那場の構造
四　芦峅寺衆徒の立山信仰観を表徴する立山曼荼羅

ア　立山曼荼羅の理念
イ　立山曼荼羅の絵解きの趣意
ウ　絵画「立山曼荼羅」の図像学解析
エ　立山曼荼羅の作成時期、作者、作製方法

五　民俗学・国文学の分野から解析する立山信仰
ア　説話伝承（開山縁起などを含む）
イ　文学にみる日本人の地獄観と立山地獄思想の展開
ウ　布橋灌頂会の背景思想

ところで、上記に掲げたように、個別のテーマによる様々な論考を「山岳信仰」としての側面、そして「山岳宗教」としての側面と大別してみたわけであるが、立山信仰の全貌を知るには、立山研究史を俯瞰した総合的な視点での論考により編集された書が必要とされてきた。こうしたニーズに応えて編集された書には、昭和四十四年、高瀬重雄『古代山岳信仰史の研究』（角川書店）がある。その後、昭和五十二年、高瀬重雄「立山信仰の成立と展開」（山岳宗教史研究叢書10『白山・立山と北陸修験道』名著出版）、昭和五十九年、廣瀬誠「立山信仰の歴史と伝承」（『立山黒部奥山の歴史と伝承』桂書房）、平成元年、高瀬重雄「立山信仰の諸問題」（『古代山岳信仰の史的考察』名著出版）、平成二十年、由谷裕哉『白山・立山の宗教文化』（岩田書院）等がある。

今後も、個々の研究成果を取り込み、新たな視点で立山信仰を俯瞰し、時宜に応じて総合的な「立山信仰史」を編むことも必要ではないだろうか。

本書はこうした思いに立って、「立山信仰史」が包摂する多岐にわたるテーマ、すなわち①立山の自然観、山岳信仰の展開と立山における信仰景観の変容、立山信仰の基層をなす思想、②立山信仰を現実のカタチとして表現された立山曼荼羅や布橋大灌頂、そして③立山を舞台として平安末・鎌倉時代から創造、受容、継承発展させてきた立山山麓の宗教村落芦峅寺の活動などの諸論点をまとめたものである。もとより時代は平安時代から江戸時代まで、学問的には歴史学・宗教民俗学などの多岐にわたる専門分野にわたるものであり、非力な筆者の到底及ぶところではないが、先人の詳細な研究成果に拠りながら、願わくはこれから立山信仰に興味関心を深め研究を志そうとしている後進の立山信仰研究の一助ともなれば幸いであるとの思いで、立山信仰を概観できる一書を著したものである。

三　本書の構成

第一部　立山信仰の諸相

〈第一章　日本人の山岳観と霊山立山〉

第一節では、あたかも人の心の裡に善と悪があるがごとく、同一山中に地獄と浄土が併存し、心の世界に見立てられ、堕地獄の恐怖と贖罪による浄土への救済が現実体験できる霊山として、日本の山岳信仰の展開に大きな影響を与えてきた立山の信仰景観を略説するものである。

〈第二章　立山の宗教景観の変容と開山〉

立山信仰の原点ともいうべき「立山開山」について、論考の多くは開山者を特定の宗教者が霊山に登頂し、神仏の啓示を受けて開山を果たすという見解に立って、佐伯有若あるいは康済律師をめぐる論証がなされてきた。こうした見解に一石を投じたのが、由谷裕哉の「開山は、ある歴史的段階において、権門寺社勢力によって一山組織が形成されるもの」という見解や、田村圓澄の「仏の進出は、寺院の創建によって完成する」とする視点に立った見解であった。すなわち山麓寺院の創建及び宗教集落の形成、そして霊山の特性を他に示威・喧伝する媒体としての「開山縁起」（寺院の由緒）の成立を以て「立山開山」が完成する、という斬新な視点にもとづく提言である。第一節では、立山信仰の原点ともいうべき「立山開山」については、多くの論考が発表されているが、こうした論考を踏まえて、先学の「立山開山」論議をたどることとした。第二節では、立山の宗教景観の変容と開山の段階的展開を自らの課題とし、「立山開山」をめぐる検証について、先人の研究成果に導かれつつ、平安・鎌倉期における立山がそれまで秘められていた山中の聖なる世界を開示し、新たな宗教的秩序を構築していく宗教的景観の変遷、いうなれば、立山の宗教景観の変容という視点から、「立山開山」の歴史的概念を考えてみることとした。

〈第三章　「立山信仰」の基層〉

本章では、立山信仰の背後に内在し、日本人の内奥に潜在する様々な原初的神道ともいうべきもの、また、死と再生の観念など東アジアに起源する立山信仰の基層や古層ともいうべきものについて、先人の研究成果を踏まえ、若干の考察を加えた。第一節では、日本人の自然観から山を神体とみ、そこに神々が止住し領有するという山と神の思想と神体山の思想を概観した。第二節では、第一節で紹介した山観と、山麓の人々が日常生活のなかで必然的に関わってきた劔岳をはじめ岩峅寺・芦峅寺などの遙拝信仰を考察した。第三節では、平安中期以降、日本の思想界に大きな位置を占めた立山の地獄思想の基層をなす山中他界観と、死霊のゆくえは山であり、山は死出の山に他ならぬという心意による祖霊信仰、そして、芦峅寺における立山信仰の基層に内在する土着の山の神信仰と媼尊信仰について考察した。第四節では、縁起に記された「立山開山物語」に登場する「熊信仰」や「籠もり」によって霊力や呪力などの霊質が備わるという「シラヤマ信仰」など東アジアに起源する死と再生の観念を踏まえ、立山信仰の本質ともいえる擬死再生の思想に表徴される生と死の思想を具現化した布橋大灌頂について探ってみた。最後の第五節では、芦峅寺の立山信仰の中核である媼尊信仰について、その成立と展開について考察した。

〈第四章　立山信仰にみる地獄観と浄土観〉

『本朝法華験記』や『今昔物語集』によって広く喧伝された立山地獄、これによって日本人は苦界である地獄をどのように捉えたのか、そしてこの苦界から遁れ、罪や穢れのない清浄な世界、すなわち極楽浄土に救われるためにはどのような行動をしてきたのかを立山信仰の視点から考察した。

第一節では、日本人の他界観、すなわち浄土観・地獄観にもとづく貴族あるいは庶民の地獄観の受容の状況を考察した。第二節では、立山信仰における地獄観と浄土観を考察し、立山の地獄が古代・中世の人々にどのように受け止められてきたかを先人の研究に導かれながら概観した。

〈第五章　立山信仰にみる救済の論理〉

第一節では、芦峅寺衆徒の立山信仰観の中核ともいうべき女性の救済及び罪業と滅罪の思想を紹介することとした。第二節では、血盆経信仰、さらに女性の救済者としての如意輪観音と帝釈天に注目し、立山を舞台として展開したいわゆる立山信仰の救済の論理と実践について概観した。

〈第六章　布橋大灌頂、そのカタチと思想〉

江戸時代、経済の発展を背景に人々の生活も現実感が強まり、現世を生きることそのものが苦界に生きると感じるようになり、救済の理念も変化をみせ、生前の罪障、日々の生活の苦の因を懺悔する滅罪儀礼などにより罪を贖い、この現実の苦から遁れるということを願うようになった。近世後期になると、こうした当世の願いに応えて登場したのが芦峅寺の布橋大灌頂である。

第一節では、「山中他界」観にもとづく「擬死再生」の論理を援用した布橋大灌頂のカタチと起源及び変遷を概観した。第二節では、布橋大灌頂を構成する多様な思想を明らかにせんとした。第三節では、これまでにほとんど考察の対象とされなかった、布橋の下を流れる媼堂川において執り行われた産死者のための供養儀礼である流水灌頂について考察をした。

〈第七章　芦峅寺衆徒の立山信仰観―立山曼荼羅の諸相―〉

立山曼荼羅の特徴や成立の背景及び内包する多様な概念を踏まえ、立山信仰によって醸成された精神世界を映し込んだ立山曼荼羅が内包する諸相を考察せんとするものである。第一節では、立山曼荼羅の多様な概念を探り、第二節では、立山曼荼羅が内包する様々な性状を、これまでに確認された五〇本の図柄の分析を試みた結果、観ずるもの、拝するもの、みせるものという視角から得られた五つの相を明らかにせんとした。

第二部　加賀藩の宗教政策と宗教村落芦峅寺の様態

〈第一章　加賀藩の宗教政策と芦峅寺・岩峅寺〉

文禄四（一五九五）年秋、前田氏の加賀・能登・越中三国の支配が確立した。越中を領有した前田氏は、越中の諸寺社対策として、①各宗派の有力寺院に対して「禁制」（制札）の下付をはじめ、②天台・真言寺院に対する「祈禱命令」の発給や、③寺領寄進・安堵・諸役免除、④その他堂宇の建立など特権を付与するなど様々な懐柔的施策をとった。第一節は、加賀藩政確立後の寺社統制策等（寺社改め）の実態について明らかにした。第二節では、加賀藩の寺社政策における岩峅寺と芦峅寺の位置づけについて考察した。

〈第二章　近世宗教村落芦峅寺の様態〉

加賀前田氏は、慶長六（一六〇一）年以降、近世的領国支配と近世的都市建設に着手するために様々な政策を実施した。その一つは、浄土真宗の寺内町の近世都市化への政策であり、二つは、天台及び真言密教の寺院に対して、「門前地」として寺領地寄進や諸役免除等の特権を付与し、寺社奉行支配のもと衆徒に従属させる形で門前の居住民を位置づけたことである。こうした加賀藩の寺内町・門前地の近世都市化政策が進められるなかで、芦峅寺における「門前百姓」の存在と果たした役割を通して、寺社門前地の百姓の本質的な有り様を考察することとした。

第一節では、宗教村落芦峅寺の成立と「近世村」としての展開を示し、第二節では、宗教村落芦峅寺における門前地の形態を探り、「寺社門前百姓」と位置づけられた「門前百姓」の生き様を跡づけることとした。第三節では、江戸時代を通じて確執する宗教村落岩峅寺と芦峅寺の歴史的背景と藩の対応について概説し、岩峅寺・芦峅寺の「同格の事」と「立山大権現」及び「別当」の呼称をめぐる争論を通じて、在地の宗教村落としての運営に重要な影響を及ぼす拠って立つ由緒や権威の主張と、裁決にみる加賀藩の両寺に対する認識の違いを明らかにせんとした。

〈第三章　芦峅寺衆徒の立山信仰観〉

第一節では、立山信仰の特異性をアピールした布教活動の媒体として考え出された立山縁起や芦峅寺媼堂大縁起などを通して芦峅寺衆徒自身の信仰観の一端を紹介した。第二節では、芦峅寺に居住する衆徒・社人及び門前百姓が日常生活を営むに当たり、意識するしないにかかわらず思考や行動の背景をなす空間認識を「境界」という視点から考察した。

第一部　立山信仰の諸相

第一章　日本人の山岳観と霊山立山

第一節　立山の信仰景観

1 立山の信仰景観

立山は、地獄谷などの特異な景観によって形づくられた山岳信仰の内容のゆえに、日本の山岳信仰の上でも注目されるべきものをもっている。十世紀の中頃には立山にも仏教的風潮が及び、立山は修験の山として行者や修験者の恰《かっ》好《こう》の修行の場となり、『梁塵秘抄』(1)（後白河法皇撰、十二世紀終り頃の成立）において、富士山・白山と並んで日本有数の霊山の一つに挙げられる修験の山となった。平安時代の中頃から立山は、地獄信仰と結びつき、日本中の亡霊がここに集まるものと考えられ、鎌倉時代には、地獄に加え、阿弥陀如来の浄土がこの山に展開しているという、いうなれば山中に地獄と浄土が併存するという他界信仰が形づくられていった。

立山は、三〇〇〇m級の峻嶺な山岳である。まずは、立山火山の爆裂火口及び周辺部は地獄の景観、そして高山植物の咲き広がる「弥陀ヶ原」と呼ばれる一帯や浄土山・雄山の峰々は、阿弥陀如来の止住する浄土として信仰登山の目標とされた。また、火難除の守護神に見立てられた雷鳥、立山の主にして太古の自然神の化身とされたツキノワグマ、ガキの田の呼称の因となった池塘、特異な景観から禿杉・美女杉の名で親しまれているタテヤマスギ等、立山にちなむ動植物は、いずれをとってもその背景に日本人の自然観から生じた様々な思想を映し込んでいるのである。

奈良時代、当時の日本人の自然観、あるいは「山」に対する観念を表徴するものとして、山そのものを神と崇め、神が止住すると考えられた三輪山・天香山・畝火山・二上山・吉野山・富士山・立山等々、数多くの霊山を詠んだ歌が『万葉集』に収載されている。殊に大伴家持は、夏も雪と岩に鎧われている高山立山を「見れども飽かず　神からならし」と驚きの思いをもって詠んでいる。雪と岩のアルプスを悪魔悪霊の住処として忌み嫌い恐れた古代のヨーロッパ人とは、対照的である。

『万葉集』巻十七に収載された家持の歌「立山賦一首並びに短歌二首[2]」はもとより、家持に侍従した大伴池主の「立山の賦に敬み和《こた》ふる一首[3]」にも「朝日さし　背向《そがひ》に見ゆる　神《かむ》ながら　御名に帯《お》ばせる　白雲の　千重を押し分け　天そそり　高き立山」「白栲《しろへた》に雪は降りおきて　古ゆ　あり来にければ　こごしかも　巌の神さび」と詠み、雪や岩に神々が止住する霊山とみているのである。

こうした家持や池主の立山を詠んだ歌は、当時の都人の自然観をそのままに反映しているものであろうか、いや立山の霊々しさを目の当りにして驚きをもって詠んだのである。家持は「立山の賦」で、立山は「鄙《ひな》に名かかす」地方の名山であるといい、そして池主は「よろず代にいひ続ぎ行かむ」という。立山は霊山であるばかりでなく、次世代に継いでいく名山として知られた山であるというのである。以後、立山は神々が止住する山として広く知られていったのである。

2　修験霊場の山、立山

平安時代の中頃、比叡山の研学仏教とは別に、中国からもたらされた密教と日本古来の神道とが結びつき、霊山に分け入り、自然との一体のなかで悟りを開く修験道（原初的山岳山信仰と仏教の密教的信仰が合わさった宗教）が生まれた。平安末期に編まれた歌謡集『梁塵秘抄』に、「験仏の尊きは、ひんがしのたちやま、みのなるたにくみのひこねでら…」と立山が観音の止住する霊山の第一に歌いあげられている。また立山を行場とした修験者として、『平家物語』（鎌倉中期頃の成立）では、熊野那智に参向し、厳冬滝に打たれて三七日の荒行の上、千日間こもったという文覚[4]（上西門院の侍遠藤盛遠が出家して称した）や『新猿楽記』（十一世紀の初めころの成立）では、修験行者次郎[5]の名を記している。中世においても修験霊場立山に参詣する者も少なくはなかったであろう。また、『元亨釈書』[6]（一三二二年成立）によれば、蔵縁法師の修練場は、白山・立山であったとしている。堯恵法印も、寛正六（一四六五）年に善光寺参詣の途中、立山に入山したことを『善光寺紀行』[7]（一四六五年の記録）に記している。また文明十八（一四八六）年に道興准后が立山禅定を行ったことが、その『廻国雑記』[8]（一四八六年の記録）に記されている。現在、立山山中に洞穴等修験の行場と考えられる遺構・遺跡があちこちに残されている。

3　心の世界に見立てられた立山

立山は、山麓の宗教村落で成立した開山縁起にみられるように、古くから、人の善と悪（善―浄土、悪―地獄）を映す山であり、心の世界に見立てられた山といわれている。次のフレーズは『立山手引草』[9]の一節である。「なげくことなかれ。我（阿弥陀如来）、この山に跡を垂れて、衆生に善悪を知らせ、速やかに解脱を得せしめんと欲し、峯に九品の浄土をうつし、谷には一百三十六の地獄を設けたるなり」と。衆生に善悪を自覚せしめんため立山山中に浄土と地獄を設けたというのである。また、「我等が心の善悪をそのまま見る目にあらわせり。心と心を問うならば、など か此に替わるべし」とも記しており、立山は善と悪の世界、いわば我々人間の心の世界と見立てられたのである。

さて、立山は、平安時代、修験の霊場として全国に知られた霊山であるが、一方、地蔵と地獄の山でもあった。平安時代の中頃、立山にも地獄思想が入り込み、他の霊山に先駆けて、立山火山の爆裂火口及び周辺部の景観をして、経典にいうところの地獄とみなされた。平安時代後期に著された『法華験記』や『今昔物語集』等の説話集にたびたび立山の地獄が登場する。その後、立山地獄の様相は、鎌倉時代の十三世紀中頃、住吉慶恩の「地蔵菩薩霊験絵巻」(10)（アメリカフーリア美術館所蔵）の一場面として描かれた「地蔵菩薩三国霊験記」にも記されている。立山地獄は六道のうち地獄・餓鬼・畜生・阿修羅の世界を兼備していた。信施を貪ったため越中国森尻の智妙坊が生きながら畜生になった話は、鎌倉時代に僧無住が著した『妻鏡』にも採録されている。

本来、来世の世界であり、バーチャルの世界であるはずの地獄の世界が、立山山中という現実のなかに現れる。約一万年前の水蒸気爆発の爆裂火口及びその周辺が、経典に著された地獄の景観に見立てられ、日本人の地獄思想の形成に大きな役割を果たしたのである。地獄思想の表れとして、立山帝釈岳（別山―標高二八八〇m）に地獄を司るといわれる帝釈天像（寛喜二〔一二三〇〕年造立の銘をもつ）が祀られ、十王思想の表れとして、山麓の宗教村落芦峅寺に閻魔王像（鎌倉時代の造立とされる）をはじめとする十王像が造られ、今に伝えられている。また、立山地獄の記憶は、『源氏物語』『平家物語』（建礼門院「六道の沙汰」）に潜在的に存在し、室町時代、世阿弥の作と伝えられる謡曲『善知《うと》鳥《う》』や『綾鼓』『蝉丸』などに受け継がれ、江戸時代には、立山曼荼羅に描かれた地獄の景観が絵解きによって広く庶民のなかに浸透していったのである。明治に入っても日本人の心のなかに地獄思想が息づき、宮沢賢治・芥川龍之介・太宰治などの文学者の生き方に反映されている。

加えて、山中浄土の思想は、九世紀中頃から山林抖擻を重視した天台・真言両宗の開宗により、日本化されて各地に伝播していったと考えられる。平安貴族の格別な信仰を得て、熊野山の浄土は、山中浄土の代表格であった。この頃の立山山中に想定された浄土は、必ずしも阿弥陀の西方浄土ではなく、忉利《とうり》天（帝釈天の居所）という浄土であった。阿弥陀の信仰が優位となったのは、鎌倉時代に入ってからであろう。鎌倉初期に成立したとされる十巻本『伊呂波字類抄』に阿弥陀が登場する。また南北朝時代に成立した安居院作の『神道集』巻四にも「抑越中国の一宮をば立山権現と申す、御本地は阿弥陀如来是なり」として、立山の本地が阿弥陀如来であると記している。地獄の山として知られてきた立山に、新たに阿弥陀の山の性格が付与されることとなった。こうした一連の状況を背景に平安時代末から鎌倉時代初頭にかけて阿弥陀如来の示現による「立山の開山縁起」が作られたのである。近年、弥陀ヶ原に安置されていたという伝承をもつ鎌倉時代の作銘のある阿弥陀如来坐像が確認され、浄土山や弥陀ヶ原の名は、その頃の阿弥陀信仰が立山にも及んでいたことをうかがわせるものである。

註

(1)『梁塵秘抄』榎本貞朗校注『新潮日本古典集成』所収、(新潮社、一九七九年)一七七頁。

(2)『万葉集』十七『新日本古典文学大系』1、(岩波書店、一九九九年)。大伴家持「立山の賦一首　此立山者、有二新川郡一也」(四〇〇〇番・四〇〇一番)九六〜九七頁。

(3)『万葉集』十七。大伴池主「立山の賦に敬み和ふる一首」(四〇〇三番)九八頁。

(4)『平家物語』巻第五「文覚荒行」(岩波文庫、二〇一三年)一八四頁。
されば わが行をば、大聖不動明王までも、しろしめされるにこそたのもしうおぼえて、猶滝つぼに帰り立ッてうたれけり。まことにめでたき瑞相どもありければ、吹くる風も身にしまず。落くる水も湯のごとし。かくて三七日の大願つひにとげければ、那智に千日こもり、大峯三度、葛城二度、高野・粉河・金峯山・白山・立山・富士の嵩、信濃戸隠、出羽羽黒、すべて日本国残る所なくおこなひまはッて、さすが尚ふる里や恋しかりけん、宮こへのぼりたりければ、凡とぶ鳥も祈落す程のやいばの験者とぞ聞えし。

(5)『新猿楽記』、川口久夫・藤原明衡訳注『東洋文庫』424所収、(平凡社、一九八六年)二一七〜二一九頁。

次郎（真言の行者。右衛門尉）ハ、一生不犯ノ大験者、三業相応ノ真言師ナリ（中略）凡ソ真言ノ道、底ヲ究メ、苦行ノ功傍ニ抜ケタリ。十安居ヲ遂ゲ、一洛叉ヲ満ツルコト、度々ナリ。大峯葛木ヲ通リ、〔磯ノ〕辺地ヲ踏ムコト年々ナリ。熊野・金峯・越中ノ立山・伊豆ノ走湯・根本中堂・伯耆ノ大山・富士ノ御峯・加賀ノ白山・高野・粉河・簑尾・葛河ノ間ニ、行ヲ競ヒヲ挑ム修行者ナリ。

（6）『元亨釈書』巻第九「感進二」蔵縁法師「白山立山為修練場」、一一五頁。

釈蔵縁。神融法師之徒也。形短小又甚醜。除歩却疾。人走不及。専唱え地蔵号無別業。游化北土不移佗方。毀誉不遷。施利。人問年歯。対曰。八十。然其貌如四十許。感通如響。縛鬼降神。白山立山為修練場。菴白山笥而居。

（7）『善光寺紀行』橋本龍也編『越中紀行文集』（越中資料集成）所収、（桂書房、一九九四年）。同書は寛正六（一四六五）年の記録、常光院尭恵法印が加賀より越中を経て善光寺に参詣した紀行文。

（8）『廻国雑記』、『越中紀行文集』所収、同書は文明十八（一四八六）年成立、聖護院道興准后が越中を巡歴した紀行文。

（9）『立山手引草』岩峅寺延命院蔵（「立山曼荼羅絵解き」『立山曼荼羅を聴く』富山県〔立山博物館〕、一九九四年、現代語訳は林雅彦）。『立山手引草』は仮題。原本には題名なし。末尾に「于時嘉永寅年三月下旬　写之、延命院玄清書」と記されている。

（10）「地蔵講結縁の人にかはりて苦を受給事」『地蔵菩薩霊験記絵巻』（『富山県史　通史編Ⅰ　原始・古代』グラビア図版3）。

第二章　立山の宗教景観の変容と開山

第一節　先学の「立山開山」論議をたどる

はじめに

さて、本章をすすめるに当たって、まずはこれまで立山開山者をめぐり様々に展開された論議の依拠する史料である、⑴康済律師の「越中立山建立」について、⑵十巻本『伊呂波字類抄』「立山大菩薩」及び、『類聚既験抄』にみる「立山開山縁起」について、これまでの諸説を紹介することとしたい。

一　康済律師の「越中立山建立」に係る諸説

立山開山者として立山信仰研究の舞台に登場したのが、九世紀後半に活躍したとされる園城寺長吏康済律師である。康済律師の伝記が記載された史料の一つ「師資相承」には「越中立山開山」の文言が記されている。この五文字が、一九五〇年以降、立山信仰研究者の注目を集めることとなったのである。

康済律師の伝記については、久保尚文が「立山開山と園城寺」（『富山史壇』第一六六号）で詳細に記されているので、本説では概要のみ紹介することとしたい。

康済律師の登場する「師資相承」[1]には、以下のようにみえる。

智證大師
┊
康済　別当大師入室、内供、法橋律師、越中立山建立、越前国人、紀氏、昌泰二年二月八日入滅七十二、四家内可台金同、

文献上、立山開山に関わる人物として、十二世紀以降の成立とされる「資師相承」に登場する康済律師（寛平九〈八九七〉年五月八日権律師に任じられており、以降、康済律師と呼称する）と、十巻本『伊呂波字類抄』「立山大菩薩」[2]に立山の開山者として登場する「越中守佐伯有若之宿祢」であるが、佐伯有若については、第一節第三項（四二〜四六頁）で触れることにする。

康済律師は『本朝高僧伝』[3]によると、越前敦賀郡の人、紀氏、智証大師の受法灌頂の弟子であり、昌泰二（八九九）年、七十二歳で入滅という。また、応永年間（一三九四〜一四二八）の園城寺慶恩院志晃の編による『寺門伝記補録』[4]所収「長吏高僧略伝」に、「康済伝」として「権律師法橋康済　蓮華房三昧院　第四世　康済、姓紀氏、越前国敦賀郡人」と記され、鎌倉時代末期の成立とされる『寺門高僧記』[5]にも同様の記事がある。

康済律師は九世紀後半に活躍して、天台座主や園城寺長吏という地位についた高僧である（但し履歴については、伝記によって多少異なっているようである）。康済律師の昇進履歴は、『寺門伝記補録』第十三「長吏高僧略伝」によると、智證大師の受法灌頂の弟子で、承和十四（八四七）年四月受戒し、寛平三年五月二十一日、大師となり、今《ママ》年十二月二日、法橋上人に叙せられ、寛平六（八九四）年八月、長吏に補され、同年九月十五日、天台座主に、同七年十月十七日、内供奉十禅師に任じられた。同九年五月八日権律師に任じられている。なお、「越中立山建立」の記述は、「師資相承」において、康済律師の特筆すべき事跡として唯一記載されており、「師資相承」の史料的性格からみて、康

済律師はもとより、天台系修験教団にとってもきわめて重要な事跡との認識があったのであろう。それゆえに立山と園城寺との関わり、そして康済律師の園城寺長吏在職期間中の「越中立山建立」という宗教的事跡は、立山開山そのものに大きく関わるものと考えられてきた。

しかし、前掲の鎌倉時代末期の成立とされる『寺門高僧記』や江戸時代の成立になる『本朝高僧伝』八「江州延暦寺沙門康済伝」には、「越中立山建立」の記述はない。それでは、康済律師の「越中立山建立」とは、具体的にどのような状況を物語っているのか。高瀬重雄がいうように、山頂まで開いたのか、山麓に寺堂を創建したのか、現在のところ明らかにされていない。ともあれここで先学の諸説を紹介することとしたい。

①阿部政太郎説（昭和二十五年頃の見解）

仏教的信仰の道場として開かれた。(6)

②橋本芳雄説（昭和三十一年頃の見解）

実際に立山を開いて堂塔伽藍を山頂山麓に建てたのは康済律師である。(7)

③廣瀬誠説（昭和三十五年～三十七年頃の見解）

単に山麓のどこかに寺堂を創建したことかもしれない。(8)

④石原与作説（昭和三十九年頃の見解）

常願寺川河畔の岩坂（岩境の意味か）の地に、立山神の神宮寺である立山寺の創建をみたのは九世紀も末の頃、園城寺四世の長吏となった僧康済の発願によったものであった。康済律師の〝立山建立〟を、立山頂上の舎堂造立とか、芦峅・岩峅いずれかの地とする見解もあるが、『梁塵秘抄』にいう立山とは山名に非ず、立山寺の略称であると同様に〝立山寺建立〟と考えるのが穏当のようである。(9)

⑤山岸共（昭和四十八年頃の見解）

有若と開山との直接的な関わりを否定し、立山大菩薩縁起にみえる佐伯有若が実在の人物であることが知られて以来、この縁起が現実性を増したごとく考えられ、有若の時代から弥陀の山として開かれたごとく解釈されがちであるが、慈興が立山で弥陀を感得したことは、いわば、立山が弥陀の浄土であることの宗教的宣伝であろう。(10)

⑥廣瀬誠説（昭和五十九年頃の見解）

「立山建立」とは、具体的にどのような状況をさすのか、山頂まで開いたのか、山麓に寺堂を創建したのか一切不明で、これをめぐって諸説紛々である。しかし、「師資相承」に康済の事跡として挙げられているのが、この「立山建立」ただ一件である点は重くみるべきである。一つの推測として、立山の霊異に感動した一狩人は、とりあえず地元の薬勢に師事受戒し慈興と名乗ったが、その後さらに中央の高僧康済を頼ってその指導を仰ぎ、その名のもとで立山開山の大事業を成し遂げた、というふうに考えることも許されるであろう。(11)

⑦高瀬重雄説（平成元年頃の見解）

・開山といっても、その内容が問題である。立山の頂上への道が完全にひらかれて、登頂に成功したのを開山とみるか、あるいは山の麓の地に山岳者によって寺院が開かれたとみるかも問題である。もし、後者としてみるならば、「師資相承」にいう康済律師の「越中立山建立」というのが、何らかの関係があるもののように思われる。(12)

・「師資相承」に記す康済律師の伝中に記された「越中立山建立」ということの意味が、立山の麓に一寺院を建立したということだと仮定すると、九世紀の末頃には、立山開山が行われ、天台僧徒の入峰がみられたと考えてもいいのではないかと思われる。(13)

などいろいろである。いずれも定説とはなりがたいが、「越中立山建立」を、阿部・廣瀬・石原・高瀬説は、いずれも「山の麓の地に寺院が開かれたとみる」としている。しかし、山麓にいかなる寺院が開かれたかということについては、石原の立山寺とするほかには具体的な説はない。

　これに対して久保尚文は、「越中立山建立」の記事自体に疑問を呈し、「師資相承」は十二世紀中頃に成立したとされる『僧綱補任』に影響を受けて成立したもので、「越中立山建立」は記録を欠くが口伝のあった伝承を尊重した園城寺が、康済律師の事績として挿入した可能性があるとする。さらに久保は、「康済の立山建立の記述の方こそ史実ではなく、後世の寺門派が立山開祖を康済に仮託した記事だ」と考えている(14)。しかし何故に他の僧ではなく康済に仮託したのか。その理由が示されていない。「越中立山建立」の実相解明は今後の課題としている。

　しかし、康済律師の「越中立山建立」は口伝であり、後世の寺門派が立山開祖を康済律師に仮託した記事だという久保説に従えば、康済律師の立山開山は別にしても、園城寺がなんらかの形で立山開山に関わりがあったことを示唆するものではないか。

二　十巻本『伊呂波字類抄』「立山大菩薩」及び『類聚既験抄』「立山開山縁起」

次に、「立山開山縁起」の原点ともいわれてきた十巻本『伊呂波字類抄』と『類聚既験抄』の成立時期及び内容について、検討しておきたい。

まずは、両書の該当部分を引用しておくこととする。

(1)十巻本『伊呂波字類抄』「立山大菩薩」(15)

顕給本縁起、越中守佐伯有若之宿祢、仲春上旬之比、為㆓鷹猟之㆒、登㆓雪高山㆒之間、鷹飛㆑空失畢、為㆑尋㆓求之㆒、深山之次、熊見射殺、然間、笑立乍登二於嵩山一、笑立熊金色阿弥陀如来也、躰二巌石之山一、膝名二一輿一、腰号二二輿一、肩字二三輿一、頸名二四輿一、中頭烏瑟五輿、時有若発二菩提心一、切レ弓切レ髪成二沙弥一、法号二慈興一、

(2)『類聚既験抄』神祇十[16]

一、越前国白山権現者、元正天皇御宇宝亀二年、始顕処建立也、

一、越中国立山権現、文武天皇御宇大宝元年始所建立也、相伝云、於立山狩人有之、熊射矢ヲ射立追入出処、其熊乍立矢死了、見之皆金色阿弥陀如来也、仍此山云立山権現也、顕現地獄云々、

一、熊野権現御事、

崇神天皇即位六十五年、始熊野権現出現給云々、

（後略）

1　両本の成立年代（前後関係）

十巻本『伊呂波字類抄』及び『類聚既験抄』の成立年代（前後関係）を検証する意義は、立山開山の時期を考える上できわめて重要である。というのは十巻本『伊呂波字類抄』の開山縁起が、その後の立山開山縁起に大きな影響を与えているからである。もし十巻本『伊呂波字類抄』が鎌倉初期の成立とすると、「立山大菩薩」に記された「顕給本縁起」の背景が鎌倉初期以前の宗教環境を示唆しているものと考えられるからである。

『類聚既験抄』の成立時期は、十四世紀前半（鎌倉時代末もしくは南北朝期）の成立とされている。[17]十巻本『伊呂波字類抄』「立山大菩薩」の成立時期については諸説があり、いまだに定説はない。両者成立の前後関係については、開山者を「佐伯有若」とする十巻本『伊呂波字類抄』より、開山者をより原初的な「狩人」とする『類聚既験抄』の方

が先に成立しているという見方もある。この考え方によれば、十巻本『伊呂波字類抄』は『類聚既験抄』の記述に倣ったことになる。[18]

しかし、『伊呂波字類抄』の方は立山の聖性を「立山大菩薩」とし、『類聚既験抄』の方は「立山大権現」とする。田村圓澄は、権現思想が成立する経緯のなかで、先ず菩薩が出現し、後に権現が出現するという。[19]とすれば、『伊呂波字類抄』の方が『類聚既験抄』よりも早い時代の内容を取り込んだとも考えられる。

なお、「立山大菩薩」が記述されている十巻本『伊呂波字類抄』の現存写本のうち、最も古いものは鎌倉末の写本とされる学習院大学図書館本である。しかし欠損があるため、「立山大菩薩」が登場するのが、室町初期の写本とされる大東急記念文庫本（影写本）とされてきた。昭和六十二年に大東急記念文庫本を底本とする復刻版十巻本『伊呂波字類抄』（雄松堂出版）[20]が発行された。川瀬一馬の旧蔵によるものである。川瀬一馬は『古辞書の研究』のなかで、「三巻本には殆ど著者橘忠兼の浄書本かと思われる尊経閣文庫蔵本（中巻缺、上下二帖）が残存しており、その成立は治承（一一七七～一一八一）年間である」、「然るに十巻本は三巻本『伊呂波字類抄』を更に増補したものであるが、その増補を行った年代は未詳とされていたが、最近新たに発見せられた古鈔の断簡に拠って鎌倉初期には成立してゐた事が明らかとなったから、三巻が出来て後、餘り程遠からぬ頃に増補せられたものである事が判明した」[21]と記している。この説によれば、十巻本『伊呂波字類抄』の成立は鎌倉初期となる。とすれば、「立山大菩薩」の記述内容は少なくとも鎌倉初期かあるいはそれ以前の時期の状況を映し込んだと考えられる。なお、廣瀬・石原も、十巻本『伊呂波字類抄』の成立を鎌倉初期として疑わない。

しかし、十巻本『伊呂波字類抄』の成立の時期について、由谷裕哉は次のような疑問を呈している。「山田孝雄は、二巻本と三巻本に比べて十巻本は後世の増補少なからずして、内容遙かに多ければ、別種のものとして取り扱うべく云々と評価している。このような意見があるにも拘わらず、この十巻本原本の成立下限も二巻三巻本などからそれほど下がることなく鎌倉初期におく、という見解が有力らしいが、その比定には疑問を感ずる」[22]と。

この由谷裕哉の指摘の論拠については、次の三点が挙げられる。①十巻本の現存写本のうち最も古い鎌倉末頃とされる学習院大学図書館本は、欠損があるため立山開山伝承がみえない、②山田孝雄の「後世の増補少なからず」という評価により、中世に入ってからの増補ではないか、③十巻本『伊呂波字類抄』の成立は『類聚既験抄』より新しい、の三点である。由谷の論拠について、筆者は次のように考えてみたい。

①については、「立山大菩薩」の記述が、現存最古の写本とされる室町初期頃の大東急記念文庫本には登場していることから、増補の際に「立山大菩薩」の記事が加筆された可能性が高い。②については、由谷裕哉の根拠は、『日本古典全集』に収載された『伊呂波字類抄』の山田孝雄の解題[23]には「内容著しく増加してその語数の多きのみならず社寺等の事蹟を注せること詳かにして恰も別の書なるかの趣ありて、三巻本等の外に特立して用いらるべき価値を有す」、「これより(寿永二(一一八三)年)なほ後なる増補によりて十巻となりしなるべし」とある。しかし、『古辞書の研究』の著者川瀬一馬は「その増補は度々に行われたものではなく、或る一時に何某かの手に拠ってなされたものであると思う」[24]と述べていることから、漸次増補されていくなかでの収載ではなく、「或る一時」に増補された時の十巻本『伊呂波字類抄』と解することができる。

ところで、②については、山田孝雄が依拠した『伊呂波字類抄』は、元禄十三(一七〇〇)年に今井似閑が中院家の蔵本を手写し、さらに、天保四(一八三三)年に伴信友が再度比較校正を行ったものである。この写本を底本に山田孝雄が解説を附記して昭和三(一九二八)年に刊行されたものが『日本古典全集』に収載された『伊呂波字類抄第一』である。転写の多い中院家本を底本とした山田には「後世の増補少なからず」とみえたのであろう。山田孝雄が校訂した『伊呂波字類抄』は、今井似閑が紹介した『中院家蔵本』のほか、『花山院家本』(三巻本)、『零本神宮文庫本』(上巻一冊)、『内閣文庫本』(二巻本の上巻残欠の写し)などである。[25]しかし山田は、その後に発見された『大東急記念文庫本』をみていないし、山田孝雄校訂の『伊呂波字類抄』の刊行が昭和三年(一九二八)年であるから、昭和三十(一九五五)年頃に発見された鎌倉時代初期と思われる「古鈔の断簡」[26]もみていないのである。

川瀬一馬の見解[27]によれば、十巻本の成立は治承年間(一一七七～八一)より余り程遠からぬ頃に行われたものである。また、「増補」の内容と時期であるが、川瀬一馬は『古辞書の研究』において、「最近新たに発見せられた古鈔の断簡は、十巻本『色葉字類抄』最古の写本として、極めて貴重な資料である。その書写年時は鎌倉初期と確認せられるから、十巻本の増補せられた年代(即ち成立年代)をも限定すべき有力なり証左ともなるものであって、その内容は恐らく殆ど十巻本の原形を伝えるものと言ってよかろうと思う」[28]とし、十巻本『伊呂波字類抄』の成立は鎌倉初期としている。ここで川瀬一馬が確認した「古鈔の断簡」を『古辞書の研究』に拠って紹介しておきたい。

川瀬によると、「古鈔の断簡」は、「料紙は斐楮漉厚様で、両面に書写してあり、大きさ、縦八寸八分強、横五寸三分五厘(三巻本字類抄前田本とほぼ同大)、白界、六行五段、上段に標出見出しのための段が一段あり(その部分は長さ五分)、各段は一寸三分、界幅は八分、語彙は附注とも二段に亘るもの(又三段)多く、附訓は語の下に注するのが原則であるが、時には右傍に片仮名附訓が記されている場合もあることは、前記家蔵室町鈔本(大東急記念文庫のこと)と同様である」とある。また、「この古鈔の断簡はわずか二葉、七五語(二一行)しか記されていないが、語彙の上では大東急記念文庫本と殆ど異同がない」[29]。川瀬は、この古鈔の断簡を書誌学的にも語彙についても十分に吟味した結果、「本書(古鈔の断簡)の書写年代が十巻本の成立に極めて接近していると思われる」としている。

とすれば、やはり鎌倉初期十三世紀中頃には増補されていたと考えられる。なお、久保尚文は、佐伯有清の説を引いて『類聚既験抄』の立山開山の記述は、十四世紀初頭の鎌倉末期に熊野信仰が北陸路で活発に展開していたことの影響を受けていることから、[30]『類聚既験抄』の成立は十巻本『伊呂波字類抄』成立のおおよそ二百年後のこととなる鎌倉末期の頃と考えられるとしている。[31]

以上①②から、現時点においては、川瀬一馬の検証の結果を踏まえると、十巻本『伊呂波字類抄』の鎌倉時代初期の書写本「古鈔の断簡」が発見されたということから、十巻本『伊呂波字類抄』は鎌倉時代初期の成立と考えざるをえない。なお、このなかに「立山大菩薩」が収載されていたかについては現認されていないわけであるが、「その増補編纂は三巻本の成立後余り程遠からぬ頃に行われたもの」[32]、「その増補は度々に行われたものではなく、或る一時に何某かの手に拠ってなされたものであると思う」[33]という川瀬の見解があることから、筆者は、立山開山伝承をうかがわせる十巻本『伊呂波字類抄』所収の「立山大菩薩」の記述は鎌倉時代初期の頃の収載との説を採りたい。

なお、『類聚既験抄』と十巻本『伊呂波字類抄』における「立山開山伝承」の前後関係について由谷裕哉は、『類聚既験抄』と十巻本『伊呂波字類抄』の前後関係について、所収の立山開山伝承を比較して、後者の伝承の方がより新しいと考えられるとしている。[34]しかし、『類聚既験抄』の成立時期は十四世紀前半、十巻本『伊呂波字類抄』の成立は、川瀬一馬の説によると十三世紀初頭の鎌倉初期、そして「増補が三巻本の成立後余り程遠からぬ頃」[35]となると、おのずと十巻本『伊呂波字類抄』の方が『類聚既験抄』より早く成立しているとみなければならない。この頃の写本や伝承は、必ずしも直列ばかりではない。原本の引用に当たって、それぞれの趣意に従って叙述の構造を残しながら削除・加筆が行われている場合も多いことはよく知られていることである。従って、必ずしも『類聚既験抄』を前とし、十巻本『伊呂波字類抄』を後とすることにはならないと考えたい。

2 両本にみる開山縁起

内容からみると、『類聚既験抄』は、社寺など過去の成り立ち「既験」を部類によって集めた「類聚」であり、文字どおり百科辞典的な性格をもって記されている。具体的には、上記の「越中国立山権現」の記述の前後に、「諏訪幷住吉大明神」「祇園御事」「北野天満御事」など有名神社の由来・縁起のみを、また、白山・熊野の各権現の由来・縁起のみを淡々と記述する形を採っている。いずれも百字前後の短い文章による解説である。結局のところ、『類聚既験抄』「立山開山縁起」の項は、本地垂迹による白山権現・熊野権現と同様に、立山権現が阿弥陀如来であることを解説することが真意であって、おそらくは縁起を殊更に示すものではなかったと推察する。

これに対して、十巻本『伊呂波字類抄』「立山大菩薩」は、「顕給本縁起」と標題を付していることでもわかるように、ストーリーとしての体裁を整え、明らかに立山開山縁起を示すことが真意だと推察するものである。それゆえに、後々の立山開山伝承の原点となるのは、『類聚既験抄』ではなく、十巻本『伊呂波字類抄』「立山大菩薩」に示された縁起だといえるであろう。

ところで両本の性格はともあれ、「立山開山縁起」の記述について、改めて先に示した史料（本書三四・三五頁）をみると、『類聚既験抄』の「於立山狩人有之、熊射矢ヲ射立追入出処。其熊乍立矢死了。見之皆金色阿弥陀如来也。仍此云立山権現也」の部分の記述が、十巻本『伊呂波字類抄』「熊見射殺、然間笑（矢カ）立乍登於嵩山、笑（矢カ）立熊金色阿弥陀如来也」の記述と部分的に酷似しており、両者は近い関係にあることがうかがえる。

しかし、以下のような違いもみられる。すなわち、開山者が立山狩人と佐伯有若之宿祢と異なっているほか、開山に時期についても、『類聚既験抄』は「文武天皇御宇大宝元年」とし、『伊呂波字類抄』「立山大菩薩」はこのことについて何ら記していない。阿弥陀如来の感得後については、『類聚既験抄』は何ら記していないが、「時有若発菩提心、切弓切髪成沙弥、法号慈興」と記し、感得したのが有若であり、その後、髪を切って沙弥となり慈興と号したという。江戸時代、芦峅寺・岩峅寺で記された「立山開山縁起」は、『類聚既験抄』ではなく、十巻本『伊呂波字類抄』「立山大菩薩」に示された縁起にもとづくものであったことをうかがわせるものである。

なお、『類聚既験抄』の開山縁起に狩人が開山者に充てられていることについて、少々記しておきたい。日本各地の霊山の開山縁起は必ずしも一つならず、時代によって、補遺・脚色などにより多様である。開山者については、羽黒山は能除太子(『羽黒山縁起』)、日光山は勝道(『補蛇洛山建立修行日記』)、富士山は富士上人末代(『本朝世紀』)、戸隠山は学問行者(『戸隠寺縁起』)、白山は泰澄(『泰澄和尚伝記』)など個人を充てている場合もあるが、熊野山は犬飼千与定(『熊野山権現御垂迹縁起』)、伯耆大山は猟師依道(『大山寺縁起』)、立山は狩人(『類聚既験抄』)などにみられるように、狩人を開山に充てている場合もある(36)。

狩人の開山説について、羽黒山・熊野山の縁起の例を紹介しておこう。

羽黒山の開山伝承『羽黒山縁起』には次のようにある。能除太子は崇峻天皇の第三皇子で道心と勝行の念に篤く、永治元(一一四一)年の夏、羽黒山の登拝を試みるが道を失い困っていると、片羽が八尺もある鳥が一羽飛して、皇子を杉の木の下に導いた。皇子は三年間ここで修行し、杉の木の葉のなかの観世音菩薩を感得したという。皇子を導いた鳥にちなんで羽黒山と名づけられたという(37)。白鷹に導かれて阿弥陀如来を感得した佐伯有若の縁起に通じるところがある。

熊野山の開山伝承『熊野山権現御垂迹縁起(38)』には次のようにある。千与定という犬飼が身の丈一丈五尺の大猪を発見して矢を射ると、猪は大湯原の櫟《くぬぎ》の木の下まで逃げ込み、そこで死んだ。千与定は彼の猪の肉を食べ、そこで夜を過ごした。そのとき、木の梢に月をみつけた彼は、何故木の梢にいるのかと尋ねた。すると月は自分は熊野三所権現である。一つは証誠菩薩といい、他の二枚の月は両所権現というと答えたという。

このような山の本地を感得するのが、猟師のような山中生活者で、彼が山の獣を追って山中深く入ったのが開山の遠因、という大まかな叙述構造をとる点では、立山の開山伝承の原形を熊野にまで遡らせることが可能であろう。十四世紀初頭、立山は熊野信仰との関わりが強く、それゆえに鎌倉末の成立とされる『類聚既験抄』に狩人説を採用したのではないか。

なお、「立山大菩薩」には、「顕給本縁起」と題する開山縁起の記述に加え、常願寺川両岸や立山山中にあったとされる寺院の実在を示唆する記述もみえ、さらに、「円城寺」の堂舎建立の年を康和元(一〇九九)年とする実年号をも記されている[39]。立山地域の情報が詳しく記されており、いうなれば「立山大菩薩」の記述は、現地で作成されたローカルな情報が、ゆえあって十巻本『伊呂波字類抄』に若干の脚色を加えられて「立山大菩薩」として収載されたものと考えられる。但しその経緯については不明である。

三　康済律師と佐伯有若

康済律師と佐伯有若が立山開山に直接関わっているという認識のもとに、橋本芳雄は、「思うに実際に立山を開いて堂塔伽藍を山頂山麓に建てたのが康済律師であり、その大檀那・後援者・パトロンとして絶大なる援助をしたのが越中守佐伯有若ではあるまいか」、「とにかく、天台宗寺門派の本山園城寺(三井寺)の座主たりし康済律師と、越中守たりし佐伯氏との協力によって立山が開かれたのである」[40]としている。廣瀬誠は、「とりあえず地もとの薬勢に師事受戒し、慈興と名乗ったが、その後さらに中央の高僧康済を頼ってその指導を仰ぎ、その名の下で立山開山の大事業を成し遂げた、というふうに考えることも許されるであろう」[41]としている。高瀬重雄は、このことについては、「いまどのような理由で、立山開山縁起にこのようなくいちがいが生じたのかを決定する決め手はない。けれども、越中守としての佐伯有若の外護による奨励によるか、何らかの関係のもとに開山されたとみるよりほかはない」[42]としている。

橋本と高瀬の説は、康済律師が寺院を建立し、佐伯有若がパトロンかあるいは外護者と推察した。また廣瀬は、佐伯有若が康済律師の指導を得て開山を果たしたと推察した。

次に、十巻本『伊呂波字類抄』「立山大菩薩」に立山の開山者として登場する「越中守佐伯有若之宿祢」が、随心院文書によって十世紀初頭に実在したとの史実により、「立山開山」も「佐伯宿祢有若」によるものであり、その時期は十世紀初頭とする説が出されていることについて考えてみたい。

この説には二つの問題がある。一つには、十世紀初頭に実在する「佐伯宿祢有若」が、何故に三世紀も後とされる十三世紀初頭の成立とされる十巻本『伊呂波字類抄』の増補の際に登場したのであろうかという点。今一つには、縁起と史実を同次元で捉え、有若と開山とが直接的に関わっているかという点である。

前者については、もし、「越中守従五位下佐伯宿祢有若」の事績が、越中において忘れ難きものであり、高瀬の言う外護による奨励者として伝承され、開山縁起に関わったとするならば、佐伯有若と国司との何らかの結びつきが想定されなければならない。とすれば、その手がかりとしては、十二世紀中頃成立の『今昔物語集』巻十四「越中国書生妻、死堕立山地獄語第八」[43]に登場する越中国司の「立山地獄」への関わりが、鎌倉初期の成立とされる『伊呂波字類抄』「立山大菩薩」に援用(付会)されたと推察することもできよう。それにしても、佐伯有若が実在の人物とはいえ、越中国司という地位にある者が立山の開山者たりうるか。この点において、橋本のパトロン説や木本説が提起される所以である。なお、他の縁起類などをみても、在任国司が当該地の霊山の開山者であるという伝承は今のところみあたらないのである。

後者の、有若と開山とが直接的に関わっているかという点については、最近、久保尚文は、佐伯院付属状によって実在とされた佐伯有若こそ立山開山者との説を提起した。その理由として、立山と佐伯氏の関係であり、佐伯院復興を願う愁訴状に署名している佐伯有若は、「佐伯氏復興の輿望を担った佐伯有若が越中国衙にも関わり、立山開山祭事を執行した可能性がある。その時日は延喜五(九〇五)年直近が相応しい」としている。さらに十巻本『伊呂波字類抄』「立山大菩薩」には「こうした佐伯有若を主催者とする祭事の記憶にもとづいて記述された」とする。(44)但し久保は「立山と佐伯氏の結びつきの系譜的関係は不明確」であり、佐伯有若の立山開山祭事も「可能性がある」と考え、再検証願いたいと結んでいて、確かな論証には至っていない。

しかし、山岸共が昭和四十八年頃に示した見解では、有若と開山との直接的な関わりを否定し、「立山大菩薩縁起に見える佐伯有若が実在の人物であることが知られて以来、この縁起が現実性を増したごとく考えられ、有若の時代から弥陀の山として開かれたごとく解釈されがちであるが、慈興が立山で弥陀を感得したことは、いわば、立山が弥陀の浄土であることとの宗教的宣伝であろう(45)」と指摘している。また木本秀樹も、有若の「立山開山」についての直接的な関わりについては否定的な立場を採っており、むしろ越中国に広大な荘園を有する東大寺と越中国司として在任していた有若との関わりの深さから、有若が立山開山者のモチーフとされたのであろう(46)としている。

ところで、筆者は上記のような諸説を勘案した上で次のように考えたい。日常通用の語彙を収載した当時の国語辞典としての性格をもつ『伊呂波字類抄』に、諸社・諸寺の縁起・由緒の記述が加えられた背景には、『伊呂波字類抄』が編纂される十二世紀末、十三世紀初頭の頃は、中央はもとより地方霊山にあっても神仏の習合化が進むなかで、密教的霊山信仰が成立し、さらに天台系修験集団の組織化、地方霊山の「地方化」（本末化）という新たな宗教的秩序の構築が進められ、諸霊山において開山縁起が作られていった時代であったことが挙げられる。こうした時代性を背景に、十巻本『伊呂波字類抄』「立山大菩薩」の冒頭に「顕給本縁起」の文言が置かれ、縁起の主体者として佐伯有若が立山開山者として登場したのである。その理由には、山岸共や木本秀樹のいうように、佐伯有若が越中の国司であったがゆえに、有若を立山開山者のモチーフとして立山開山縁起に現実味とある種の権威を与えようとする意図があったかも知れない。

すなわち十巻本『伊呂波字類抄』に収載されている「立山開山縁起」とは、新たな宗教的秩序の構築が進められていく十三世紀初頭の頃、園城寺系修験衆徒が霊山立山を阿弥陀の山として開山せしめ、ひいては開山縁起による立山の由緒と権威を高めるために作り出されたものと考えられる。それゆえに開山伝承をより現実味のあるものとするために、越中において忘れ難きものとして伝承されている実在の「越中守従五位下佐伯宿祢有若」の名を立山開山者のモチーフとして援用したものではないか。

このことについて、久保尚文が指摘する「師資相承」に康済の事績として「越中立山開山」が加筆された背景には、以後の寺門派の修験衆徒らの中に康済に立山建立を仮託しようとする動きがあった可能性があるとする説(47)には、十巻本『伊呂波字類抄』に佐伯有若を登場させた思惑と相似たものをみることができる。ともあれ、従来説のような康済律師の「越中立山開山」の「伝承」と、実在する有若が開山縁起に登場することとは、同次元に考えるわけにはいかないのである。

そもそも、「開山」とは、山林修行者が山入りし、山神と不可分の状態で呪験力の体得を目指した時期を経て、それまでに秘められていた山中の聖なる世界を広く世に開示し、新たな宗教的秩序が構築されていく歴史的事象を指すものと考える。それゆえに、それまでに秘められていた山中の聖なる世界を開示する「宗教的時点」は、「開山の端緒」となる事象ではあるが、筆者のいう「開山」ではないと考える。

誰が開山者であるかは別にして、立山の宗教的景観が変容しはじめたのが十世紀初頭であるという見方は、『法華験記』（一〇四〇年頃の成立）や『今昔物語集』（一一四〇年頃の成立）など説話集にみられるように、沙門・沙弥・比丘・法華経持経者など修行僧の立山参詣や参籠など入山の事実をみても十分に成り立ちうることであろう。しかし、いずれにしても、この十世紀初頭という時点においては、後の十三世紀初頭に成立した十巻本『伊呂波字類抄』にみられるような、立山に阿弥陀を本地とする新たな宗教的秩序を構築したとされた「開山」とはなっていなかったのである。

四　開山の時期についての諸説

開山時期の諸説については、前掲三二～三三頁「越中立山建立」の諸説と重複する部分もあるが、ここにまとめておく（なお以下の①②③⑤⑦⑧の註については、前掲参照）。

①阿部政太郎説（昭和二十五年頃の見解）

一一〇〇～一二〇〇年までに書かれたものとしては『色葉字類抄』（十巻本『伊呂波字類抄』）や『類聚既験抄』の記事をも挙げることができるので、立山の仏教的開山は、いかにしても『今昔物語集』などの書かれた一〇〇〇年頃より以前であると断定される。要するに立山が縁起にみるような仏教的信仰の道場として開かれた年代は九〇〇～一〇〇〇年頃の間であるということはできるのであろう。

②橋本芳雄説（昭和三十一年頃の見解）

延喜年間（九〇一～二三）に有若かその子有頼によって立山は開かれたことは事実とみてよい。西暦九〇〇年の頃、佐伯有若と康済律師の二人が同時に実在し、前者が立山開山と称せられ、後者が立山建立と記されていることは、いかに解すべきか。とにかく、天台宗寺門派の本山園城寺（三井寺）の座主たりし康済律師と、越中守たりし佐伯氏との協力によって立山が開かれたのである。

③石原与作説（昭和三十九年頃の見解）

立山開山をつたえる最初の記録は、長寛年中（一一六三～六五）に、橘忠兼が編修し始め、鎌倉時代初めに集大成された『伊呂波字類抄』による。この限りでは富士山縁起の室町初め、羽黒山縁起の江戸末に比しても古いものである。

④『富山県史』（昭和五十一年頃の見解）

「大宝元（七〇一）年と延喜五（九〇五）年との間には、二〇四年の隔たりがある。開山の時期を縁起にいうところの大宝元年と考えるのは無理であり、九世紀の後半から十世紀にかけての頃とみるのが穏当と思われる。(48)

⑤高瀬重雄（平成元年頃の見解）

康済律師の伝にいう「越中立山建立」を、立山開山と考えるとすれば、康済は昌泰二（八九九）年二月八日七十二歳で没しているから、その立山建立は、九世紀の後半とみなければならない。してみると、立山開山の時期は、九世紀の後半から十世紀にかけての頃とみるのが穏当であろうと思われる。

⑥木本秀樹（平成十四年頃の見解）

立山開山の時期については、越中守佐伯宿祢有若の自署を有する延喜五（九〇五）年「佐伯院附属状」（『随心院文

書」）や天台座主康済の「越中建立」の記事と没年などから、九世紀半ば以降十世紀初頭までと想定している。(49)

次に「開山」に関する本文で引用した説以外の説を紹介しておきたい。

⑦橋本芳雄説（昭和三十一年頃の見解）

・立山を開いたのが佐伯氏であったことは、ほぼ間違いないと思うが、その縁起を説くにあたっては、一族の長であり、越中守であり、最も傑出した人物であった有若を持ち出してきて、縁起を飾ったのであろう。

・康済はどんな役割を果たしたのか。佐伯氏が山を開くに当たって中央から迎えた指導者的宗教家―それが康済だったのだろう。立山は天台宗である。天台宗園城寺の康済が関係しているということは事実と一致している。

⑧石原与作説（昭和三十九年頃の見解）

・『伊呂波字類抄』には有若即慈興とあるので、恐らく延喜五（九〇五）年に実在した国司佐伯有若の子孫中傑僧慈興が出現し、芦峅中宮に神宮寺を開創し、同所に入滅したことを述べたものであろう。

・今日までの通説によれば慈興を有頼となし、しかも岩峅芦峅両所の開祖と所伝している。

これまでの学説は上記のとおりである。

康済律師と佐伯有若は同時代の人物であるが、両者の関係は不明であること、また、「立山建立」とは具体的にはどのような事実を指すのか、山頂まで開いたのか、山麓に寺堂を創建したのか今なお明らかにされていないということである。いずれにしても課題は「開山」の具体的な定義あるいは要件が示されていないことであろう。

註

（1）「師資相承」『大日本史料』第一編之二所収、（東京大学出版会、一九六八年）六五六〜六五七頁。

（2）正宗敦夫編集校訂『伊呂波字類抄』第四、『日本古典全集』第三巻所収、（日本古典全集刊行会、一九二八年）。

（3）『本朝高僧伝』巻第八（仏書刊行会、一九一三年）五四三頁。

江州延暦寺沙門康済伝

釈康済。姓紀氏。越前州敦賀人也。蚤登二叡山一。従二光定一。顕密両教細究二幽府一。後拝二智証大師一。受二伝法阿闍梨灌頂一。貞観元年。大極殿最勝王経講会。勅レ済為二問者一。辞義明弁。寛平六年秋任二延暦寺座主一。時年六十七。翌歳三月勅為二維摩経会講師一。済上表言。済以二非器一施膺二其選一。雖二歓而承レ旨。信二顧而懐レ悲。康済学謝二稽古一。古才非二知新一。幽求之功。早倦二法蔵一。黙悟之識。何渉二論場一。加之老嗜日増残齢無レ幾。只思二読讃於山門一。献二鎮護於邦家一。仍注二不堪状一謹辞。帝許二其辞表一。治職三年。解二座主印一。詔主二園城寺長吏一。居三年。山中靖粛。昌泰二年二月八日恬然而化。寿七十二。臘四十八。

（4）『寺門伝記補録』二十巻第十三「長吏高僧略伝」『大日本仏教全書』第八、（仏書刊行会、一九一三年）。

権律師法橋康済　第四世

康済姓紀氏。越前国敦賀人。光定入室。大師門人。補定心院十四禅師。号三昧和尚。寛平三年五月二十二日。拝大師受阿闍梨灌頂。与献憲同夜同処。一紙解文。時年六十四。臘四十四。今年十二月二日。勅授法橋上人位。證徒法橋是為始焉。六年秋八月補長吏。九年五月八日任権律師。證徒此任亦是初例。同十月十日。授二部職位於増命。受後七年今歳勤維摩会講師。昌泰二年二月八日示寂。年七十三。

註（3）の『本朝高僧伝』の記事と類似しているが、年次など若干異なるため、引用した。

（5）『寺門高僧記』巻第一『続群書類従』第八百十一所収、（群書類従完成会、一九一六年）二七頁。

（6）阿部政太郎「宗教的村落の成立とその変遷―立山山麓の宿坊村芦峅寺を例として―」（『富大経済論集』第一集、富山大学経済研究会、一九五〇年）一二二頁。
（7）橋本芳雄「立山信仰について(上)」『富山史檀』第七号、（越中史壇会、一九五六年）二五～二六頁。
（8）廣瀬誠「立山開山の諸問題」『山椒』四・五号合併号、（富山山椒会、一九六二年）二頁。
（9）石原与作「立山信仰史に関する提言」『富山県地学地理学研究論集』第四集、（富山地学会、一九六四年）一〇頁。
（10）山岸共「伊呂波字類抄『立山大菩薩縁起』の一考察」（『富山史壇』第五四号、一九七三年）五二頁。
（11）廣瀬誠『立山黒部奥山の歴史と伝承』（桂書房、一九八四年）二一頁。
（12）高瀬重雄『古代山岳信仰の史的考察』（名著出版、一九八九年）三一一頁。
（13）高瀬重雄『古代山岳信仰の史的考察』二四七頁。
（14）久保尚文「立山開山と園城寺」（『富山史壇』第一六六号、二〇一一年）八頁。
（15）『伊呂波字類抄』第四。（参考）木本秀樹『越中古代社会の研究』（高志書院、二〇〇二年）二八八頁～二八九頁。
（16）『類聚既験抄』『群書類従』巻二輯巻五十八所収、（経済雑誌社、一九〇三年）八三頁。
（17）由谷裕哉『白山・立山の宗教文化』（岩田書院、二〇〇八年）三四頁。木本秀樹『越中古代社会の研究』一八六頁。
（18）山岸共は、『十巻本伊呂波字類抄』「立山大菩薩縁起」に見える説話は、『類聚既験抄』の形の潤色されたものと考えている。山岸共「伊呂波字類抄『立山大菩薩縁起』の一考察」五二頁。
（19）田村圓澄「権現の誕生」『山岳修験』第二号、（山岳修験学会、一九八八年）二五頁。
（20）大東急記念文庫本『伊呂波字類抄』は、川瀬一馬旧蔵本を底本に出版されている。『伊呂波字類抄十巻本』（雄松堂、一九八七年）。
『伊呂波字類抄』は『色葉字類抄』とも標記されている。橘忠兼が編纂した古代国語辞書、二巻、三巻、もしくは

(21) 十巻（十巻本は『伊呂波字類抄』）。それぞれの跋文によれば、二巻本は天養年間より長寛年間、三巻本は天養年間より治承年間に補訂を加えて成立。十巻本も鎌倉時代までに成立か。なお十巻本に、学習院大学蔵鎌倉時代初期写本零本、完本に伴信友校本、また学習院大学蔵江戸時代中期写本などがある（『日本史大事典』「いろはじるいしょう」の項目より、峰岸明執筆、平凡社、一九九二年）。
川瀬一馬『古辞書の研究』（大日本雄弁会編、講談社、一九五五年）三四五頁。
(22) 由谷裕哉『白山・立山の宗教文化』（岩田書院、二〇〇八年）六八・六九頁。
(23) 『伊呂波字類抄』第一、「伊呂波字類抄解題」（山田孝雄解題）。五頁。
(24) 川瀬一馬『古辞書の研究』三四七頁。
(25) 『伊呂波字類抄』第一、「伊呂波字類抄解題」（山田孝雄解題）。五頁。
(26) 川瀬一馬『古辞書の研究』三五一頁。「最近新たに発見せられた古鈔の断簡は、酒井宇吉氏が西京で得たもの」と記されている。
(27) 川瀬一馬『古辞書の研究』三四五頁。
(28) 川瀬一馬『古辞書の研究』三五一頁。
(29) 川瀬一馬『古辞書の研究』三五二頁。
(30) 久保尚文「立山開山と園城寺」九頁。
(31) 久保尚文「立山開山と園城寺」九頁。
(32) 川瀬一馬『古辞書の研究』三四五頁。
(33) 川瀬一馬『古辞書の研究』三四七頁。

(34)　由谷裕哉『白山・立山の宗教文化』六三頁

(35)　川瀬一馬『古辞書の研究』三四五頁。

(36)　宮家準「主要な霊山の開山」『修験道思想の研究』増補決定版、(春秋社、一九九九年)四九三～五一二頁。羽黒山(四九四頁)・日光山(四九五頁)・富士山(四九八頁)・戸隠山(五〇〇頁)・立山(五〇一頁)・白山(五〇三頁)・熊野山(五〇五頁)・伯耆大山・金峰山(五〇七頁)・伯耆大山(五〇八頁)。

(37)　宮家準『修験道思想の研究』四九三頁。

(38)「熊野山権現御垂迹縁起」宮家準『修験道思想の研究』五〇五頁。

(39)『伊呂波字類抄』「立山大菩薩」の記述のなかに、「鷲厳殿温岐蓮台聖人建立、円城寺胎蓮聖人建立、件寺一王子真高権現、依之康和元年造草堂、中宮座主永源与所司等徳満上人相語建立、烏芻之峯坤方一有隅見顕現八大地獄、惣一百三十六義句」との文言がある。康和元年(一〇九九)の実年が記載されており、立山山中及び山麓、岩峅寺を含む立山信仰の一大拠点の様相を示すものであろう。

(40)　橋本芳雄「立山信仰について(上)」『富山史檀』第七号、二五・二六頁。

(41)　廣瀬誠『立山黒部奥山の歴史と伝承』二一一頁。

(42)　高瀬重雄『古代山岳信仰の史的考察』三一一頁。

(43)『今昔物語集』山田孝雄・山田忠雄・山田芙雄・山田俊夫校注『日本古典文学大系』24、(岩波書店、一九六一年)。
　『今昔物語集』は、わが国最大の説話集であり、説話の一大宝庫とも称せられる『今昔物語集』は、平安末期、院政時代と呼ばれるころの成立である。はっきりとした成立時期は不明であり、その編者(作者)も現在のところ明らかではない。「今ハ昔」で始まり、「トナム語リ伝ヘタルトヤ」で終わる説話一千数十話を納め、三十一巻に分かたれ、

（そのうち巻八・十八・二十一の三巻が欠けている）第一巻～第五巻が天竺（印度）の仏教説話、第六巻～第九巻が震旦（中国）の仏教説話、第十巻が震旦の世俗説話、第十一巻～第二十巻が本朝（日本）の仏教説話、第二十二巻～第三十一巻が本朝の世俗説話となっている。（同書、山田孝雄解説九頁）。

(44)　久保尚文「立山開山と園城寺」一二頁。

(45)　山岸共「伊呂波字類抄『立山大菩薩縁起』の一考察」五二頁。

(46)　十巻本『伊呂波字類抄』に佐伯有若が立山開山者として登場することについて、木本秀樹は、「まさに天台系勢力による立山開山の時期（十世紀）と合致する故に佐伯有若が開山者のモチーフとされたと考える」としている。その背景として、一つに、佐伯氏の一族である佐伯今毛人・真人兄弟が造東大寺長官として東大寺造営や大仏建立に功績があったことや、氏寺香積寺（佐伯院）が東大寺によって南大門のうちに移されたことから同寺と佐伯氏との強い関わりが窺えること、二つに、佐伯有若が越中守として在任していたことや、東大寺は越中に広大な領地を有したことから、佐伯有若・東大寺・越中の三者の関わりが窺い知れるとし、「開山のモチーフとされた」と指摘している。そして「おそらく佐伯氏が佐伯今毛人・真人・有若などの事績を越中国に記念碑として立山開山縁起のなかに登場させ後世に伝えたい意向が働き、このことが立山開山縁起として後世に伝えられたと考えられる」と指摘する。同『越中古代社会の研究』第四章第二節「立山開山延喜にみえる布施院」二五三頁。

(47)　久保尚文「立山開山と園城寺」八頁。

(48)　『富山県史　通史編Ⅰ　原始・古代』（富山県、一九七六年）一〇二八頁。

(49)　木本秀樹『越中古代社会の研究』一四〇頁。

第二節　宗教景観の変容と開山の段階的展開

一　「立山開山」の概念

立山開山を検証するに当たって、これまでの開山論議において主たる課題となっている「何時」「誰が」の検証も重要ではあるが、それ以上に重要なことは「立山開山」の概念を明確にしておくことであろう。すなわち「立山開山」とは、中央の浄土系天台修験集団の関与によって「聖性」としての本地が提唱され、「聖域」である山内に宗教施設（寺院等）が建立され、それによって修験者あるいは道者が一団を組織化し、さらに彼らが縁起を以て広く喧伝する、という宗教的事象と考えたい。

開山とは、単に高僧が霊山初登拝によって阿弥陀如来を感得するという事績のみでは説明がつかない。修験者あるいは道者らによって開かれた宗教聚落の形成と、「一山」と呼ばれる修験集団の組織化があり、そして霊山に聖性を認め、その聖性との感得譚を「開山縁起」として著し、霊山の確かなる地位を築く、という大きな宗教活動のもと山麓宗教村落を中心とした宗教的秩序が構築された状態をいうものである。このような開山の概念を端的に示唆してくれる一つの参考事例とし、江戸時代、寛政年間（一七八九～一八〇一）の記録ではあるが、木曽御嶽山の開山についての中山郁の研究を挙げておくこととしたい。

木曽御嶽信仰の「開山」に関する本明院普寛の開山活動について、中山郁は、次のように木食普寛の開山活動を紹介している(1)。

> 普寛は一旦寛政四(一七九二)年に登山を成功させたものの、翌年は山頂で神座を見出せず、御座で窺ったところ修行不足だから拝ませない。当時彼が続けていた木食行が満行したら拝ませるという託宣があったという。そして、木食行の満ちた寛政六(一七九四)年、初めて信者達を山頂に導いたのである。かくて普寛は一旦は登山を成功させたものの、山頂で神座を見出せず、御座で伺ったところ、修行不足だから拝ませない、木食行が満行したら拝ませるという託宣があったという。

このように、普寛にとって開山とは、単に山の頂を踏むことではなく、修行により山の崇拝対象(聖性)と合一した上で、頂を中心とした山中の、新たな聖なる秩序を構築することであった。こうした事例を踏まえ、中山郁は、開山とは、「単に山頂を踏むことによってなされたものではなく、むしろ、それまで秘められていた山中の聖なる世界を開示し、新たな宗教的秩序を構築していく過程であった」と述べている。一般的には、修験者が山の頂を踏むということは、その山に鎮まる神仏との合一を象徴するものである。

ところで「山を開く」、すなわち山麓宗教村落を中心とした宗教的秩序が構築される、という開山の重要な指標となる修験集団によって組織された「一山《いっさん》」について、触れておくこととしたい。

寺院の多くは「〇〇山〇〇寺」と寺号が付せられている。この「〇〇山」の「山」とは、もとより「自然の山」の意のみならず、宗教者が宗教活動を行う拠点とする場、すなわち寺院の存在であり、そのエリアが「山内」と呼ばれていることはよく知られている。この「山内」を統べる組織を「一山」と呼ぶ。

月光善弘は『東北の一山組織の研究』において、「一山」とは、霊山に関わる主として密教寺院系の寺・院・坊などの宗教者(衆徒・社僧など)による全山的な宗教組織を指し、少数の支配職と衆徒などによって構成されているゆるやかな自治組織である(これまでの研究で「一山寺院」と呼称していたのを「一山組織」と改称したものである)という。さらに「一山」には、法会勤修を軸に運営される組織社会があり、この一山を維持するために寺僧集団のあり方を規定し、経済的活動を支える組織とともに、僧侶の自治的集会組織が成立していくとし、こうした組織は地方の霊山を含む有力寺社に形成されていた、と述べている(2)。

由谷裕哉はこうした考えに立って、地方霊山における開山伝承の成立は、霊山組織の制度化と中央との本末関係の確立を示す伝承と深い関わりがあり、さらに地方霊山では、平安末頃から鎌倉初期にかけて、それぞれ修験を含む独自の一山組織が形成されたと考えている(3)。

さて筆者は、立山開山を考えるに当たって、まずは山の本地が設定されるに至った経緯を探ることである。すなわち神霊(本地)が降臨憑衣する聖地を畏怖崇拝する原初的な山岳信仰(神祇信仰)、言い換えれば霊山信仰を基に、神仏の習合化が進むなかで、山中に死霊が鎮留するという山中他界観を素地に密教的霊山信仰が成立することが前提と考える。そして開山とは、立山・白山などの峻嶮にして幽邃な各地の霊山が、山中抖擻の山臥験者による修行の場となり、やがて修験集落や修験組織「一山」が形成され、開山縁起を著し、修験者が先達となって俗世間の人々をも誘う登拝が現実化されていく状況を指すものと考える。すなわち、「開山」研究とは、密教的霊山信仰成立の過程を研究するものであり、開山を最初の登拝者と捉える「開山譚」の研究と区別して考えることが必要ではないかと考える。

近年、由谷裕哉は『立山・白山の宗教文化』において、霊山の開山伝承の検証から、立山開山の時期をこれまでの十世紀初頭としてきた定説を見直し、「立山の律令国家時代における伝承や聖性にはローカルな独自性があった」との考えをもとに、地方における独自の山岳信仰が、浄土系修験集団との関わりをもつなかで、立山も中央の修験集団によって地方化され、本末化されたことをもって「開山」と規程する、[4]というこれまでにない斬新にして卓越した説を提起した。この由谷説に注目しながら、「立山開山」の宗教的概念について論を進めたい。

二　「立山開山」論議の前提

これまで霊山の開山については、学僧や山林修行者、優婆塞など個人の宗教的事績として捉え、開山者及びその時期については、縁起に記されている開山者の伝記（開山譚）の検証によって論じられてきた。立山の開山についても同様であり、「師資相承」に記された康済律師の「立山建立」の字義の検証、『類聚既験抄』や十巻本『伊呂波字類抄』に収載された立山縁起の読み解きが行われてきたところである。しかし、宮家準は、「こうした縁起に記されている開山の伝記は史実とはほど遠く、むしろ諸山の神話として受け止めうるものである」[5]という。

そもそも霊山縁起について、概ね霊場や寺社の草創の霊異や奇譚（開山譚）、加えて修験者の異常体験を語る験記を説くものであるが、残念ながら多くの場合縁起で最も強調されているのは、その山が開かれるに至った霊異や奇譚（開山譚）である。但しこうした開山譚は、「一山」組織の成立と宗教活動の拠点（寺院など）の構築といったいわば広義の開山とは意を異にするものである。宮家準は「諸山の開山伝承（開山譚）は、立山開山縁起にもみられるように基本的には山林修行者が苦行の末に、あるいは狩猟者が偶然に神の使い（動物など）に導かれて、山頂、山中の窟、木、湖などにある霊地に達し、そこで山の神の示現に遭い、山を開くという構造になっている」[6]と捉えている。

このような諸山の開山伝承は、①葛城山の役小角、日光山の勝道、富士山の末代、白山の泰澄など、実在した宗教者の開山伝承、②立山・熊野・大山など猟師が獲物（山の神の化身）を追って山中に入り神仏を感得してこれを祀る伝説、そして、③神話的人物を登場させ創作した開山神話ともいえるもの、に分けることができる。もとより「開山譚」は、山林・山岳(霊山・霊地)に密教的霊山信仰が成立する過程で最も重要な転換あるいは変容の画期を示すものではあり、その検証をさらに進める必要がある。

三　立山の宗教景観の変容と開山の過程

霊山においては、八～九世紀頃から地主神に神階が奉授されるようになる。越中においても、宝亀十一(七八〇)年に二上・高瀬の二神をはじめ、鵜坂神・日置神・新川神・雄山神などに神階が奉授されている(7)。こうした律令国家の神階奉授や貞観・延喜の式内社選定など一連の宗教施策は、米澤康によれば「律令国家解体過程の一現象―現実的な社会矛盾の露呈に対して採用された形式的・皮相的な対応策(8)」とされる。このことは、とりもなおさず、九～十世紀にかけての時期は、仏教が興隆するなか、次第に神道が衰退していっていることに対する朝廷の対応を示すものではないか。また、上田正昭は「神階昇叙の背景(9)」のなかで、「神階昇叙の前提には、仏教が優位となった律令国家のありようが照射されており、神も仏法を擁護する「護法善神」の神とされた」と述べている。このように九～十世紀の頃は、神祇信仰の衰退、密教の高揚の時期であり、こうした宗教的環境のなかで「開山」の動きが促されており、山岳信仰史において重要な意味をもつ時期と考えられる。

従って、先に示した立山開山の概念や十世紀以降の諸霊山の動向をみながら、平安期から鎌倉初期にかけての霊山立山の宗教景観の変容(「立山開山の経緯」)について、第一段階、『日本霊異記』にみる立山の宗教景観(九～十世紀頃)、第二段階、『法華験記』・『今昔物語集』にみる立山の宗教景観(十一～十二世紀)、第三段階、十巻本『伊呂波字類抄』にみる立山の宗教景観と開山伝承（十二～十三世紀）、の三段階説を提起しておきたい。

1　第一段階　『日本霊異記』にみる立山の宗教景観（九～十世紀頃）

九世紀における霊山では、『日本霊異記』[10]（弘仁十三（八二二）年成立とされる）にみられるような神祇信仰の傾向の強い時期で、「比較的地方地方の独自性が保たれた時期であった」[11]と考えられる。

しかし十世紀に入ると霊山にも沙弥・沙門などの法華経持教者が入り込み、次第に密教的色彩が加わり、新たな展開がみられるようになった。立山においても十巻本『伊呂波字類抄』や『類聚既験抄』に記された立山の開山縁起に共通して語られている「熊に矢を放ち、熊は血を流しながら深山へ」とのくだりは、霊山の変容において一つの〝キーワード〟であり、当《まさ》に、立山の主である熊がなんらかの抗争の結果、阿弥陀如来に山の主の地位を譲ること、すなわち熊に表徴される地主神が、外来の仏である阿弥陀如来に対して山の首座を明け渡すことを暗に示唆しているのではないか。したがって十世紀は、立山は、それまでの地域固有の天神地祇の神々の支配から阿弥陀如来に象徴される仏の支配が付加され神仏習合の一元的支配へと転換し、山岳の神祇信仰から神仏習合の信仰へと転回することを意味するものであり、立山における宗教景観が変容する時期とみることが出来よう。

ところで、十世紀初頭の立山の宗教景観を示しているとみなされる史料には、九世紀末に天台座主の任にあった康済律師の事績として、康治元（一一四二）年頃に成立したとされる「師資相承」[12]に唯一、「越中立山建立」の文言が記されていることである。この記述に対して、久保尚文は康済律師の「立山建立」の事績を「記録を欠くが口伝のあった伝承」としている[13]。十巻本『伊呂波字類抄』「立山大菩薩顕給本縁起」に登場する佐伯有若が、随心院文書にみられる「越中守従五位下佐伯宿祢有若」の署名により十世紀初頭には実在していたとされることなどにより、研究者の間で、有若の実在と康済律師の「立山建立」の事績を重ねて、十世紀初頭に立山が「開山」されたという見解がなされることとなった(14)。

なお木本秀樹は、随心院文書が東大寺関係文書を含むことや、広大な東大寺領地と越中国との関係が存在することから勘案していくと、当時、越中守として在任していた有若が、こうした説話の構成要素として考えられていたことをうかがわせるものとも想定される、と述べている(15)。いずれにしても、十世紀初頭におけるこれらの事柄は、立山において宗教景観に何らかの変容があったことをうかがわせるものであるが、あくまで開山の端緒となるに過ぎない。今後さらなる検証が必要であろう。

2　第二段階　『法華験記』や『今昔物語集』にみる立山の宗教景観（十一～十二世紀）

『法華験記』(16)（長久元〔一〇四〇〕年頃の成立）の性格は、源信を取り巻く横川の住僧の一人である沙門鎮源(17)が先行の書と「人口」（聞き取り）と「見聞」により考証し採録したものとされ、きわめて地域に密着した情報を収載している。立山は、修験者や行者などの山中修行者などの登拝によって、立山室堂平の爆烈火口（一万年前の水蒸気爆発による）のエリアは地獄に見立てられ、立山の特異な「地獄の景観」は、『法華験記』第百二十四話「越中国立山の女人」と題した立山地獄説話として収載されたのである。

「地獄の山」立山は、他の霊山にはみることができないきわめて独自的な宗教景観を現出しており、『法華験記』には「往越中立山、彼山有地獄原」、『今昔物語集』(18)（一一四〇年頃に成立した説話集）には『法華験記』の「越中国立山の女人」を受けて、「越中ノ国新川ノ郡ニ立山ト云フ所有リ、昔ヨリ彼ノ山ニ地獄有ト云ヒ伝ヘタリ」と記され、越中立山は浄土信仰の教化活動を推進する横川系の浄土系天台学僧の喧伝に利用されてきたものであろう。

それゆえか立山地獄の描写は、現地のすさまじい光景を目の当たりにした者以外、想像では決して記しえないような具体的な表現である。

有修行者、其名不詳、往詣霊験所、難行苦行、往越中立山、彼山有地獄原、遙広山谷中、有百千出湯、従深穴中湧出、以嵓覆穴、出湯麄強、従巌辺湧出、現依湯力覆岩動揺、熱気充塞不可近見、其原奥方有火柱、常焼爆燃、此有大峰、名帝釈岳、是天帝釈冥官集会、勘定衆生善悪処矣、其地獄原谷末有大滝、高数百丈、名勝妙滝、如張白布、従昔伝言、日本国人造罪、多堕此立山地獄云々

『法華験記』におけるこのような記述は、立山地獄の実在性を世上に広め、さらに保延六（一一四〇）年頃に成立した『今昔物語集』や『宝物集』（治承二〔一一七八〕年の成立）などの説話集に載せられることにより、横川系の浄土系天台学僧らの宗教活動によって一層世上に周知されることとなった。こうした特異な立山の地獄景観が『法華験記』に取り込まれたのは、『法華験記』の性格が、ローカルな諸霊山や神社を崇敬の対象として言及されることが多かったことに起因している。天台の僧横川の鎮源が、ローカルな唱導の説話などに強い関心をもって『法華験記』を編纂しているところから、越中で成立していた説話をもとに脚色し、「越中国立山の女人」と題して収載したのであろう。

ともあれ、『法華験記』の成立期である十一世紀前半頃までに、特異な景観をもつ立山は、「従昔伝、日本国人造罪、多堕此立山地獄」と言わしめ、立山地獄を中心に山中を経巡るという宗教的特異性が成立していたと思われる。

また、『法華験記』に堕地獄の女の家が「近江国蒲生郡」とあること、『今昔物語集』巻第十四第七話には、「三井寺ニ有リケル僧」と三井寺僧を登場させることなど、立山が、鎮源の属する叡山横川の天台僧はもとより、近江国三井寺との関係もうかがわれ、当時の叡山や園城寺系天台修験僧の立山に対する関心の強さを推しはかることができる。

さて、ここで改めて『日本霊異記』や『法華験記』に収載された当時代的な地獄観をみてみることとする。『霊異

記』は、全一一六説話中、地獄関係説話は一二話で、地獄に堕ちた者が現世での善報として地獄めぐりをした上で蘇生できたという筋立てである。そして、これらの説話では、〝地獄での苦行は生前の悪行ゆえ〟との考え方がうかがわれるが、地獄からの蘇生自体が〝生前の善行〟と関連して説かれていないのである。しかし、鎮源の『法華験記』の説話では、浄土教の影響を受け、由谷裕哉によれば、善報としての救済に光が当てられている。つまり、「地獄描写の筋立ては、特定の仏菩薩による救済という主題を語る情景の一つとして描かれていた」のである。(19)

こうした両者の地獄観の違いは、井上光貞によれば、『法華験記』を著した鎮源は九世紀初め頃に成立した『霊異記』をみていないことに起因するとしている。(20)すなわち、十一世紀中頃に成立した『法華験記』が示唆する山岳の宗教景観は、九世紀初め頃の山岳の宗教景観を表している『霊異記』の宗教景観の影響を受けていない、まさしく十〜十一世紀中頃の地方の宗教景観を表徴しているもので、立山においても同時代的な宗教景観をみてとることができるのである。すなわち『法華験記』にみられる立山の地獄観は、善報としての救済を説く浄土系天台修験の影響下に置かれたことを示唆するものであろう。

ところで、『法華験記』に収載された地獄説話は、上巻の第八話・第二十八話・第三十二話、中巻の第七十話、下巻の第百二十四話の五話があり、そのうち下巻の第百二十四話の立山地獄を舞台とする立山地獄譚「越中国立山の女人」は観音代受苦による説話で、主人公の女性が蘇生せず、観音菩薩の霊験によって忉利天に昇天するという、文字どおり法華経の霊験譚である。

なお、立山地獄譚はその後の日本人の地獄観に大きな影響を与えた「従昔伝言、日本国人造罪、多堕此立山地獄云々」や「依法華力、観音護助、出立山地獄、生忉利天宮矣」の文言により、「堕地獄からの蘇生ではなく、堕地獄からの救済と忉利天への往生が力説されている」ことが分かる。(21)

このように第百二十四話は、立山地獄の景観を意識した独自の説話であり、きわめてローカル性が強かったようである。このような点からみても、『法華験記』における「越中国立山の女人」の収載は、布教の際に殊更に立山の地獄譚を取り込んだ浄土系天台修験の方便をうかがわせるものであり、と同時に、当時の立山の宗教景観をうかがわせるものといえよう。

一方、『法華験記』より八十〜百年後に成立した『今昔物語集』では、「彼ノ越中ノ立山ニ詣デ、地獄ノ原ニ行テ廻リ見ケル」(「修行ノ僧、至越中立山会小女語第七」)、「種々ニ地獄ノ出湯有テ」「地獄毎ニ行テ見ルニ、実ニ難耐気ナル事共無限シ、燃エ焦《こが》レテ有リ、其ノ地獄ノ有様ハ、湯ノ涌キ返ル焔」(「越中国書生妻、死堕立山地獄語第八」)などと、『法華験記』の立山の地獄描写を典拠としているが、実際の見聞にもとづく描写ではなく、それゆえ立山地獄のローカル性が希薄となり、地獄の一般化の傾向さえ見受けられる。さらに「僧ヲ以テ錫杖供養セサセ法花経講ゼサセナド為ル程」(「越中国書生妻、死堕立山地獄語第八」)、「祇陀林ノ地蔵講ニ参リタリシ時」、「其ノ日ノ講師、大原ノ浄源ト云フ人」(「堕越中立山地獄女、蒙地蔵助語第二十七」)などの文言から、『法華験記』より明確に修験組織の意向・介入の様子が反映されていることがうかがえる。

また、修験者や山伏など立山の修行に際して、『法華験記』は「往詣霊験所、難行苦行、往越中立山」と記すように短期的で詣型の修行を、また『今昔物語集』は「立山ト云フ所ニ参テ籠タルニ」の文言から籠もり型の修行を示唆している。

ところで『今昔物語集』は説話集であるという点から、記載内容が世相を伝えているが、果たして史実を伝えているかという問題があった。この点について、以下三点の指摘がある。

一つに、竹内理三は「史料としての『今昔物語集』[22]」のなかで、「『今昔物語集』が編者の創作集ではなくて、古文献を典拠とする編集であるがために、確実な記録に拠ったものであるのは不思議ではない」と、『今昔物語集』の史実性を評価している。

二つに、口頭伝承の説話のスタイル「今ハ昔」の意味は、馬淵和夫によると、「その時」「その当時」の意であり、「この話の時は昔なのです」の意に解釈できるという(23)。この説に従うと、それぞれの説話は多分に脚色がなされているとはいえ、当時の宗教環境を反映しているものであろう。「越中国書生妻、死堕立山地獄語第八」の末尾に、「比叡ノ山ニ年八十許ナル老僧ノ有ケルガ、若カリシ時、越後ノ国ニ下ダリシニ、〔我モ、其ノ時ニ、越中ノ国ニ超(越)テ、其ノ経ハ書キ〕ト語ケル也、此比マデ六十余年ニ成タル事ナルベシ」との文言で結んでいること、また、「越中ノ国僧海蓮、持法花知前世報語第十五」の末尾も、「其ノ後、海蓮、本縁ヲ知テ、弥ヨ心ヲ至シテ、法花経ヲ読誦シテ、仏道ヲ願テ懇ニ修行しけり。海蓮、天禄元年ト云フ年、失ニケリナムト語リ伝ヘタルトヤ」との文言で結んでいることなどから、比較的近い昔の「その当時」の事実を背景とした話であることが読み取れる。

三つに、「越中国書生妻、死堕立山地獄語第八」に「此比マデ六十余年ニ成タル事ナルベシ」と記し、『出雲国風土記』安喜の条の最後に、「安来郷の人語臣等が父なり、その時より以来、今日に至るまで六十歳を経たり」と記されていることからわかるように、事件が伝説化されるのに適当な発酵年数として、おおよそ六十年間の期間を要するということであろう。

したがって、『法華験記』「越中立山女人伝」や『今昔物語集』に記された立山地獄のリアルな描写は、十二世紀中頃までの立山の宗教景観をうかがわせるものといえよう。

さて、十世紀後半から十一・十二世紀頃は、山林修行を中心に置く修験・山伏が拠点とする山門派(延暦寺系天台修験集団)及び寺門派(園城寺系天台修験集団)が互いに勢力拡大をはかっている時期であり、立山も勢力拡大の対象となっていた。その意味で両派の動向を注視しておきたい。

比叡山十八代座主慈恵大師良源は、応和三(九六三)年、清涼殿で行われた宗論において南都東大寺を論破し、また藤原一門の帰依を得て、叡山僧徒の貴族社会への進出を決定ならしめた[24]。良源以後になると、良源の属する山門派(延暦寺・円仁系)が寺門派(園城寺・円珍系)に対する劣勢から逆転して優位に立ち、ついに延暦寺と園城寺(三井寺)との分立をみるに至った。以後、叡山系僧侶の優勢が続くのである。

長久年間(一〇四〇〜四四)には、源信を取り巻く沙門の一人である鎮源が『法華験記』を編纂しているところから、山門派が立山情報を得ていることがうかがわれる。承暦元(一〇七七)年、白河帝の発願によって法勝寺が創建されるや、仁和寺の性信法親王が検校に、そして園城寺の覚円が別当に、延暦寺の覚尋が権別当に補任されている[25]。このように延暦寺や園城寺の僧がそれぞれ別当や権別当に据えられたことは、朝廷の両派の派閥均衡の人事に腐心していることが読み取れ、当時の両派の勢力が拮抗していることを示すものである。

その後、寛治四(一〇九〇)年、白河院が初めての熊野御幸に際して園城寺長吏増誉を先達とし、その功により康和二(一一〇〇)年に聖護院を賜っている[26]。このことを契機に、園城寺、のちに聖護院が、熊野に結集していた天台系の修験者を組織化することとなり、園城寺派の勢力が増大することとなった。また、長寛二(一一六四)年、後白河院の発願、平清盛の造進になる蓮華王院(院が上皇になってからのこと、俗に三十三間堂と称される)は、延暦寺の昌雲に管掌せしめている[27]。一方、承安三(一一七三)年、白河院は、園城寺の覚忠の灌頂を受け「園城寺平等院流阿闍梨行真」と称している[28]。

このように十二世紀中頃は、延暦寺派と園城寺派の勢力は拮抗しており、立山にあっては、『法華験記』成立時の十一世紀中頃は山門派(延暦寺)との関わりがうかがえ、十二世紀中頃の康治元(一一四二)年頃に成立したとされる

『師資相承』には康済律師の事績に「越中立山建立」が書き加えられていることから、久保尚文は、『今昔物語集』説話にもとづく近江及び園城寺と越中の関係や、『師資相承』にみえる園城寺修験と立山との関係から、立山と寺門派（園城寺）との間に何らかのつながりがあると指摘している(29)。

康済律師が実在する九世紀末と、康済律師の事績「越中立山建立」が『師資相承』に書き込まれた康治元（一一四二）年頃との間には二百四十年ほどの隔たりがあり、十二世紀中頃は園城寺の勢力に陰りがみえはじめた時期でもあった。こうした時期に園城寺が自らの勢力浮揚策の一つとして立山に注目し、「越中立山建立」の事績を書き加えたものであろうか。

ともあれ、このように延暦寺系修験と園城寺系修験のイニシアチブ争奪の狭間にあって、地方の霊山は自らの拠りどころに苦慮しており、立山も例外ではなかった。

3　第三段階　十巻本『伊呂波字類抄』にみる立山の宗教景観と開山伝承（十二〜十三世紀）

霊山立山においても、本地を定め、「一山」を組織し、開山縁起を作成し、熊野の天台系修験集団あるいは天台系修験集団との本末関係を結んで、霊山としての位置づけを確たるものとせんとしたのである。その結果、十巻本『伊呂波字類抄』や『類聚既験抄』に開山縁起が収載されるようになったのであろう。立山については、いつ「一山」組織が成立したのか、その組織化に当たってどのような宗教的勢力（団体）の影響を受けたのか。次に、天台系修験集団の動向と立山の宗教的秩序の構築について触れておくこととしたい。

これまでみてきたように、山林修行を行う修験的な宗教者が集まった白山・立山などの地方の霊山は、十一世紀から十二世紀頃に整いはじめた金峰山・大峰・熊野など中央の修験集団の影響を受けながら(30)、十二世紀から十三世紀初頭にかけて、これらの修験集団と開山伝承を介してゆるやかな本末関係を結び、次第に霊山が〝地方化〟していった。かくて、地方の霊山・霊場は、「たとえば浄土教のように地域外部(中央の修験集団など)からの宗教的影響なしには存立しえない[31]」ということである。

従って、上記に述べたような十二世紀中頃から十三世紀初頭にかけての中央の修験集団の活動を背景に、各地の霊山を「地方霊山」として位置づけるという方策に沿って、立山においても新たな宗教的秩序が構築されていったと考えられる。

立山は、平安時代の終わり頃までは、地獄を有するがゆえに多くの修験者・行者の参詣する修行の「場」となってはいたが、十二世紀末に成立した後白河院の編纂した『梁塵秘抄[32]』に挙げられている「東《ひんがし》の立山《たちやま》」の文言は、この頃はいまだ確たる寺院を中核とする修験集落を構成してはいなかったことを示唆していると思われる。このことについて、石原与作は、「東の立山」という記述は、「みのなるたにくみ」は谷汲寺、「いしやま」は石山寺、「きよみず」は清水寺などと記述しており、その例にならうと「立山」は立山寺となる。また「『梁塵秘抄』にいう立山とは山名にあらず、立山寺の略称である」とみている[33]。しかし『梁塵秘抄』は歌謡集という性格から、歌いやすい文言に省略されていることもあり、「東の立山」とは都から遠く離れた東方にある立山山麓の寺という漠然たる表現となっているのではないか。しかしながら山麓の寺の存在は意識されていたようである。

ところで、平安時代末期から鎌倉時代初期にかけて、熊野や園城寺の浄土系修験集団側が阿弥陀を聖性(本地)とする宗教的秩序を構築するという動きのなかで、地方の霊山もその影響を受け、中央の傘下に位置づけられていくことになる。このようななかで、立山も熊野の影響を受けてか、十巻本『伊呂波字類抄』「立山大菩薩」の項にみられるように、立山の聖性を阿弥陀如来とし、開山縁起を作り、「開山」を果たし、修験の山として整備されていったものと思われる。なお、中央の浄土系修験集団とは、平安後期頃、熊野に奇遇する修験者（御師）と全国からの参詣者（檀那）を熊野に案内する宗教者（先達）によって形成された修験集団である。

以上、立山の宗教景観の変容を上記の三段階で検討してきた。すなわち、第一の段階は、地方霊山にも山林修行者が山入りし、山神と不可分の状態で呪験力の体得をめざした時期を経て、天台系の修験的な衆徒が霊山に進出し、次第に原初的山林修行者に対して優位に立った段階。第二の段階は、『法華験記』・『今昔物語集』などの説話集にみられるように、「立山地獄の発見」によってか中央の天台系修験が地方霊山に入った。こうした流れを受けて立山でも宗教景観が大きく変容した段階。第三段階は、中央の天台系修験集団が、地方霊山を「地方化」という形でゆるやかな本末関係を形成した。立山においても、天台系の修験者が芦峅寺や岩峅寺などの山麓集落に居住し、やがて「一山」を組織し、堂舎（寺院）を造営し、さらに縁起を作り、以て広く山外に宣伝するなど新たな宗教的秩序が構築されていった段階である。田村圓澄は「仏の進出は、寺院の創建によって完成した。比叡山の天台宗の権威を背景とする伽藍が彦山に建てられ、僧の集団が居住した(34)」と述べているところから、第三段階がいわゆる「開山」という宗教的段階といえよう。

さて、ここで、敢えて「立山開山」の時期はと問われるならば、田村圓澄・中山郁の見解をも踏まえ、十世紀初頭に端を発し、上記に示した三段階を経て十三世紀初頭に初めて完了したもの、ということができよう。

それでは、立山において「新たな宗教的秩序が構築される」とは具体的にはどのような過程なのであろうか。一つに立山山麓における修験集落の形成過程、次いで本地（聖性）設定の過程を挙げることができる。

四　立山山麓における修験集落の形成過程

1　修験集落の形成―仏験を求めて立山に入峰修行した修験者―

修験道というべきものが、一応の成立を告げるのは、聖宝や増誉の活躍の時代、九世紀後半から十一世紀頃といわれている。金の御嶽とも呼ばれた金峰山は、浄土信仰の隆盛とともに、平安時代中期（摂関期）には皇族・貴族の御嶽詣と称された参詣が流行し、平安末頃には、興福寺の支配を受けつつ金峰一山を形成していた。熊野三山（和歌山県、本宮・新宮・那智の三山の総称）では、御嶽詣の衰退に代わって平安後期頃、主に院政前期頃から熊野詣が盛んとなった。この時期、熊野に奇遇する修験者（御師）が存在したが、同時に全国からの参詣者（檀那）を熊野に案内する宗教者（先達）も存在し、両者によって修験集団が形成された。この修験集団は、先述したように、寛治四（一〇九〇）年、園城寺長吏増誉が白河上皇の熊野詣の先達を勤めた功により熊野三山検校に補任されたことを契機に、寺門派の園城寺が熊野の天台系修験を支配するようになった。

延暦寺や熊野など中央の霊山のほかに、北陸の白山・立山、関東の富士山・日光山、東北の出羽三山等々、古代から山林修行者がいたという伝承のある地方霊山に居住した修験衆徒による集団が形成され、平安末期から鎌倉初期頃にかけて、それぞれ独自の一山組織が形成されたと考えられる。こうした地方の一山組織は、多くの場合、園城寺・延暦寺や、熊野修験を抱える天台・真言の権門寺院の末寺になり、「当初その山ごとに宗教的独自性をもっていたとしても、それが次第に希薄化していった」(35)ことが推察される。

それでは立山の場合はどうであろうか。仏験を求めて立山に入峰修行した修験者、あるいは芦峅寺を拠点として山林修行する修験者は、熊野修験の影響を受けて修験組織を形成し、後に園城寺系修験の支配を受けている熊野の天台系修験集団と、直接的ではないがゆるやかな本末関係をもっていたと考えられる。

ここで、管見する史料において立山山麓における修験集落形成の背景をみることとしたい。

十一世紀初頭頃から十二世紀中頃まで、地獄のある霊山立山に多くの修験者が参詣していることが『法華験記』や『今昔物語集』にみることができる。

①「往詣霊験所」（『法華験記』「越中国立山の女人」）
②「彼の越中立山に詣で」（『今昔物語集』巻十四第七話）
③「地元の貴き聖人が登拝」（同第八話）
④「越中の国に海蓮と云う僧あり」、「立山・白山ニ参て祈請す」（同第十五話）
⑤「越中の国、立山と云う所に参て籠たるに」（同巻十七第二十七話）
⑥「生たる間、白山・立山と云う霊験に詣で、自を骨髄を振て勤め行へるに」（同第十八話）

『法華験記』の頃は、立山参詣は単に「詣でる」のみであったが、『今昔物語集』の頃になると一定の期間「参籠する」者もいたことがうかがえる。なお、②の「彼《か》の」という文言をみても、立山は相当に霊山として知られていたことをうかがわせるものである。

十一世紀初め頃に成立したとされる『新猿楽記』[36]には修験者大験者次郎が登場する。その修行巡業について、

大峰・葛城ヲ通リ、〔礒《イソ》〕辺地ヲ踏ムコト年々ナリ。熊野・金峯・越中ノ立山・伊豆ノ走湯・根本中堂・伯耆ノ大山・富士ノ御山《ミタケ》・加賀ノ白山・高野・粉河・簑尾《ミノオ》・葛河等ノ間ニ、行ヲ競ヒ験ヲ挑ム山臥修行者ナシ。

と記されている。当時、呪験の力を競いあう験者が、修行場として選んでいた山々が、ここに総括されているようで

ある。立山はその一つである。

さらに、『平家物語』の巻五の「文覚荒行」の項(37)には、文覚上人が修行した霊場を「那智に千日籠り、大峰三度、葛城二度、高野・粉川・金峰山・白山・立山・富士山の嶽、伊豆・箱根、信濃の戸隠、出羽の羽黒、惣じて日本国残る所なく行廻て」と記し、その中に立山・白山・富士山が挙げられている。

大験者次郎や文覚上人が実際立山に入山修行したかどうか確たる史料は確認できないが、立山が日本の名だたる霊山であることは言うまでもないことである。

2　立山山麓における宗教集落の形成

このように、多くの山林抖擻の仏徒や修験者を迎える立山には、当然のことながら十二世紀から十三世紀初頭には彼らを迎える宗教集落の存在を想定することができる。

ところで山伏の本質は、山岳から山岳へと跋渉しつつ難行苦行を積むことによって、一所不在の解脱境を体験し神秘力を体得することに存したのであるが、その山伏が一所に定着して自らの修行を続けるとともに、登拝に来る檀那を宿泊せしめて道者的修行を導く宗教村落を成立させたのである。立山の場合、芦峅寺・岩峅寺などが相当し、十巻本『伊呂波字類抄』「立山大菩薩」に記されている常願寺川両岸に存在する諸寺がそれである。立山山麓の村落では、十三世紀頃、早くから天台系の山岳修験者・山伏などが定着、宗教村落を形成し、熊野の開山伝承の影響を受けて立山の聖性(本地)を阿弥陀如来とし、立山の開山伝承を成立させ、立山の開山を促したと考えられる。

ところで、『法華験記』下巻第百二十四話に収載された「越中国立山の女人」の伝承は、由谷裕哉によれば、「立山山麓で十世紀頃に成立したローカルな唱導パターンを基盤にして、戒律や善行を求める律令国家特有の仏教観をにじませた観音信仰や法華経霊験譚が後に附加されたもの」とする。[38]この「ローカルな唱導パターン」を生み出したのが立山山麓の宗教村落に起居した修験者であり、彼らの依拠する宗教理念の標徴としての「立山開山伝承」を成立させたのであろう。

それでは、平安末頃の立山山麓に形成された宗教集落とは、どのようなものであったのであろうか。十巻本『伊呂波字類抄』を手掛かりに芦峅寺の宗教景観を垣間みたい。

鎌倉初期の成立とされる大東急記念文庫本（影写本）の十巻本『伊呂波字類抄』に収載されている「立山大菩薩」の開山伝承に関する記述に、以下のようにある。[39]

其師薬勢聖人、自大河南者、薬勢之建立、三所上本宮、中光明山、下報恩寺、慈興聖人建立者、自大河北三所、上葦峅寺根本中宮、横安楽寺、又高禅寺、又上厳山之頂禅光寺千柿也、下岩峅寺今泉也、

文中の「大河」とは常願寺川を指すものであり、山麓においては、左岸には本宮（現富山市原）・光明寺・報恩寺の三ケ寺が挙げられている。光明寺の跡地説法ケ原には、五智山円福寺があったといわれ、久寿二（一一五五）年、婦負郡萩島（現富山市萩の島）に移転、[40]やがて法然門下に入って建久八（一一九七）年、光明山来迎寺となったと伝えられている。来迎寺は久しく婦負郡萩島にあって中名熊野社の別当職として奉仕していたという。[41]報恩寺の跡地には、復興後文殊寺が建てられている。久保尚文は、上記の三寺は「熊野信仰と立山信仰との結びつきを示すものであろう」と指摘している。[42]

また同書には、右岸には立山町芦峅寺に中宮・安楽寺・高禅寺、立山町千垣には禅光寺、岩峅寺（後の立山寺のことか）があったと記されている。但し、「禅光寺千柿也」「岩峅寺今泉也」の「千柿也」「今泉也」の文言について木本秀樹は、「大東急記念文庫本が写される際に注記されたもの」[43]としているので、平安末期の状況を示すものではないこと

に留意する必要があろう。

ここで、少々本論の道筋からはずれることになるが、後に注記として付された「禅光寺千柿也」及び「岩峅寺今泉也」の「千柿」「今泉」をどのように解釈すればよいか。「千柿」とは、おそらく「千垣」(現在の地名)のことであろう。同様に考えれば「今泉」も地名ということになる。そうであれば「岩峅寺今泉也」は「今泉」にある「岩峅寺」ということになる。しかし、岩峅寺の地を現在の岩峅寺に充てるなら、「今泉」の地名は現岩峅寺近隣周辺には確認できない。地名のみ捜せば北の平野部太田本郷を中心とした地域を充てることができよう。このことについて、石原与作は「当時常願寺大河、今の太田用水河道が神通川本流に合流していたので、その伏流水が富山市太田本江より、現富山高校附近の今泉の湧泉地となり、ここに岩峅寺の別院としての立山道場が建立されていたと推測し、平安末期の立山外宮はこの地にあったようだ(44)」と述べている。この見解からみると、「也」の一語によって注記された「岩峅寺今泉也」の解釈は、岩峅寺とは、立山寺の別宮である「越中国立山外宮」であり、その所在地が「今泉」であるとの解釈である。恐らく後の注記者が、新熊野神社ゆかりの者であったかもしれない。十巻本『伊呂波字類抄』に注記された頃には既に「越中立山外宮」が存在しており、今泉の地にある立山外宮を意識したがゆえであろうか。

「越中国立山外宮」の語は、養和元(一一八一)年十二月八日付の院庁の下文にみる新熊野神社領「越中国　立山外宮」として、『新熊野神社文書(45)』に登場する。なお養和元年の院庁下文によると、後白河院庁は、「越中国　立山外宮」をはじめ、「山城国　円提寺」、「大和国　正覚寺」、「近江国　吉富庄・三尾社」、「美濃国　池田庄・小瀬庄」などに対し、国司の横暴についての「彼宮所司」からの訴えにより、当該の十六ケ国、二十八ケ所、内寺社四、荘園二十四ケ所の雑事及び臨時国役事を免除した。その背景には、後白河院の政権のもと、熊野権現の霊験に拠る地方再掌握のための十六ケ国、二十八ケ所の荘園を支配下に置こうとした意図があったと思われる。こうしたなかで、「立山外宮」も後白河院の政権の傘下に置かれたのである。

また後白河院の新熊野社との関わりはきわめて強いもので、前掲院庁下文の後書きに「右、得彼官所司等去十月解状偁、謹考案内、熊野権現者、日域第一之霊社、鎮護国家之仁祠也」、「去永暦年中之比、禅定仙院凝丹精之、叡慮、以散在荘園被寄進被仏聖燈油料以降、計星霜者既二十余年、思、臨幸者及百余度、豈非希代の御願乎」(46)と記され、後白河院の熊野権現に対する並々ならぬ崇敬がうかがえる。その表れが、院の御所法住寺の鎮守として永暦元(一一六〇)年熊野権現本宮の祭神を勧請し、新熊野神社を創建となったのである。立山権現の霊威に与かろうと「越中国立山外宮」を傘下に置いたのかもしれない。新熊野神社を領主とする「越中国　立山外宮」の誕生である。当然のことながら寺領荘園を含むものであった。この寺領域こそ「今泉也」の地であったと考えられよう。その所在については記載がないが、後年の明応元(一四九二)年の『立山寺御神領針原公文給帳』(47)にみられるように、当時、立山寺は神領を有していたことから、今泉の地にも神(寺)領を有していたことはありうることと考えられる。

「今泉」の一帯は常願寺川左岸流域に広がる広大な国衙領太田保に属する地域である。この太田保は、白河院の院司で勧修寺家を再興させた藤原顕隆と深い関わりをもつ宮道氏が、越中在庁官人として支配していたところでもあった(48)。

それでは、ここで岩峅寺の場所の比定と創建の時期について検討してみたい。

一つに、岩峅寺の場所については、十巻本『伊呂波字類集』「立山大菩薩」に記された「上葦峅寺、下岩峅寺」の文言から推察すると、常願寺川の上流に位置するのが「上葦峅寺」は現在の芦峅寺であり、「下岩峅寺」とは、芦峅寺の下流に位置する現在の岩峅寺と考えられる。

この両峅は対語であり、「峅・クラ」は神が降臨する磐座(岩クラ)を指す霊異の場所を意味する。、芦峅寺には、雄山神社境内にある現若宮が建てられている巨岩、磐座があり、その前にはかつては閼伽《あか》池があった。岩峅寺には、現岩峅寺聚落の東側山手にかつては巨大な磐座とともに湧水池があり、現雄山神社に向かって流下したといわれている。多くの祭場は、こうした湧水の地が選ばれているところから、岩峅寺もまずはこうした磐座や湧水の地に祭祀が営まれたのであり、後に現在の岩峅寺の地に寺院（立山寺）を創建したものではないか。

二つに、創建の時期については、文殊寺（現富山市大山）の宝寿院に、応仁元（一四六七）年四月に立山寺が修築された際の棟札が伝存しており、この棟札銘には「以前造立棟札　承久二年歳次庚八月八日　奉造立社頭」(49)と記されている。この棟札銘は、立山寺（岩峅寺か）は少なくとも承久二（一二二〇）年八月八日に岩峅寺の地において建立されたことをうかがわせるものであり、承久二年に造立されたのが立山寺あるいは立山寺に先行する寺院（十巻本『伊呂波字類抄』に記された岩峅寺か）であると考える方がつじつまが合う。

さて本筋に戻ろう。十三世紀頃（平安末期～鎌倉初期）の立山山麓及び山中の寺院の様子について、十巻本『伊呂波字類抄』「立山大菩薩」(50)後半部分の記述を引用しておく。

（略）鷲巌殿温岐蓮台聖人建立、円城寺胎蓮聖人建立、件寺一王子真高権現、依之、康和元年造草堂、中宮座主永源与所司等、徳満聖人語建立、烏瑟之峯坤方一有隅見、顕現八大地獄、惣一百二十六義句（義口か）、

この文章は解読は難しいが、鷲巌殿とは鷲の岩屋付近に蓮台聖人によって建立された舎殿のことと推測したい。また温岐とは湯の又のことであり、真川と湯川の合流点にある千寿ケ原あたりを指す。円城寺は芦峅寺の東不動岳麓にあったと伝えられ、胎蓮上人の建立になる寺で、この寺は真高権現を祠ると読むことが出来よう。また、文脈からみれば、「件寺一王子真高権現」とは、直前の「円城寺胎蓮聖人建立」にかかり、康和元（一〇九九）年に、胎蓮聖人が芦峅寺中宮座主永源と徳満聖人とも相談して円城寺を建立したと解釈することができる。この頃、芦峅寺に根本中宮

寺が所在し、永源なる座主が存在していたことがうかがわれる。また、前掲の「葦峅寺根本中宮　横安楽寺」の文言から、中宮寺の横に安楽寺があり、芦峅寺には、中宮寺のほか、円城寺・安楽寺があったことになる。なお、円城寺は近江園城寺につながる寺院名とも推測できる。

このようにみてくると、「立山大菩薩」に記された内容は、平安末、鎌倉極初期（十二世紀末から十三世紀初頭）の立山山麓の宗教景観をうかがわせてくれる。特に「円城寺胎蓮聖人建立」の康和元年の「造草堂」は史実かどうか確認できないが、立山の山麓や山中に寺院が存在する時期についてそれなりに一つの目途となる年号である。なお、鎌倉中期頃の成立といわれる『拾芥抄』[51]には「立山葦崎《峅》寺　越中国」と記されている。このことは、立山山麓の修験集落が世上に広く知られていたことを示すものであろう。

鎌倉初期の頃の立山山麓においては、十巻本『伊呂波字類抄』「立山大菩薩」に記されているように寺院と宗教集落の存在をみることができる。これら山麓の村落には、おそらく在地の山人（杣人・狩人など）を中心に、外部からの行者や修験などが居住し、立山の持つ宗教的世界を背景に、「一山」と呼ばれる組織を形成することになる。かくて、岩峅寺・芦峅寺という寺院組織が整ったことに対応して、開山伝承の成立をみたのである。

五　「立山開山縁起」の成立と「立山開山」

立山の新たな宗教的秩序を考える上での指標は、まずはいかなる一山組織の宗教的理念を構築するかであり、具体的にはいかなる本地（聖性）を設定し、次いでどのような開山縁起を創作するかにある。それゆえ、熊野では証誠大菩薩、伯耆大山では観音菩薩、立山では阿弥陀如来など本地の感得譚は、「開山」を考えるに当たって一つの指標とはなり得るが、果たして本地の感得のみを以て開山たり得るかはどうかは別の問題であると考える。それゆえに立山の開山伝承について、「本地」とは何か、また、いつ、どのように成立したか、その背景とともに開山縁起の成立過程を検討することが重要であろう。開山縁起にまつわる本地とは、山林修行者あるいは山中生活者が、守護的霊異的な聖性（修験道の中心となる山岳宗教系の聖性）を感得したという本地感得譚によるものである。この本地感得譚の成立にあたっては、由谷裕哉は「大方の地方的な霊山・霊場は、天台浄土教のような地域外部からの宗教的影響なしには存立しえない」という。(52)立山も例外ではないということである。

ところで、一般的には開山縁起の成立は「本地（聖性）」が設定されること、すなわち聖性説の成立が前提となり、その成立の時期が問題となるのである。本地垂迹説は十一世紀頃に形成されたが、「金峰山や熊野において本地感得譚が登場するのは十二世紀前半で、この頃、熊野修験が組織されはじめた時期と一致する」と由谷裕哉は述べている。(53)古い説ではあるが辻善之助の「何々の神の本地が何々と決められたのは源平期、十一世紀中頃から十二世紀初期のころである」(54)との説は一つの指標となろう。熊野の場合、『熊野権現御垂迹縁起』の成立を伝える『長寛勘文』(55)が成立する長寛元（一一六三）年以降といわれており、由谷裕哉は「熊野の場合、本地説の成立と開山伝承の成立が、まるでセットでもあったかのように、十一世紀末頃から十二世紀中頃までの間に続けて生起したのである」と論じている。(56)

平安中後期の浄土信仰をみると、末法思想の高まりとともに、ますます弥陀への傾斜が顕著になってくる。熊野や大山の伝承でも、本地が弥陀として強調された。立山の場合も、これらの影響により、院政期以降弥陀中心の信仰に転じてきたと山岸共は指摘する。(57)先述した「本地説の成立と開山伝承の成立が、十一世紀末頃から十二世紀中頃までの間に続けて生起した」という由谷説に従えば、鎌倉初期に成立したといわれる十巻本『伊呂波字類抄』の「立山開山縁起」に阿弥陀如来が登場するということは、既に平安末期～鎌倉初期には、立山の本地が阿弥陀に「設定」されていたと考えられるのである。

実際、立山開山伝承でも、無名の狩人であれ、あるいは佐伯有若であれ、彼らの感得した立山の本地は阿弥陀如来とされている。このような事象の背景をみるに、十二世紀前半成立の『今昔物語集』巻十七では、末法の菩薩としての地蔵の代受苦を説くに止まっていた立山の周辺に、「神道集」にみられるように、十三世紀前半頃には阿弥陀による西方往生を説く天台浄土教的な環境が整ってきたことを示唆しているのである(58)。

すなわち十二世紀末に大岩山日石寺(富山県中新川郡)の石造仏不動明王磨崖仏に阿弥陀如来が追刻された事例(59)にもみられるように、この頃から立山では阿弥陀如来の信仰が優位を占め、本地が阿弥陀如来とされるに至るのである。さらに鎌倉時代になると、立山において阿弥陀如来の信仰が一層優位になり、十四世紀中頃の成立とされる安居院の『神道集』(60)(日本における約五十の神社の縁起を本地垂迹の思想を以て説明している)は、立山縁起について「抑越中国の一の宮をば、立山権現と申す、御本地は阿弥陀如来なり、閑かに以ふに、諸仏の如来の中に、志の深きは弥陀の善逝なり、十方仏土の中に、欣処は安養界なり」と記して、立山神の本地は阿弥陀如来であると明言するに至った。そして阿弥陀は「五障の女身に迎接許して、既に男女を嫌ふ事なし、況んや其の外をや」とも記しており、立山は、一切衆生の救済をめざす聖性を有する山となった。

かくして立山は、十三世紀には熊野などの浄土系修験集団によって〝地方化〟させられた結果、立山の本地として阿弥陀如来聖性説が定着したのである。しかしながら山麓の芦峅寺においては、地母神として「媼尊」を本地に据えるという本地の二重性を呈していることは、すべてが〝地方化〟させられたというのではなく、立山の独自性を残しているということになる。

このように、立山の本地は阿弥陀如来とされるに至ったが、本来、本地は、「聖地」の設定によって変化するものである。立山の本地は阿弥陀如来とされるに至る経緯は次のように考えられる。立山では、『法華験記』や『今昔物語集』の説話においてみられるように、十一世紀前後には、地獄谷を聖地とみなし、その聖性としての本地は地蔵菩薩であったと考えられる。地蔵は修験との関係が緊密で本来真言密教のほとけであり、天台系より出た浄土教の観音とは別系統のほとけではあるが、『今昔物語集』においてみられるように、立山においては地蔵と観音が併存することは何ら不思議なことではない。

ここで『今昔物語集』に拠って、阿弥陀が登場する経緯についてみておきたい。

『今昔物語集』には、立山に関するかぎり、地獄、そして法華経の護持、及び地蔵菩薩の代受苦は語られているが、阿弥陀如来の救済はまだ語られていない。同書巻第十四の「修行僧、至越中立山ニ会小女語第七」、「越中国書生妻、堕立山地獄語第八」、「越中国僧海蓮、持法華知前世報語第十五」では、脱地獄を語ってはいるが、それは法華経の功徳や観音の利益により忉利天に昇天するのである。第十七は全体に地蔵の霊験譚を集めているが、立山に関する「備中国僧阿清、依地蔵助得活話第十八」、「堕立山地獄女蒙地蔵助語第二十七」は、地蔵菩薩に助けられるに止まり、阿弥陀如来の救済は語られていない。『今昔物語集』が登場した十二世紀中頃は、地蔵はいまだ堕地獄からの救済の役割を担うものであり、浄土教の聖・沙弥らが説く往生思想にもとづく西方浄土を願う阿弥陀信仰の登場は、鎌倉初期に成立したといわれる十巻本『伊呂波字類抄』や、南北朝期の『安居院神道集』をまたなければならなかった。

なお、前掲『今昔物語集』巻第十四の「修行僧、至越中立山ニ会小女語第七」に「我レ威力観音ノ御助ニ依テ、立山ノ地獄ヲ出デテ忉利天ニ生レントゾ告ゲタル」と記され、十二世紀中頃には立山に観音も登場しているのである。

よく知られている『梁塵秘抄』の「験仏の尊き」ではじまる歌謡では、「東の立山、美濃なる谷汲の彦根寺、志賀、長谷、石清水、都に真近き六角堂…」は観音の霊場を列記しており、立山は、やはり弥陀ではなく観音なのである。かくて立山が弥陀の山であるという信仰は院政期までは顕著ではなく、その後に成立したものと考えられる。

ところで、『今昔物語集』が成立する十二世紀前半頃は、法華経や観音により忉利天に昇天する道があったのであるから、それが、弥陀の浄土を指向するようになったとすれば、そこに何らかの理由が挙げられなければならない。そこで考えられるのが地獄と地蔵の縁である。『今昔物語集』の地蔵説話の特色は、巻第十七「堕越中立山地獄女、蒙地蔵助語第二十七」の延好説話に「地蔵菩薩、此ノ地獄ニ来リ給テ、日夜三時ニ我ガ苦ニ代リ給フ」とあるごとく、地蔵は堕地獄の衆生を身を以て救済する仏であり、衆生の救済者として現れることである。いうなれば、衆生は地蔵により堕地獄から救われるとともに、さらに弥陀を念じて極楽に往生を願うということになる。

立山の場合、強烈な印象を与える地獄と弥陀の浄土が隣接して山中に併存という特異な山中他界観ゆえに、まずは地蔵の登場を促し、地蔵の登場を契機として必然的に浄土への救済者としての阿弥陀を呼ぶに至った。地蔵信仰から阿弥陀信仰への転回である。農民各層はもとより在地武士も作善を要しない地蔵から弥陀信仰へと傾き、立山山麓芦峅寺の山岳寺院もこの傾向を察知してか、地獄―地蔵―阿弥陀の線を主軸とするに至ったと考えられる。[61] 立山におけるこのような地蔵の役割の重要性と弥陀への信仰は、江戸時代末頃の嘉永六（一八五三）年に記された『立山縁起』に地蔵が「立山権現十所王子」の第二王子炎高（伽羅陀《カラダ》山）の本地にあてられていることからもうかがうことができる。

かくして、立山の宗教景観の変容、すなわち開山へのプロセスは、立山を「山の神」と「仏」の併存する「秩序なき世界」から、阿弥陀如来の特定の意志（宗教的力）にもとづく「秩序ある世界」へと変容し、拠点となる寺院の創建をもって完成するものであった。この「完成」という意味は、修験集団として、まずは山の神の仏教への従属を証明するため、仏教教団側の提起する「権現」の論理が用意され、さらに寺院を中核とする集落が形成され、「立山開山縁起」が作成されることであった。立山開山縁起の成立時期は、おそらく十巻本『伊呂波字類抄』「立山大菩薩」に「顕給本縁起」と標題を付して収載された、十三世紀初め頃と考えられる。

なお、立山の本地が阿弥陀如来となったことについては、熊野本宮の証誠殿の本地が阿弥陀如来とする熊野開山伝承に大きく影響を受けているとみられ、本地が神から阿弥陀に代わる際に権現という格を経ていると考えられる。

ところで、権現とは、仏・菩薩が衆生利益のため、権《か》りに人身などを現すことである。日本で権現の思想が文献でみられる早い例は、貞観元（八五九）年の僧恵亮の上表（『三大実録』貞観元年八月二十八日条）や、承平七（九三七）年の僧兼祐の申状（『石清水文書』二）であるが、いずれも天台系の僧の執筆であったことが注意される。わが国で初めて出現した権現は、金峰山の蔵王権現であった。このことは、寛弘四（一〇〇七）年八月十一日の年記をもつ銅板製経筒の銘文で確認される。

一般的には、経塚の造営は、山神の支配する山の一角に「仏地」の設定を意味するもので、こうした山神と仏との関係を仏教側において理論づけたのが、権現の誕生であった。権現出現の時期は、経塚の造営が始まる十一世紀以前に遡ることはないと田村圓澄はいう(62)。「立山権現」の出現は、文献的には、既述の十巻本『伊呂波字類抄』「立山大菩薩」及び『類聚既験抄』、『神道集』巻第四ノ二十「越中国立山権現」にもみえるとおりである。なおこの「立山権現」を想定するとき、仏地の設定を意味する経塚について触れておかなければならない。

立山に関する経塚造営の最も早い例は、仁安二（一一六七）年八月十日の銘をもつ銅板製の経筒と、和鏡一面とが出土した経ケ峰の頂上の経塚である(63)。従って、立山に権現信仰が入った時期は十二世紀中頃のこととなる。ちなみに、この頃の経塚の造営、すなわち埋経の目的は、極楽往生、出離解脱、証菩提、現世幸福、自他利益などであった。

参考として、鎌倉時代初期の立山の宗教景観をうかがうことのできるきわめて重要な史料として、銅像帝釈天立像（寛喜二〔一二三〇〕年の銘あり）、鉄造阿弥陀如来坐像（文暦二〔一二三五〕年の銘あり）、銅像地蔵菩薩立像（伝芦峅寺下山仏）、銅像天部形立像（伝立山懺悔観音）、銅像勢至菩薩立像（伝富士折立観音）などが今に伝世されており、今後の詳細な調査をまちたい。

以上本章をまとめておくと、田村圓澄のいう「仏の進出は、寺院の創建によって完成する」とするならば、山麓寺院及び宗教集落の成立、そして宗教集落の特性を他に示威する媒体としての「開山縁起」（寺院の由緒）の作成を以て「開山」が完成するものである。こうした視点に立つと、立山山麓に、十二世紀から十三世紀にかけて寺院を含む宗教集落が形成され、熊野信仰の影響を受けながら、本地を阿弥陀如来と定め、聖地立山の聖性としての阿弥陀如来に感得するという開山縁起が成立した。平安末鎌倉初期の時期と考える。すなわち立山においては、この時期は山麓に宗教集落が形成され、立山の聖性を修験者や登拝行者に示威する媒体として「開山縁起」が作成され、新たな宗教的秩序が構築され、「立山開山」が実現した時期であった。

先人の研究成果に導かれつつ、「立山開山」をめぐる検証を「立山の宗教景観の変容」という視点から進めてきた。その結論として、「開山」とは、修験者が山の頂を踏むということ、そしてその山に鎮まる神仏と合一すること、その験力をもって宗教活動を行う宗教的集団を形成し、本地設定のもと縁起を示すことによって新しい宗教的秩序を構築すること、という綜合的概念であるとした。そして、開山者は康済律師かあるいは佐伯有若かなどという狭義の視点からの「立山開山論」を離れて、「立山開山」の概念を「立山が信仰の域までに到達する期間」という広義の視点から設定し、十世紀から十三世紀にかけての立山の宗教景観の流れを提起したところである。

註

（1）中山郁「木曽御嶽信仰の質的転換―木食普寛の開山活動について―」『山岳修験』別冊「日本における山岳信仰と修験道」（日本山岳修験学会、二〇〇七年）六一頁。
（2）月光善弘『東北の一山組織の研究』（佼成出版社、一九九〇年）序二頁、第二節三六頁、第六章七四六頁。
（3）由谷裕哉『白山・立山の宗教文化』（岩田書院、二〇〇八年）一三頁。
（4）由谷裕哉『白山・立山の宗教文化』一五二頁。
（5）宮家準「第一節 諸山の開山伝承」『修験道思想の研究』増補決定版、（春秋社、一九九九年）四九二頁。
（6）宮家準は「第一節諸山の開山伝承」において、羽黒山・日光山・富士山・箱根山・戸隠山・立山・白山・熊野山・金峯山・伯耆大山・石鎚山・英彦山などの主要な霊山の開山をもとに開山伝承の構造を明らかにしている（四九二～五一二頁）。
（7）二上神・高瀬神の神階奉授は宝亀十一（七八〇）年、鵜坂神・日置神・新川神の神階奉授は貞観九（八六七）年、雄山神の神階奉授は寛平元（八八九）年である（『富山県史 史料編Ⅰ 古代』二八六・三七六・三九七頁参照）。
（8）米澤康「神階奉授と彫幣の民」『北陸古代の政治と社会』（法政大学出版局、一九八九年）第六章〈付録〉一一八一頁。
（9）上田正昭『日本古代の国家と宗教』巻上（井上薫教授退官記念会編、法政大学出版局、一九八九年）一四四頁。
（10）『日本霊異記』下巻、出雲路修校注『新日本古典文学大系』30、（岩波書店、一九九六年）。
　上巻では、雷神と天皇と仏教とが微妙に絡み合う話から日本仏教の黎明期のさまざまな出来事が展開され、「仏教」説話集を形づくっている。中巻では、日本仏教史の全盛期である聖武天皇の時代には多くの「霊異」が顕現した。その「霊異」を描いた霊験説話集を根幹として説話集を形づくっている。下巻は、因果応報説話と霊験説話からなっている。全体的には神祇が注目される傾向にあった。

(11) 由谷裕哉『白山・立山の宗教文化』一五二頁。

(12)「師資相承」『大日本史料』第一編之二、(東京大学出版会、一九六八年)六五六〜六五七頁。

(13) 久保尚文「立山開山と園城寺」(『富山史壇』第一六六号、二〇一一年)六頁。

(14) 本稿第一部第二章「立山の宗教景観の変容と開山」を参照。

(15) 木本秀樹『越中古代社会の研究』(高志書院、二〇〇二年)二五三頁。

(16)『往生伝　法華験記』井上光貞・大曽根章介編『日本思想大系』7、(岩波書店、一九七四年)五六五〜五六六頁。

(17)『源信　往生要集』『原典日本仏教の思想』4、(岩波書店、一九九一)一一頁。

源信、通称恵心僧都、横川の僧都。生没年は天慶五(九四二)年〜寛仁元(一〇一七)年。比叡山に登り、良源に師事。寛和元(九八五)年に『往生要集』を著した。鎌倉時代の浄土教成立の先駆的基礎であり、平安時代の浄土信仰に大きな影響を与えた。『往生要集』は漢和元(九八五)年成立。多くの経論から地獄・極楽の有様を示した経文から引き、極楽往生に念仏すべきことを説く(高柳光寿・竹内理三編『日本史辞典』角川書店、一九八三年)。

『往生要集』巻上の大文第一には、「厭離穢土」において六道(地獄・餓鬼道・畜生道・阿修羅道・人道・天)を詳細に論じ、大文第二では「欣求浄土」を論じる。巻中・巻下は滅罪の方法として「助念の方法」「念仏の利益」を説いている。

(18)『今昔物語集』三、巻一四・巻一七、山田孝雄・山田忠雄・山田芙雄・山田俊夫校注『日本古典文学大系』24、(岩波書店、一九六一年)。
(19) 由谷裕哉『白山・立山の宗教文化』五四頁。
(20)『往生伝　法華験記』井上光貞「文献解題」七二二頁。
(21) 由谷裕哉「『法華経』における立山地獄説話」『白山・立山の宗教文化』七二～八〇頁。
(22) 竹内理三「史料としての『今昔物語集』」『竹内理三著作集』第八巻「古代中世の課題」、(角川書店、二〇〇〇年)二六五頁。
(23) 馬淵和夫「説話文学を研究する人のために」『国文学』第三巻第一一号、(學燈社、一九五八年)七九頁。
(24) 榎克朗「解説」『梁塵秘抄』『新潮日本古典集成』、(新潮社、一九七九年)二八八頁。
(25) 榎克朗「解説」『梁塵秘抄』二九三頁。
(26) 由谷裕哉『白山・立山の宗教文化』一五〇頁。
(27) 榎克朗「解説」『梁塵秘抄』二九三頁。
(28)『国史大辞典2』(吉川弘文館、一九八〇年)「園城寺」の項。『京都古社寺辞典』(吉川弘文館、二〇一〇年)「園城寺」の項。
(29) 久保尚文「立山開山と園城寺」(『富山史壇』第一六六号、二〇一一年)六頁。
(30) 由谷裕哉『白山・立山の宗教文化』一〇頁。
(31) 由谷裕哉『白山・立山の宗教文化』一五八頁。
(32)『梁塵秘抄』巻第二　雑八十六首の四二八番、『日本古典文学大系』(岩波書店、一九六五年)一七七頁。
　験仏の尊きは東の立山美濃なる谷汲の彦根寺志賀長谷石山清水都に間近き六角堂

(33) 石原与作「立山信仰に関する提言」(『富山県地学地理学研究論集』第四集、一九六四)一〇頁。
(34) 田村圓澄「権現の誕生」(『山岳修験』第二号、一九九七年)四〇頁。
(35) 由谷裕哉『白山・立山の宗教文化』一四頁。
(36) 藤原明衡・川口久夫訳注『新猿楽記』(東洋文庫、平凡社、一九八六年)二一七〜二一八頁。第一章第二節註(5)参照。
(37) 『平家物語』一巻五「文覚荒行」(岩波文庫、二〇一三年)一八四頁。文覚は平安末期から鎌倉初期の真言宗の僧。俗名遠藤盛遠。源頼朝の知遇を得て活躍した。第一章第二節註(5)参照。
(38) 由谷裕哉『白山・立山の宗教文化』八五頁。
(39) 『伊呂波字類抄』(雄松堂出版、一九八七年)。木本秀樹『越中古代社会の研究』二八八頁。
(40) 「光明殿来迎寺縁起」(富山市梅沢町来迎寺蔵)。石原与作「立山信仰史に関する提言」一三頁。
(41) 久保尚文『越中における中世信仰史の研究』(桂書房、一九八四)七頁。
(42) 久保尚文『越中における中世信仰史の研究』七頁。
(43) 木本秀樹『越中古代社会の研究』二八九頁。
(44) 石原与作「立山信仰史に関する提言」一一頁。
(45) 「新熊野神社文書」『富山県史　史料編Ⅰ　古代』八〇一頁。
(46) 『富山県史　史料編Ⅰ　古代』八〇一頁。
(47) 『越中立山古文書』(岩峅寺文書　一番)(国書刊行会、一九八二年)一五三頁。
(48) 久保尚文「院政期の越中立山修験と霊験」(『越中史壇』第一七二号、二〇一三年)一〇頁。
(49) 『立山町史』上巻、七二九頁。

(50) 正宗敦夫編集校訂『伊呂波字類抄』第四『日本古典全集　第三巻』(日本古典全集刊行会、一九二八年)。
(51) 『禁秘抄考　拾芥抄　註　下「諸寺部第九」』『増訂故實叢書』(吉川弘文館、一九二八年)四三七頁。
(52) 由谷裕哉『白山・立山の宗教文化』一五八頁。
(53) 由谷裕哉『白山・立山の宗教文化』一五〇頁。
(54) 辻善之助『日本仏教史』第一巻上世編、第五章「第三節　本地垂迹」(岩波書店、一九六九年)四六二頁。
(55) 『長寛勘文』は、応保二(一一六二)年に熊野社領であった甲斐国八代荘における訴訟に関して、伊勢と熊野が同体か否かの論争が生じたため著されたもの。由谷裕哉『白山・立山の宗教文化』七〇頁。
(56) 由谷裕哉『白山・立山の宗教文化』七一頁。
(57) 山岸共「伊呂波字類抄『立山大菩薩縁起』の一考察」(『富山史壇』第五四号、一九七二年)五二頁。
(58) 由谷裕哉『白山・立山の宗教文化』一一八頁。
(59) 「平安時代末の県下で最も古い石仏―平安時代後期の作―」として昭和四十二年六月に国の重要文化財(彫刻)に指定されている。京田良志「大岩不動の系譜」(『富山史壇』第一四号、一九五八年)一四頁に図像の詳細が記されている。
(60) 『神道集』「第廿　越中国立山権現事」(文和三(一三五三)年から延文三(一三五八)年頃の成立)。『神道集　東洋文庫本』巻四(近藤喜博校訂)、(角川書店、一九五九年)。
(61) 山岸共「伊呂波字類抄『立山大菩薩縁起』の一考察」五三頁。
(62) 田村圓澄「権現の誕生」二八・二九頁。
(63) 『富山県史　史料編Ⅰ　古代』七五〇頁。「十日、僧相存、大岩山日石寺の裏山に経筒を埋める」とある。昭和二十四年夏、中新川郡上市町大岩字茗荷谷にある日石寺の裏山、経ケ峰の頂上から発見された。

第三章　「立山信仰」の基層

第一節 「山の神」思想と「神体山」

大自然、とりわけ山岳に対する畏敬の念は、日本人の心の象《かたち》であった。古来、人々は山々に対して、神聖なるがゆえに霊異を覚え、雄大秀麗を賛美し、幽邃凄絶に畏怖し、共生してきたのである。

日本人の山に向き合う態度は、古くは山を神の顕現する聖地として、山を神の身体として、あるいは山を神そのものとして崇拝し、信仰し、精神世界の根源としてきたのである。こうした山岳観は、本来、山々が後々に求道者たる修験者・行者にとっての修行の場となったこととは異質なるものであった。それゆえに、日本人の思想も文学も原初的な神祇信仰を基底に置いて展開してきたものと考えられる。まさしく、日本人特有の山岳観というべきである。このように山が崇拝の対象とされた所以は、古来、先人が何らかの霊感心、あるいは何らかの因縁や特殊の関係で山を神として祀り、あるいは神を祀る山としてきたからであろう。

言うなれば、日本人が山に対して感得したものは、山は神の降り立つところ、神の坐《いま》すところ、神の鎮まるところであり、こうした山に対して純粋に畏敬し信仰してきたものである。その上で生活守護や霊魂との関わりをもつに至ったものであろう。こうした考えは「山と神が一体」とする「神体山」という呼称で表現されたのである。典型的な例は、奈良県の三輪山（神奈備山）であり、富士山（不二山）などである。

ところで、山は時として人格化・擬人化される。その一例として柳田国男の『日本の伝説』(1)に「立山の背くらべ」

の伝説が取り上げられている。越中の立山が、加賀の白山と背くらべし、立山の方が草鞋一足分だけ低かったので、それゆえ立山に登る人は草鞋をもって登るという伝説である。また『肯構泉達録』(2)には、伊須流伎彦の妻姉倉姫と後の妻の能登媛との間に嫉妬が原因の大きな争いになったという伝説である。

山の麓に居住して、朝な夕な、春夏秋冬、山を仰ぎ、山を望んで、「山そのものが神である」ことを信ずる芦峅寺の山の民は、熊や山姥(媼尊)を畏怖と崇敬の習合した感情でお祀りし、山に対する不可思議な霊異を感じ、いつしか畏敬している山を「神体山」(神奈備山)として崇拝してきたのである。そして、世が経るにつれて神社が設けられ、さらに世を経て宗教的縁起をもって霊山が構成されていくのである。また、平安時代中期以降、次第に密教が広まるなかで、これらの「神体山」も修験・行者ら仏教の徒によって開山され、不可思議な縁起によって広く喧伝され、日本の霊山として認められていくのである。熊野・白山・立山・出羽三山等々がそうである。

ここで、改めて「神体山」の要件を挙げてみると、佐伯幸長は『立山信仰と源流と変遷』(3)のなかで、①神のみ生まれし山、②神の天降ります山、③神の鎮まり坐ます山、④神の影向し給う山、⑤神の垂迹し給う山、などの要件を挙げている。これらの要件こそが、先人が山に向かって畏敬し、崇拝した理由であり、立山もこうした「神体山」の要件を兼ね備えた聖なる山であり、霊山であるというのである。

③については、『万葉集』巻十七の大伴家持の長歌「立山の賦一首」(四〇〇〇番)や巻十七の大伴池主の長歌「立山の賦に敬み和ふる一首」(四〇〇三番)や短歌(四〇〇一～四〇〇四番)からも読みとることができる(4)。立山は、皇神《すめがみ》がお支配になる山で、かつお住まいになるという神々しい巌の山であるという。

④については、多くの立山曼荼羅の図柄に、媼堂の付近に朱塗りの柵で囲まれた「影向石《ようごうせき》」が描かれている。「影向石」とは神の降り立つ磐座である。『立山略縁起』(5)によれば「立山御媼三尊ハ、右の御手にハ五穀を納、左の御手

に八麻之種を執持し、即越中立山芦峅に天降《あも》りたもう」、また、『加能越金砂子』(6)には、媼尊は「忉利《とうり》の雲を分て天より降臨し給ふ尊像也」といい、その本地は大日如来であると説き、さらに「加之御前に影向石あり」とも記している。

⑤については、十巻本『伊呂波字類抄』(7)では、立山の神が垂迹して「立山権現」となったことを、また、文和三（一三五四）年から延文三（一三五八）年頃に成立した『神道集』「第二十　越中国立山権現事」では、阿弥陀如来に垂迹したと記している。(8)

なお、先述した立山が「神体山」であるという立山観は、十巻本『伊呂波字類抄』では立山の頂上を「烏瑟《うしつ》ノ峰」というように、立山を仏の体になぞらえていることにも表れている。芦峅寺の泉蔵坊本『立山大縁起』(9)では、立山（謂雄山）を阿弥陀如来の体になぞらえて、「汝知レ之否ヤ、自リレ此東ニ在二泰嶽一、其山ノ立ノ相《すがた》者即チ弥陀ノ妙躰、相好具足セリ、所レ謂膝ハ名ク二一ノ挙（輿カ）一、腰ハ名ウ二二ノ挙（輿カ）一、肩ハ名二三ノ挙（輿カ）一、額ハ名二四ノ挙一、烏瑟ハ名二五ノ挙（輿カ）一」と呼称している。また、先掲の『和漢三才図会』(10)にも、「到リ浄土山、拝ス一光三尊ノ如来、二十五ノ菩薩ヲ、蓋シ此ノ大嶽ノ形似タリ仏ノ尊貌ニ、膝ヲ為一ノ越、腰腹為二ノ越、肩為三ノ越、頭為四ノ越、頂上仏面ヲ為五ノ越」と記し、立山の神体山の記憶を今に残している。

また、江戸時代の戯作者十辺舎一九の『諸国道中金草鞋』(11)にも立山に登頂する様子を「右のかたじょうど山あり、三ぞんようごうの山也。一のこしより五のこしにいたるまでおのおの堂あり。九ほんというところにて、つえわらじをおきて本社にまいる。ほんぞんハあみだ、すいじゃくはいざなぎのみこと、ふどうみょうおうすいじゃくたじからおのみこと、じゅうものいろいろめずらしきほうもつおおし」と紹介している。現在、立山の雄山頂上を目指す際に、必ず一ノ越から五ノ越を越え山頂に至るのである。

こうした日本人の山に対する敬虔な心象「山そのものが神である」という観念については、お雇い外国人として来日していた英国人ウエストンが、明治二十一（一八八八）年の夏、立山頂上にある雄山神社の社前で行われた敬虔な宗教的儀礼に出会ったときの様子を、次のように記している。[12]

この聖山の守り役をしている神主に連れられた巡礼者の一行が登って来るのが見えた。神主はいかにも敬虔に儀式張って、その社の前にかけられた、鷲の羽の組み合わせ模様が、金で染めてある真紅の錦襴の幕を開いた。それから彼は扉を開け、かずかずの霊宝を取りだし、不思議そうに眺めている巡礼者に見せた。

山頂の神々を祀る立山峰本社、その祀られている神々をうやうやしく詣る神職の〝奇妙な儀式〟は、西洋人の目には誠に不思議な光景として映ったのであろう。

註

（1）柳田国男『日本の伝説』『定本　柳田国男集』第二十六巻（筑摩書房、一九六四年）二二五頁。
「越中立山も白山と背競べしたといふ話があります。ところが立山の方が、ちやうど草鞋の一足分だけ低かったので、非常にそれわ残念がいました。それから後は、立山に参詣するひとが、草鞋を持って登れば、特に大きな利益を授けることにしたといってをります。」

（2）野崎雅明著『肯構泉達録』巻之一「船倉神と能登神、闘争の事」（KNB興産、一九七四年〔初版一八九二年〕）五頁。
「能登石動山の伊須流伎彦の妻である姉倉姫と能登媛を妻にしたので、山の神同士で嫉妬による大きな争いが起こったという」。

（3）佐伯幸長『立山信仰の源流と変遷』（立山神道本院、一九七三）一二頁

（4）『万葉集』十七「立山の賦一首」四〇〇〇番、一五四頁、同「立山の賦に敬み和ふる一首」四〇〇三番、一五六頁『新日本古典文学大系1』（岩波書店、一九九九年）。
（5）権教坊旧蔵本『立山略縁起』『富山県史　史料編　Ⅰ古代　付録Ⅱ』二五～二六頁。
（6）『加能越金砂子』（石川県図書館協会、一九三一年）七六頁。富山県立図書館蔵、享保十七年頃の成立か。前田綱紀の時代に、加賀藩領内の十村に命じて書上げたものを集成したもの。
「夫姥と云は、天神七代伊弉諾尊より以前、法性三摩耶形の御神躰にして、左の御手には五穀を納め、右の御手には麻の種を安置し、功利の雲を分て天より降臨し給ふ尊像なり、其徳を云ば、立山権現の御親神、本地を尋れば大日如来の普現色身也。」
（7）正宗敦夫編纂校訂『伊呂波字類抄』第四（『日本古典全集』第三巻、一九二八年）。
（8）『神道集』「第廿　越中国立山権現事」（文和三―一三五三―年から延文三―一三五八―年頃の成立）。近藤喜博校訂『東洋文庫　神道集』巻四（角川書店、一九五九年）二一一～二一二頁。
（9）泉蔵坊本『立山大縁起』『富山県史　史料編　Ⅰ古代　付録Ⅱ』三三～三七頁。
（10）『和漢三才図会』巻之六十八、（第三冊）江草斧太郎他、一九〇一年）。
（11）『諸国道中金草鞋』文政十一年春、十返舎一九作、歌川国安画（筆者蔵）。
（12）『富山県史　通史編　Ⅰ原始・古代』第七章第四節「古代の文化」一〇二一頁★―孫引き―。

第二節　霊山立山と遙拝信仰

はじめに

山岳信仰、それは人々の山に対する畏敬の念から生ずるものであり、その内容と形は、時代によって地域によって異なるが、本書第一部第一章「日本人の山岳観と霊山立山」で述べたように、一般的には、山の麓に居住して、山を仰ぎ、山を望んで生活をする人々の山に対する霊異感が、その基層にある。

それゆえ、先述したように「太刀山」「断つ山」「顕つ山」という「立山」に対する呼称は、立山の信仰景観を集約したものであり、山麓住民の立山を遙拝する観念から生まれたものである。

古代における山岳は、死霊または祖霊がたむろし鎮まる場所として「死出の山」でもあった。殊に立山は『今昔物語集』などの説話を通して「罪ヲ造リテ堕ちる」地獄の山として知られ、天台系修験の布教に大きな役割を果たしていたのである。

ところで遙拝信仰とは、日本における山岳信仰の原初的な形をなし、地域を問わず「山そのものが神である」とか、「山は天から降ってきた」とか、あるいは「山に天から神が降り立った」とかいう考え方から、山の神を畏敬する観念から出発したとされる。古代人にとって、その思想ないしは信仰上において、山岳の占める位置はきわめて重要なものがあったにちがいない。立山曼荼羅をみると、画面の上部には、日・月を天空両サイドに配し、その下に立山連峰の浄土山から劔岳の山並みを映しており、仏諸菩薩の早来迎や飛天の遊舞など、非日常的な空間を描いている。こうした空間は、古来、芦峅寺の人々の立山の対して抱いてきた聖域空間のイメージであり、まさしく立山曼荼羅ではこうした立山信仰の原初的遙拝信仰の記憶が表現されているやに思う。

一　劔岳の遙拝信仰

立山連峰は南北に長く、場所を選べば山麓辺りの平野でも近くの峰を遙望することができる。劔岳の山名は、あたかも剣を立てたような景観ゆえであり、また神の顕《た》ち現れる山の意から名付けられたものであろう。平安後期には、真言系修験者が大岩の地（現上市町）に磨崖仏不動明王（大岩日石寺磨崖仏）を刻んでいる。不動明王の剣の魔を払う力に仏の霊異を感じ、背後に聳える峨がたる峰を剣とみたのでなかろうか。廣瀬誠は「剣の本地仏は不動明王で、剣の山容はさながら不動明王の神聖な劔と観ぜられたのであらう(1)」と言っている。後世、『和漢三才図会(2)』や『立山縁起』類に載せられた「立山開山」の記述をみると、「剣岳の刀尾《たちお》天神」の文言がみられ、劔岳の本地仏は不動明王であり、垂迹神は刀尾天神としていることが注目される。この「剣岳の刀尾天神」は岩峅寺雄山神社との関わりが深く、雄山神社末社の刀尾神社（現富山市太田本江。神宮寺である刀尾寺）は、劔岳遙拝に恰好の場所にあり刀尾天神を祀っている。

劔岳は古代においては神の山であり、遙拝信仰の対象でもあった。大伴家持の歌に「立山に降り置ける雪を常夏にみれども飽かず神からならし(3)」と詠まれた「立山《たちやま》」即ち「太刀山」は、まさしく、雄山ではなく劔岳ではなかったか。大伴家持が眺望したと思われる国府の地や、海岸線に走る北陸道から立山連峰をみると、劔岳がひときわ高く鋭く天に聳え、あたかも剣を立てたような景観である。太刀、「タチ」は、切り立った山、断ち切れた山という解釈もあり、また人を寄せつけない「断山《たつ》」そして神が顕ち現れる山「顕山《たつ》」の意であると考えたのである。『万葉集』の大伴池主の歌のなかに、「神ながら、御名に帯ばせる、白雲の、千重を押し別け、天そそり、高き立山」(4)と詠まれており、この対象となる山は、今にいう雄山ではなく劔岳であったろう。

このように、立山信仰史の初期の段階では劔岳が遙拝の対象であり、平安時代中期以降、立山(現雄山)を中心とする天台系の山岳信仰が展開するようになっても、なお、劔岳に対する原初的な意識は継続され、峰本社の社殿は劔岳を望む方向で建立てられており、(5)雄山神社頂上社殿には向かって右座に劔岳の神とされる刀尾神《とうのおしん》を、向かって左座に雄山の神とされる雄山神を祀っている。(6)また、芦峅寺の大仙坊佐伯幸長によれば、「雄山神社頂上社殿は『立山権現と劔嶽権現を遙祭した斎場聖庭』である」(7)という。

ところで、劔岳を真正面にみることのできる上市町、立山町北部の地に、「山そのものが神」と考えられていた頃の劔岳信仰をうかがわせる神社がある。上市町森尻の神渡《かんど》神社と、立山町日中《にっちゅう》の日置《ひおき》神社(論社あり)である。両社ともに『延喜式』「神名帳考證《じんみょうちょう》」(8)に記載された古社であり、古くは立山の末社七ケ所の一つとされ、立山信仰とも関係が深い。劔岳を遙望する地に劔岳にうしはきいます神を招く神社、神渡神社と日置神社の存在があったことは、劔岳の遙拝信仰を示すものであり、立山に密教が入り込む前にも劔岳は山麓の人々の生活の拠り所であり、遙拝信仰の対象であったことは容易に理解できる。

神渡神社については、

「神明帳考證」巻六云、

今疑森尻歟、神渡剣、古事記云、大刀名謂大量、亦名謂神度剱、日本紀云　味耜高彦根神、抜其帯剣大葉苅、此云我里、亦名神度剣」と記されている。この趣意を「剣を帯びた神が渡りくる神社」と解釈するならば、神渡神社は剱岳から神が渡りくる神社と考えられる。『三代格式』古写本に「神のワタリと訓めるは正し。神度神社も神済河の名も、同名なるべし」とある。東方間近に剱岳を仰ぐ地に位置する神渡神社は、まさしく剱岳を信仰する在地古代人のこころの拠り所ではなかったろうか。

日置神社については、

柳田国男は「日置」は「日招」と同義であると暗示された。志賀剛は柳田国男氏の意見に同意されて、『書紀』の山彦海彦の段に「風招」の語があるから、招くことを上代ではヲクといい、ヲブと濁ったことがわかる。『尾張国風土記』吾縵《あつう》郷の条によってみると、日置部の職能は神の所在を知ること、すなわち「神を招《お》ぐ」ことであると言っている(9)。

このように、神の皇《うしはき》います聖山としての剱岳の信仰は、平安時代に入ると、真言・天台宗の影響により、神の山から仏が止住する山となり、新たな展開をみることになるのである。

二　本宮立蔵社の遙拝信仰

十三世紀初め頃の状況を映していると考えられる十巻本『伊呂波字類抄』には、立山山麓寺院に関して「自大河南者、薬勢之建立、三所上本宮、中光明山、下報恩寺」と記されている。「自大河南」は常願寺川の左岸、後世、真言宗寺院が多く存在していた所、これに対し大河の北は、常願寺川右岸、後世、天台宗寺院の点在していた所である。

なかでも、常願寺川の左岸上流に存在した「本宮」の地（元本宮の地）には、「立蔵社《たちくらしゃ》」と呼称する宮（現在、三転して下本宮の地にある）が現存し、八体の神像をお祀りしている。そのうちの坐像一体は神仏習合の立山主神像で、藤原時代末～鎌倉初期の造立とされ、杉の一木造りである。神像は冠の巾子《こじ》の幅広く、平安時代以前の柔らかな服飾を表し、両手を膝に座胡している。[10] 神道史においては、その土地に祀られている神なるがゆえに、地名をもって神名とする[11]といわれていることから、この立蔵社に祀られた神像は、神仏習合前の立山主の神であり、立蔵《たちくら》の神と考えられる。立蔵社の立蔵も、芦峅・岩峅と同じ「クラ」で「立山の峅」であることから、立蔵社の神は、立山に坐す神であろう。

この立蔵の神は、後に立山権現が現れる前の立山の神であり、この地主神でもある立蔵の神を祀ったのが本宮であり、その神宮寺が、近世の立山縁起に現れる立山本宮の神宮寺に想定される五智寺ではないかと考えられている。ともあれ、「立蔵」「芦峅」「岩峅」の名を並べてみると、立山の神を考える上で何らかの意味合いを感ずるものである。立蔵を本宮、芦峅を中宮、岩峅を下宮と考えれば、大和三輪山の奥津磐座・中津磐座・下津磐座と称することと似て、神座の意とすると、立山山麓における三宮というのも肯ける。

ところで、「立蔵社の神」の居ます吉部山南麓に広がる説法ケ原・立蔵ケ原・粟巣野と続く常願寺川の河岸段丘に広がる平坦部は、極楽坂山・瀬戸蔵山・大品山に囲まれ、雄山・大汝山を遙望できる絶好の地である。旧説法が原に本宮（元本宮の地）があったとの伝承は、この地が立山を遙拝する絶好の地であり、天台系修験が立山に及ぶ十世紀以前の立山信仰の一つの様態、遙拝信仰が生まれたのである。

十巻本『伊呂波字類抄』に記された南三所が建立されたという常願寺川左岸には、上野《うわの》・岡田・松の木・牧など立山連峰を視界に入れながら立山に迫る道筋があり、ここに雄山山頂を遙拝する信仰の原初の姿をみることができる。

それゆえに、左岸の本宮に「立蔵社」が設けられたものであろう。
これに対して、右岸の段丘沿いの道路からは雄山を遙拝することはできず、わずかに芦峅寺の特定の地点からみえるのみである。常願寺川左岸に遙拝信仰が生まれた頃には、右岸には格別の信仰施設が存在していなかったものと考えられる。

ところで立山の神と立蔵社との関わりについて少々記しておくこととする。

近世に成立した立山縁起には、「麓有一聖跡、名称五智寺薬勢上人建立是也」、「至高崩云所、是本宮立蔵大明神、本体定光仏也」（延命院本）[12]、「自玉殿岩屋下本宮竜蔵洞」（泉蔵坊本）[13]と記されている。また、芦峅寺において近世に作られた修験道の制戒「立山開山慈興上人御定書」「禁法十六ケ条」の第十三条に「許女犯雖叛仏戒、依立蔵権現神託開之、不可有毀犯斎戒[14]」と記されている。近世において両峅衆徒は、「立山権現」を主尊とするも、芦峅寺の立山権現の大宮・若宮の大祭礼には、「立蔵大明神」や「立蔵権現」などと立蔵社の神を奉ずる本宮の神輿が奉戴され、奉士によって祭儀が行われており、これは明治二十年頃までは厳制であった[15]。このことは、本宮が立山信仰の基層に位置するゆえであろう。このように、近世に作られた縁起や文書に立蔵大明神や立蔵権現が現れることは、芦峅寺や岩峅寺の衆徒にとって、立蔵の神がなお立山信仰の基層にあったことをうかがわせるものである。

三　芦峅寺・岩峅寺の遙拝信仰

現在の雄山神社前立社壇から東南約二㎞の地にある「神宮山《じんぐうやま》」の地は、岩峅寺集落から「宮路《みやじ》」と称される参道でつながっている。この「神宮山」の地は、立山三山を遙拝できる段丘上にあり、古代の祭祀場磐境《いわさか》（神が依り憑く巨石・巨岩)があった地と考えられる。昭和四十五年に壮大な建築物の礎石が出土し、中世に勧請された熊野神社の社地遺跡であるという。平成二十一年に立山博物館の委託を受けて山本義孝が調査したところ、神宮山の東斜面に磐座や集石を確認している。集石と磐座は直線上に並び、機能として磐座に付随する祭壇か依代の可能性を山本は指摘している。(16) 神宮山の磐座から立山三山を遙拝する岩峅寺の立山信仰は、密教が立山に入り込む以前の、神宮山の祭祀遺跡を拠点とする遙拝信仰であったと考えられる。

一方、芦峅中宮寺の媼堂基壇に立ったとき、そこから正面やや左側にみえる大きな山塊は大日岳であり、そのどっしりとした量感をみると、芦峅寺の山岳信仰の基盤が大日岳にあり、大日岳の山神として媼尊が祀られていたことに納得がいく。

現在、遙望館(立山博物館施設、かつての媼堂基壇の後ろに位置する)から雄山を真正面に遙望することができるが、江戸時代以前は杉の木立に覆われ雄山を眺望できなかったといわれる。古き芦峅寺の遙拝信仰は、その対象が雄山ではなく大日岳であり、したがって媼尊信仰につながる山の神信仰ということになろう。

註

(1) 廣瀬誠「剣岳の地名をめぐって」(『立山黒部奥山の歴史と伝承』桂書房、一九八四年)三七六頁。
(2) 寺島良安『和漢三才図会』巻之六十八「越中」(草江斧太郎他、一九〇一年)一一〇二・一一〇三頁。
(3) 『万葉集』巻一七、四〇〇一番『新日本古典文学大系4』(岩波書店、一九九九年)一五六頁。
(4) 『万葉集』巻一七、四〇〇三番「立山の賦に敬み和ふる一首」『新日本古典文学大系4』一五四～一五六頁。
(5) 『立山町文化財調査報告書第25冊　立山雄山山頂遺跡』(立山町教育委員会、一九七九年)四頁。

（6）『立山町文化財調査報告書第25冊　立山雄山山頂遺跡』一三頁。
（7）佐伯幸長『立山信仰の源流と変遷』（立山神道本院、一九七三年）三六頁。
（8）「神明帳考證」巻六「越中」（『神祇全書』第一輯、思文閣出版、一九七一年）三二三～三二四頁。
神度神社　今疑森尻歟　神度剱　古事記云、太刀名謂二大量一、亦名謂二神度剱一、度字レ以音　日本紀云、味耜高彦根神祓二其帯剣大葉刈一、刈此云二我里一亦名神戸剣　倭名抄云、新川郡布留、
日置神社　今在日置　高魂命　姓氏録云、佐伯日奉造、高魂命六〇六姓氏録一本作五世孫天押日命之後也、按高志連同祖、
越中国三四座のうち新川郡七座のなかに神度神社・日置神社が挙げられている。
（9）『立山町史』上巻、一七四頁～一七五・一八〇頁。★—孫引き—
（10）『大山の歴史』（大山の歴史編纂委員会編、一九九〇年）一四四頁。
（11）米澤康「越中式内社に関する覚え書」（『富山史壇』第二九号、一九六四年）五頁。
（12）延命院本『立山縁起』（『富山県史　史料編Ⅰ　古代　附録Ⅱ』）一四～一七頁。
（13）泉蔵坊本『立山宝（峰）和光大権現縁起』（『富山県史　史料編Ⅰ　古代　附録Ⅱ』）三三～三七頁。
（14）「立山開山慈興上人御定書禁法十六ケ条」第十三（佐伯幸長『立山信仰の源流と変遷』）二二五～二二六頁。
（15）芦峅寺大仙坊佐伯幸長氏の言。
（16）山本義孝『立山における山岳信仰遺跡の研究』（富山県［立山博物館］委託研究報告、二〇〇九年）八～一一頁。

第三節　立山と山中他界観

立山信仰を考える上で、立山の山中他界観を考えないわけにはいかない。

『法華経験』や『今昔物語集』などの説話集は、平安後期・鎌倉初期の立山の山中他界観をみることができよう。

立山信仰はこうした山中他界観の観相の上に成り立っているのである。

日本の山岳には、仏教に彩られる前の原初的な山の神の支配する時代があり、山の神の支配する山中他界観には、次の三つのパターンが考えられる。

一つには、山麓の民の山中他界観である。山中は祖霊の赴く処であり、死者の霊が山上あるいは山中に赴き止まるという観念である。こうした観念は仏教的色彩が強まるなかで、浄土世界と地獄世界の他界を生みだしたのである。いわゆる後の仏教的山中他界観である。

二つには、狩猟民の山中他界観である。山中は霊異に満ち、アニミズムの世界観を映したトーテミズムの精神性が内包された異界である。芦峅寺の狩猟民が畏怖する山の神は熊であり、山中異界を領有する力の強い神の存在を熊に比定するもので、まさに熊は狩猟民の山の神であった。

諸種の「立山開山縁起(1)」には熊が登場する。弓矢で射られた熊が玉殿窟で阿弥陀如来に交替する場面、すなわち、原初的な山の神＝熊が、仏教的世界の仏＝阿弥陀如来に交替するという場面である。このような神祇信仰と関係して考えられる山中他界観は、狩猟民の山中他界観である。

三つには、稲作民の山中他界観である。山は大切な水の源であり、燃料その他の生活資料の供給源であるという認識である。後に「山の神」と「田の神」の去来伝承を生み(2)、こうした考え方が、狩猟とともに焼畑を業とする芦峅寺では豊穣を司る神として嫗尊信仰を生み出すのである。

以下、前二者についてみていこう。

1　祖霊信仰と山中他界観

「立山曼荼羅」をみると、真っ先に目に飛び込んでくるのが、画面左側に大きなスペースを割いて描かれている地獄の景観（山中他界）である。その位置は、画面中位には、飛天が舞い阿弥陀三尊が来迎する聖域空間を描き、山中の実景を描いた部分に非日常的な地獄景観を配している。立山地獄の図柄には、『法華験記』(3)に記された「日本の人、多く罪を造りて立山の地獄に堕ちる」の文言のとおり、地獄に堕ち苦患を強いられた亡者が多く描かれている。描かれた図像の背後には、先人の縄文的な山中他界観や祖霊観が写し込まれていることに意を払う必要があろう。

原初的な山の神の時代には、山の神は、既にこの世を去った祖霊に関わり、祖霊としての山の神が、やがて先祖神としての氏神になるという場合も少なくなかった。人間の霊魂の最後の憩う場が山中にありという観念も、非常に古い時代から日本人の信仰生活に根付いていたと思われる。山中には現世の人の近づきがたい他界があり、霊魂がうつし身を離れて行く先は、この山中の他界であるという観念である。おおよそ墓というものが、高い山場を選んで、あるいは山を眺望できる場所に営まれてきたのも、このような日本人特有の山岳観によるものである(4)。後世、立山山中の室堂平に納骨遺跡が遺されていたり、上市町黒川遺跡群のなかに「黒川上山墓跡」や「円念寺経塚」が営まれていたのも、山中他界観によるものであろう。

死者の霊が山上あるいは山中に赴き止まるという観念がうかがえる記録は、古くは『万葉集』巻三（四二〇番）の死せる石田王への丹生王の歌「陰国《こもりく》の泊瀬の山に神さびに斎います」、「高山の巌の上にいませつるかも」(5)にみることができる。

なゆ竹の　とをよる皇子　さ丹づらふ　わが大王は　陰国《こもりく》の　泊瀬の山に　神さびに　斎きいますと　玉梓の人ぞ言ひつる（後略）

丹生王が石田王の死を悼んで詠んだ長歌の一節である。「泊瀬の山に　神さびに　斎きいますと」とは、死者の魂は山に去るとの意である。また、反歌には「高山の巌の上にいませつるかも」とあり、「高山の巌の上に君がこやせる」とも言っている。死霊が山の巌の上に止まっているというのである。死霊が山上または山中の他界におもむくという思想は、奈良時代以前の昔から日本人が等しく共有する意識であったと考えられる。後に仏教の死後世界観が習合して、山中浄土観、山中地獄観が成立したものと思われる。立山の場合、周知の如く爆裂火口が地獄に見立てられ、平安時代の中頃には山中地獄観が成立しており、その地獄観の背景には、先に挙げた万葉集の挽歌にみられる山中他界観をみることができよう。

2　狩猟民芦峅寺の山の民と山中他界観

従来、日本民俗学でいうところの山の神は、「山に宿り、そこに生息する生物を領有する神」であり、一つに、祖先神・田の神と同一神で山と里の間を去来する農耕民の神、今一つは、年間を通じて山に常住する山人（杣・木挽・猟師）の神である。(6)従って山の神には、田の神に関わる山の神もあれば、狩猟や焼畑に関わる山の神もある。日本においては、山の神は、①神話の山の神、②山岳信仰の山の神、③民俗神としての山の神、の三点から考えることができる。

当然のことながら、本節が対象とする媼尊信仰や立山開山縁起にみられる熊信仰は、②の「山岳信仰の山の神」に他ならない。谷川健一は、「山の神は今では漠然と山を支配する神のように見られているが、太古はそうでなかった。それは山霊とも呼ぶべき獣の王であり、その代表は虎のいない日本では狼と熊であった」と述べている(7)。畏怖すべき荒々しい山の神が、実は、そのオリジンとしての狼や熊の姿をまとって我々の前に現れるのである。

また、赤羽正春は「山中常住の山神である熊は、人を超越した存在として、山を支配するものと認識され」、「山中在留で去来しない山の神は、生産・生殖の母体であり、絶対的な自然という枠を支配する、最も原初的な神であったと考える」と述べている(8)。最も原初的な山の神は、猟師及び山稼ぎ人の神といえよう。さすれば、「立山開山縁起」や「熊野開山縁起」に登場する熊は、日本における山の神の原初的形態を投影しているといえるものである。

ところで、芦峅寺は常願寺川の上流にあって、そこに住む人々は立山山麓の山の民である。山の民とは、一般的には畑作を基盤とし、伐木(樵)・猟師・炭焼き・木地屋といった特殊な生産を業とし、一般の里社会と一定の距離を保ちながら、つかず離れず、同時に里社会との間に文化的境界を維持してきた集団をいうのである。こうした山の民は、時には焼畑に支えられた特有の生活文化の伝統を有しているのである。

狩猟・山仕事・焼き畑などを生業とする芦峅寺では、山稼ぎする人々の山の神信仰と、五穀豊穣や安産、養蚕を司る媼尊信仰との二つの信仰が併存し、毎年三月九日には山神祭りが行われ、三月十三日には媼尊のお召し替えと称して媼尊をお祀りするのである。

芦峅寺では、毎月三月九日に行われる山神祭りについて、その模様を、古い記録ではあるが紹介しておこう。

午前五時、村中を触れ太鼓の音が響く。雄山神社前では「雄山荘厳山、清明神秘山」の一流の長旗が立てられる。鏡餅を、正面に一、右に五、左に四と小一を供え、その間に米・塩・ダイコン・ニンジン・頭付きフクラギ二本が供えられる。参詣者は男ばかりで、昔は百人も参詣したという。各参詣者はアオキ（松・杉・檜）を口にさしたミキスズにご洗米を捧げる。いつの場合もミキを少量は持ち帰る。神人とともに飲むのであろうか。鏡餅の九つは各班ごとに細分し全戸に配る。当番の班では十時頃から、班内の婦人が調理した山海の珍味で大宴会を張り、女性らは立山ごぜ節・石投げ甚句の民謡踊りで終日歓談痛飲するという。(9)

このように、今でも芦峅寺地域では、古き「山の神」信仰の姿を伝えているのである。

註

（1）「立山開山縁起」の代表的なものとして、権教坊旧蔵本『立山略縁起』（立山町芦峅寺）、相真坊旧蔵本『立山略縁起』（立山町芦峅寺）、雄山神社蔵本『立山小縁起』（立山町岩峅寺）、泉蔵坊本『立山宝（峰）宮和光大権現縁起』（立山町芦峅寺）があり、いずれも『富山県史　史料編Ⅰ　古代』付録Ⅱ「立山縁起」に収載されている。

（2）佐々木高明「新説・山の神考」安田喜憲編著『山岳信仰と日本人』（NTT出版、二〇〇六年）三一八頁。

（3）『法華験記』第百廿四「越中国立山の女人」『往生伝　法華験記』『日本思想大系』7（岩波書店、一九七四年）二〇八頁。

（4）上市町教育委員会『史跡上市黒川遺跡群保存管理計画策定報告書』（二〇〇九年）。

（5）『万葉集』巻三、四〇〇番・四〇一番・四〇二番『新日本古典文学大系』1（岩波書店、一九九九年）二六六～二六八頁。

石田王（いわたのおおきみ）が亡くなった時、丹生王（にふのおおきみ）が詠んだ歌。

（6）赤羽正春「山中常住で去来しない神—北越・庄内の大黒様と熊をめぐって—」（『熊』法政大学出版局、二〇〇八年）二三七頁。

（7）谷川健一「山の神の原像—海と神との関連—」『谷川健一全集』13民俗5（富山房インターナショナル、二〇一一年）一〇九頁。

（8）赤羽正春「山中常住で去来しない神」二四八頁。

（9）『富山県史民俗編』（富山県、一九七三年）八四三頁。

第四節　立山にみる「死と再生」の思想

一　狩猟民と「山の神」—熊の信仰・鷹の信仰—

近世において作られた各種の立山縁起(1)にみられる立山開山をモチーフにして絵画化された立山曼荼羅には、開山者となる有頼が、熊を追って山中奥深く登ったところ、熊は室堂平に至り、玉殿窟に入る。有頼が玉殿窟の前で目の当たりにしたのが、熊が阿弥陀如来に、白鷹が不動明王に変身して出現したその瞬間の場面が描かれている。この場面は、それまで立山の主《ぬし》として神として顕現していた熊が、矢を射られ血を流し玉殿岩屋で阿弥陀如来に生まれ変わるのである。この瞬間は、新しい阿弥陀如来を聖性とする仏教の世界が出現したことを意味している。いうなれば玉殿岩屋〈暗闇〉を媒介に、熊を山の神の象徴とする神祇信仰の世界から阿弥陀如来に象徴される仏の世界へと変容したのである。

この論理は「死と再生」の論理の一つの形とみることができよう。熊は森や山の霊力であり、神であった。熊が出てきたときは、たとえその熊を捕らえるにしても、その肉を喰うにしても、それは森の恵みである。熊を喰うことは、ある意味で神と一つになるということであった。また熊が死ぬということは、森の生命力の「死と再生」を表す。熊は、死することによって、再び森へ帰っていって、また、次の熊なり動物になって生まれ変わってくる。そのような生まれ変わりの思想が、熊が「死と再生」「生命の永遠」の思想に象徴される所以である。

それゆえに山麓集落芦峅寺の人々が狩猟を生業とし、熊を山の神として信仰してきた時代からの歴史を立山開山伝説に取り込み、熊野開山伝承の影響を受けてか、熊を聖性として登場させ、阿弥陀如来の前身と考えたのである。このような熊信仰を背後にもつ縁起は、やはり狩猟民の信仰が最古層にあったようである。このような熊信仰は、単に日本や環日本海の地域を超えて、北アメリカのネイティブ・アメリカンにも同じような熊に関する信仰があり、神話も残っているという。また、この信仰は、西シベリア、西ヨーロッパにまで及んでおり、分布領域はかなり広くなる。[2]

ここで立山開山縁起に熊と並んで登場する白鷹について少々触れておくこととする。先述したように、近世の立山縁起には熊と鷹が登場するが、鎌倉初期の成立とされる十巻本『伊呂波字類抄』[3]に「為二鷹猟師一、登二雪高山一之間、鷹飛失畢」とあり、既に鷹が登場しているのである。なお立山開山縁起に登場する鷹は『万葉集』巻十九（四一五五番）の歌に「真白の鷹」とあることから白鷹と考えてよい。恐らく近世の縁起を作成するなかで、十巻本『伊呂波字類抄』をはじめ、古来の伝承や説話・文学書などを参考にして、鷹をとり入れていったものと考えられる。

古来、白鷹ならぬ白鳥に関する話が多く伝えられている。『古事記』[4]にみえる日本武尊の薨後、その御霊は白鳥となって飛び去り、ついに地上へ戻らなかったという白鳥《しらとり》伝説の物語や、『万葉集』巻十七（四〇一一番）大伴家持の歌「放逸せる鷹を思《しの》ひて、夢に見て感悦びて作る歌一首」[5]にもみえる。古代人は渡り鳥に霊魂の去来を感じていたという。また、特に白鳥の「白」は、再生の意をもつ「シロ・シラ」に通じることから、白鳥が神聖な霊鳥と考えられていたのであろう。『続日本紀』には、天平十一（七三九）年春正月に「越中ノ国ヨリ献二白鳥一」[6]とあり、北陸各地に白鳥飛来地があって捕獲献上された事実がある。

『日本書紀』には、日本武尊の白鳥神霊伝承が載せられている。父の日本武尊を追慕するため、御子の仲哀天皇が諸国に令して白鳥を貢上せしめ、『日本書紀』(7)には、『古事記』に伝える仲哀天皇の頃に「越国貢白鳥四隻」とあり、越の国からも四隻を献じたことが記述されている。なお、先掲の『延喜式』神名帳(8)には、越中国婦負郡白鳥神社が記載されている。現在、白鳥神社の場所をめぐっては、『越登加三州志』(9)に富山市寺町の白鳥神社と八尾町三田の白鳥神社(10)が争論していることを記している。

白鳥が神聖な霊鳥であるという伝承は越中にもある。その一つは、放逸した白鷹のあとを追い続け、深山に入り室堂に至り、玉殿窟において霊異を感得し、山を開いたという立山開山伝承。今一つは、越中婦負郡八幡村（現在富山市八幡）の八幡宮にまつわる伝承である。京都にいた嵯峨・内山の両氏が神のお告げによって神体を奉じ、空ゆく白鷹のあとを追って京から近江・美濃・飛騨を越え、ついに越中に至って、白鷹の止まった森に社殿を営み、神体を安置したのが八幡宮の起こりであるという(11)。

廣瀬誠は「北方からの渡り鳥は、越の国から去来するものと考えられ、越の国は霊鳥の本郷とみなされていたのであろう」と述べ、これを「越路の神異性と神祇崇敬」と表現している(12)。越の国は霊鳥や白鳥のいる「本郷」であった。大伴家持は「矢形尾の　真白の鷹を　屋戸にすゑ　掻きなで見つつ　飼はくし好しも(13)」と詠み、越中で手に入れたであろう白鷹をこよなく可愛がって飼っているという。また、家持は、この矢形尾の鈴を取り付けた鷹が放逸してしまったとき、先掲の鷹を偲んで「放逸せる鷹を思《しの》ひて」と短歌を詠んでいる。

また、『立山手引草』には、「さて、父子ともに旅続ければ、白雲恠《あや》しふ白ふの鷹飛び来たりて、何心なく大納言の御手を居木とするをご覧ありて、いよいよこの国の静謐の相、此の鳥にあり(14)」とある。霊鳥の白鳥を入手したのは、いずれも越中においてである。

二　「籠もり」と「シラヤマ」信仰

修験者にとっての重要な活動の一つに、霊山に入り修験を行う「峰入り」がある。修験とは山に籠もり山の霊験を感得する宗教活動である。また原初的に、「籠もる」とは、身体的なある状態であり、暗い場所にひとり体をひそめていることであり、いのちにとって、自然のこの状態の原形を母胎内の胎児の状態に見立てるという意である。「山に籠もる」ということは、「一度死んでまた生まれ変わってくる」という「死と再生」の思想を身をもって体感することである。こうした山に籠もり、再生を願う信仰は、日本の山岳信仰の古層にあると考えられる。しかし、籠もりにより再生を願う信仰は、中国から渡来した「シラヤマ」信仰との説も提起されている。「シラヤマ」信仰とは、本来、人間が生まれるとき、つまり、出産のときに「お籠もりする」状態にちなみ、山に入り「お籠もりする」ことにより、そこからまた、新しい生命が生まれてくるという「死と再生」の思想であり、この思想が一番基層にあって修験道が成り立つと考えられている。

もともとは、「シラ」という言葉は、蚕が吐き出す白い糸、絹糸を指すといわれる。蚕は白い虫であり、変態を繰り返し脱皮をする。そして、繭に籠もり蝶に変身して出てくる。生まれ変わる。それゆえ「シラ」は「死と再生」の思想を意味するのである。(15)

後に「死と再生」の思想は仏教的に解釈されると、地獄を経て浄土に生まれ変わるという考え方になる。かようにみると、修験の霊山立山も、その信仰の基層に「シラヤマ」信仰をもみることができるのである。

三　「死と再生」の思想と布橋大灌頂

「シラ」も「クマ（熊）」も、「死と再生」「生命の永遠」を願う思想に立っている。そして、生と死は連続しており、不死であるという思想に帰着する。このような「死と再生」の思想は、いずれも東アジアからもたらされた文明の一つである。「クマ信仰」は、考古学的に言うと、細石刃文化がシベリア地方から北海道、東北をはじめ日本海側にも、旧石器時代から新石器時代にかけて入ってくる。また「シラ信仰」は、古代日本文明を形成していた東シナ海から日本海沿岸や太平洋側へのルートを通じて日本にもたらされたとされる。(16)

こうした「シラ信仰」や「クマ信仰」がもたらした「死と再生」の思想は、江戸時代後期、天保期（一八三〇～四四）において、立山信仰を捧持する芦峅寺の行事「布橋大灌頂」という女人救済の儀礼となって具現化されている。この布橋大灌頂は擬死再生の儀式とも呼ばれる。男性は禅定登山により山中他界を経験し、峰入りを終えて再生して帰山すると生まれ変わるという。すなわち、古い生命人格は山中他界で死んで、新しい生命人格として再生する。これに対して女性は女人禁制の慣習により禅定登山が許されず、従って男性のような擬死再生の機会が与えられない。そのため芦峅寺では、女性の「再生」のために代替としてこの布橋大灌頂が用意された行事である。

ともあれ、この行事は、実質的には、布橋大灌頂に参詣する女性に対して極楽往生を叶える法会でもあった。この布橋大灌頂は、外来の地獄（十王）信仰と土着の媼尊信仰が習合したもので、東アジア的再生思想をもとに日本化し、灌頂や滅罪の思想を含み、橋の思想をも習合させた複合する思想から成り立っており、立山信仰を凝集した相（すがた）として捉えることができよう。

なお、この布橋大灌頂と類似した法会には、羽黒修験の秋の峰入りや、真言宗の結縁灌頂、当麻寺（奈良県）や浄真寺（東京都）・泉涌寺即成院（京都府）で開催される迎講、あるいは沖縄久高島のイザイホー行事などが挙げられる。(17)

さて、上記でみてきたように芦峅寺の立山信仰には、①日本人の自然観からみた山を神体とみ、そこに神々が止住し領有する思想、また、山中を異界視するなかで生まれた②「霊山信仰」、こうした山観と、山麓の人々が日常生活のなかで必然的に関わってきた自然〈立山〉から生まれた③「遙拝信仰」、一方、平安中期以降、日本の思想界に大きな位置を占めた立山の地獄思想の基層をなす④「山中他界観」と「死霊のゆくえは山であり、山は死出の山に他ならぬ」という心意による⑤「祖霊信仰」、そして、殊に芦峅寺において、外来的信仰ともいえる地獄信仰や阿弥陀信仰とは別に、立山信仰の基層に内在する土着の⑥「山の神信仰」と⑦「媼尊信仰」、また、立山縁起に現れた「立山開山物語」に登場する⑧「クマ信仰」、霊力や呪力などの霊質が備わり、籠もりによって霊質を賦与される立山山中の霊異と清浄、そして立山信仰の本質とも言える「死と再生」の思想を表徴した⑨「布橋大灌頂」などといった、多様多岐にわたる信仰様態があり、その世界観は、江戸時代、芦峅人によって描かれた立山曼荼羅に映し込まれているのである。

立山信仰には日本のみならず東アジアに生きる古来の自然観が底流にある。今もなお〝文明優先〟との認識のなかに展開する現代社会において、改めて、おおよそ万を数える月日をもって育んできた日本人の精神世界を考えてみたいものである。

註

（1）　現在芦峅寺・岩峅寺に伝えられている「立山縁起」は、以下のものがある。いずれも『富山県史　史料編Ⅰ　古代　付録Ⅱ』に収載されている。

①権教坊旧蔵本『立山略縁起』(立山町芦峅寺)、②相真坊旧蔵本『立山略縁起』(立山町芦峅寺)、③雄山神社蔵『立山小縁起』(立山町岩峅寺)、④泉蔵坊本『立山宝(峰)宮和光大権現縁起』(立山町芦峅寺)などである。

(2) 小林道憲「古代の日本海からみた白山と立山」安田喜源編著『山岳信仰と日本人』(NTT出版、二〇〇六年)二一五頁。

(3) 正宗敦夫編纂校訂『伊呂波字類抄　第一』『日本古典全集』(日本古典全集刊行会、一九七八年)。

(4) 『富山県史　通史編Ⅰ　原始・古代』(一九七六年)九六〇頁。

(5) 『万葉集』巻十七、四〇一一番、『新日本古典文学大系4』(岩波書店、一九九九年)一〇四～一〇五頁。

(6) 『続日本紀二』巻第十三『新日本古典文学大系13』(岩波書店、一九九〇年)三四六頁。

「甲午朔　出雲国　献赤鳥、越中国、献白鳥」

(7) 『日本書記』前編巻八『新訂増補国史大系13』(吉川弘文館、一九八九年)二三二頁。

「八仲哀天皇元年条。閏十一月乙卯朔戊午　越国貢白鳥四隻、於是送鳥使人、宿菟道ノ河邊」

(8) 『神明帳考證』巻六「越中」『神祇全書』第一輯(思文閣出版、一九七一年)三二一～三二四頁。越中国三四座のうち婦負郡七座のうち白鳥神社が挙げられている。

(9) 『越登賀三州志』(石川県図書館協会、一九三三年)五五三頁。

「麓有白鳥宮、故に白鳥の名あり。此の宮地は金屋村・寺町村領有と云ふ」。現在の富山市寺町の白鳥神社である。

(10) 『富山県史　通史編Ⅰ　原始・古代』九六六頁。

(11) 廣瀬誠『立山黒部奥山の歴史と伝承』(桂書房、一九八四年)一七頁。

(12) 廣瀬誠『立山黒部奥山の歴史と伝承』七一五頁。
(13)『万葉集』巻十九、四一五五番、『新日本古典文学大系Ⅰ　巻三』(岩波書店、一九九九年)二六六〜二六八頁。
(14)『立山手引草』(仮題)岩峅寺延命院蔵、原本には題名無し、あとがきに「干時嘉永七寅年三月下旬寫之、延命院玄清書」と記されている。
(15) 小林道憲「古代の日本海からみた白山と立山」安田喜源編著『山岳信仰と日本人』二一二頁。
(16) 小林道憲「古代の日本海からみた白山と立山」安田喜源編著『山岳信仰と日本人』二一七頁。
(17) 福江充『立山曼荼羅　絵解きと信仰の世界』(法蔵館、二〇〇五年)一一二頁。

第五節　芦峅寺媼尊信仰の成り立ち

一　「山姥」から「媼尊」へ

中世の宗教的呪縛からの解放や、交通や流通経済の発達などによる庶民の活動の広域化などにより、庶民的山岳信仰の色彩が強まった江戸時代における芦峅寺の「立山信仰」といえば、立山山中の地獄・浄土をめぐる禅定登拝、布橋大灌頂が想起される。その中核となったのが媼尊信仰である。この媼尊は、鎌倉・南北朝期、芦峅寺の地に降り立ち、「山の民」の崇敬を集め、以後、芦峅寺の人々に受け継がれた。江戸時代の後期には、地蔵信仰や閻魔信仰など地獄に係る思想を裡に取り込み、「布橋大灌頂法会」として集約され、日本の山岳信仰においても特異な女人救済の信仰に発展していったのである。

この「媼尊」を除いては近世の芦峅寺における「立山信仰」を語ることができない。江戸時代、芦峅寺が加賀藩に差し出した寺社来歴をみても、芦峅寺の書上の冒頭には必ずといっていいほど媼尊の来歴が語られている。室町時代、在地領主の安堵状・寄進状には「祖母堂」と記されてきたが、天正十二（一五八四）年霜月の佐々成政の「立山仲宮寺衆徒・社人中」に充てた寄進状には「媼堂之威光承届候」と記され、媼尊に最大の敬意が示されている。(1)「媼」は「峅」と同様に立山信仰独自の造字で、このような特殊な字を充てたというところにも(2)、「媼尊」が芦峅寺の信仰上、いかに重要であったかがうかがえる。それゆえに、立山信仰の中核をなした媼尊信仰が、いかなる歴史的経緯のなかで成立してきたものなのかを検討していくこととする。

「媼尊」が、「山姥」の原初的な性格であるところの、①「産」「生《うぶ》」の領域の存在であること、②出産に関わって安産に導き、子の生育を見守る子安神としての山母・地母神・産姥・山乳母であること、そして③産神は産土神（氏神）であることなどの性格を有していること、などについて勘案しながら、芦峅寺のもう一つの立山信仰ともいえる「媼尊信仰」について、民俗学の成果をも参考にしながら考えてみたい。

芦峅寺に伝存する媼尊像が、南北朝期の永和二（一三七六）年に像立されていることに着目し、当時、媼尊像を造立した芦峅寺の人々の媼尊に託した願いとは一体何であったかを、里山である芦峅寺の立地や生業、当時の宗教的背景などから、古来全国的に伝承されていた「山姥」との関わりについて民俗学の先人の研究成果を引きながら考えていきたい。

芦峅寺地域は常願寺川の上流にあって、縄文時代から集落をなす立山山麓の「山の民」の生活域である。「山の民」とは焼畑に支えられた特有の生活文化の伝統を有し、里社会との間に文化的境界を維持してきた集団をいうのである。[3]その生活域である山麓地域には山中異界の神として人々がそれぞれに加護を祈るような「山の神」の信仰とその儀礼が広くみられることが指摘されている。[4]

「山の神」はそもそも山の守護霊である。[5]古来、里の民にとって「山の神」は先祖の霊の一変形であるのに対して、山麓に生活している山の民にとって「山の神」は、山の領域を守護してくれる神様であり、里の民にとっての氏神さま（産土神）のような地域の守護霊というふうにも考えている。この守護霊が、すなわち擬人化された「山姥」である。柳田国男は、姥神が恐ろしい神となったのは「山姥即ち深山に住する生蛮の事蹟と結合してから後のことで、それ以前は単に不思議の力、殊に長寿ということが最も顕著なる特性であったかとおもう」[6]と記している。言うなれば、深山に住する女性が次第に年を重ね、長寿という不思議な力が備わったというのである。

そこで、次に「山姥」伝説に仮託された媼尊の性格を、「山姥」の性格と比較してみることとする。

1　山姥と焼畑と豊穣

「山の民」の文化には、①焼畑で栽培された多種類の作物を生産の基盤としながら、②山野に自生する植物や動物を、きわめて多面的に採集・狩猟し、それを利用する生活様式に特色がみられる。野本寛一は『焼畑民俗文化論Ⅲ』のなかで、焼き畑と明確につながりのある山姥伝説を、「土佐山中において山姥は焼き畑の豊穣神として確かな位置を占めていたと考えられる」と紹介している。山姥のご機嫌を損じる作業をすると山姥が飛び去り、それ以降は作物がとれなくなり、間もなく没落した家もあったという[7]。さらに野本は「金太郎は地母神たる山姥を母とし、焼畑の神だったのではなかろうか[8]」といっている。

芦峅寺の「うば(媼)尊」については、『立山略縁起[9]』のなかで、

> 抑天照大神宮、此世界を開闢し玉ふ時、立山御媼三尊ハ、右の御手に五穀を納め、左の御手にハ麻之種子を執持し、則越中立山芦峅に天降《あも》りたまう、五穀・麻の種子を法界に弘め、一切衆生に衣食をあたへ、生長し、仏法之本源をたもち、終には寂滅の本土ニ帰る、則衆生生死之惣政所、故に仏法第一の霊場也

と記している。

このような「媼尊」の豊穣を司る性格は、焼き畑の豊穣神としての山姥の性格を映し込んでいると考えられる。大護八郎は『山の神の像と祭り』において、「山之神の基本的性格はもの皆豊穣多産を司る神であることは、多岐に分

化した信仰の中で唯一一環した性格である」[10]、また「山の神の気の荒いことは、焼畑あたりから導き出された火の猛威にも関連がありそうである」と記している。

2　姫神と境界神

「山姥」は伝説の創案当初から「老女」として存在せしめられたのであろうか。否である。柳田国男は、山姥は「深山の中に老女の霊威なる者が居って種々の不思議を現ずるといふ伝説である。女神信仰の最後の変形と見て宜しい」[11]、と論じている。山姥は姫神が歳を経て霊力をもった老女となったのである。二尊院本・浄福寺本十王図において描かれた「剣の山と女」の関係から、女は異界の境界に位置する若い女神であろうと鷹巣純は指摘した。立山の場合には、立山曼荼羅の『来迎寺本』や『相真坊本』には、剱岳の山頂に十二単をまとった若き女性が一人描かれているが、この女性についても鷹巣純は「女神は立山という異界の北の境界にそびえる剱岳に鎮座する女神ではなかったか」と指摘している[12]。また、『吉祥坊本』では、地獄の責めの一場面である「刀葉林」地獄に、『相真坊本』と同様の十二単をまとった若い女性が描かれている。立山地獄にも媼尊の姿が映し込まれているのである。媼尊は、立山曼荼羅のなかで自らの若い頃の姫神の姿が映し込まれたのであろうか。また柳田国男の『石神問答』では、「山姥は女性の山人のことに候、山女、山姫とも申す地方有之候」[13]とも記している。

また、芦峅寺の「媼尊」には「山姥」の性格の一つである「塞の神」（関所・境の神）の性格をみることができる。媼堂の西側を流れる媼堂川は、この世とあの世との境界に見立てられ、この川を越えると「あの世」、即ち他界に踏み込むこととなるのである。芦峅寺集落の墓地は、鎌倉時代以降今に至るまでこの媼堂川を越えて左岸の東側に立地（この墓域は現在は少し南側に移動しているが）しており、今なお墓域には鎌倉時代の石仏が遺されている。芦峅人には

「媼尊」は「この世」と「あの世」の境界神であり、本来、山姥のもつ特異な性格をもみていたのであろう。関の神の性格を持つ道祖神は橋の袂を守る神でもあり、立山曼荼羅には媼尊が三途の川に見立てられた媼堂川のほとりに奪依婆の姿で描かれている。

3 山姥の醜貌

芦峅寺の「媼尊」に限らず多くの「うば尊」の容貌は、山姥の伝説と融合して怪奇醜悪な姥形の姿で偶像化されている。堀田吉雄の『山の神信仰の研究』(14)に、「山姥は醜貌と粗暴と、もう一つ多産という三属性は、女性の山の神が最後まで負うている本姓の面目である」、「山姥は、鬼と同様新旧二様の姿があって、一は人間に禍をもたらし、一は福を授けているのである。勿論妖怪型が凋落の姿で、後者が一段と古い山姥である。多くの子を産み育て、村人が幸福をもたらす山姥は、祖霊にまで逆上りうるものであろう」とある。

また縄文時代の土偶のように醜悪な容貌は、何らかの霊的威力を発揮するための視覚化であろう。顔貌はまた、分娩の陣痛を表現した苦渋の顔付を映しているともいわれる。山姥の醜貌も同様に、多産によるものと考えられる。山の神は元来多産豊穣の神であり、山姥もそれと同質と解せるのである。言うなれば、土偶が狩猟ないし原始的農耕文化に伴い豊穣多産を祈願する性格のものであるとするならば、土偶と民間信仰の山の神の性格とは、ほぼ一致するわけである。先に挙げた柳田国男の『石神問答』では、「うば尊」は本来「オボの祭典に奉仕する巫覡は女子なりしより、久からずして此神に姥神の字を用ゐること、なり」(15)と記している。この巫覡は、後に山姥の伝説と融合して、怪奇醜悪な姥形の姿で偶像化されたものと想像することもできる。

4　石にまつわる伝説

姥神伝説には石にまつわる伝説が多い。特に姥の名のついた石があちこちに遺されている。姥神伝説には「石の崇拝と関連して居る」のではないかと柳田国男は言及している。(16)立山山中に止宇呂尼伝説にまつわる姥石・鏡石があり、芦峅寺には木像のみならず石像の「媼尊」像も存在している。江戸時代の『雲根志』(17)に、珍しい外観の石として、立山地獄谷で得られた「山姥の握り飯」という石の記事と、京都東山産物会に出品された越中産「山姥の鑿」の絵入り記事がある。

因みに山姥伝承のなかに宮城県丸森町の姥石、静岡県小山町生土地区の姥の腰掛け石、東京都青梅市上路《あげろ》村山姥神社の日向負暄岩、山梨県御坂町の山姥の爪跡がある天井石など、石にまつわる伝承が多くあるが、立山にも女人禁制伝承に係る姥石・材木石・鏡石があり、御姥懐《ふところ》などの名も「立山曼荼羅」にみることができる。

以上のように「山姥」伝説として古来付与されていた性格を、①境界神、②山姥と焼畑と豊穣、③姫神とうば尊、④醜貌、⑤石にまつわる伝説、などの点から芦峅寺媼尊について検討してきたが、結果、芦峅寺の媼尊は「山姥」の一変形とみることができる。

山姥については様々な説があるが、山姥は、本来巫女であった。神霊の託宣者（仲立ち）として祖霊がのり移るとき、山の神と一体化して崇められ、死霊と一体化したときは、恐怖の対象ともなったが、のちに人々の山の神への信仰が衰えるにしたがい、山中の異女（山女）として妖怪の部類に組み入れられていった人間の女、と考えることができるのである。

二　芦峅寺の「嬶尊」の性格と系譜

芦峅寺の「嬶尊」については、昭和三十九年に廣瀬誠の「立山御姥信仰の一考察」(『信濃』第一六巻一号)、昭和三十九・四十年に石原与作の「立山中宮寺嬶神の性格」(『富山史壇』第二九号・第三〇号)、昭和四十年に米澤康の「立山嬶尊信仰の源流」(『芸林』一六巻四号)などの先行研究がある。いずれも「嬶尊」に先行する「姥神」や「山姥」に係る論考である。

廣瀬誠は「うば尊を五穀豊饒を司る農神とすべきではなく、本来母神にして冥府神といった性格であった」とする。石原与作は「うば神は猟人の祀る山神と村境を守る塞の神に端を発し、その後、農民の祈願する地母神、穀物母神化し、三転して広く天下の女性の産褥死を免れ、安産祈願としての生殖神として崇敬を受けたもの」とする。また米沢康は「竜蛇神であるウバ神から三途川の奪衣婆の如き具象化されたうば尊へと変化したもの」としている。石原・米沢の両説は「うば尊」は〝変化するもの〟として捉え、廣瀬の説は、「うば尊」は〝本来変化しないもの〟と捉えている。いずれの説も否定しがたいものであるが、いずれにしても「うば尊の神格はまことに複雑で、山姥、山神的な性格、橋の袂を守る関の神的・道祖神的な性格も併せもっている」[18]という。「うば尊」の多様な性格から来るものであろう。

こうした多様な性格をもつ「うば尊」は、どのような経緯で立山芦峅寺に降り立ったのであろうか。『むしくら―虫倉山系綜合調査研究報告―』[19]によって、山姥伝説が伝えられている「山姥」降臨の場所を掲げてみよう。

岩手県雫石町の姥倉山、同県胆沢町の姥沼(山姥が住んでいたという伝承がある)、宮城県丸森町の姥石、同県の姥ケ懐川、秋田県山本郡三倉鼻の懐の岩窟にある姥御前神社（姥の夫が祀られている）、山形県西川町の姥ケ岳、栃木県芳賀町厳島神社境内にある姥ケ井（湧水あり）、神奈川県の姥ケ谷（姥ケ懐）、同県箱根町の姥子温泉（金太郎伝説）、同県小山町生土地区の姥の腰掛け石、同県川崎市川崎区の姥ケ森弁財天、新潟県上越市の乳母嶽神社、同県湯の谷村七日市の姥石明神の森、同県京ケ瀬村の姥ケ橋、東京都青梅市上路《あげろ》村山姥神社の日向負喧《ひなたぼっこ》岩《いわ》、山梨県御坂町天井石姥塚古墳に山姥の爪跡があると伝えられる、長野県塩尻市中西条村の姥ケ池、同県蓼科町の姥懐新田、同県中条村御山里の姥ケ久保（窪）、同県四賀村の姥ケ懐（湧水あり）、同県中条村の大姥伝説、同県戸隠村・鬼無里村の鬼女紅葉伝説、そして長野市虫倉山系の山姥伝説がある。

このように山姥に因んだ伝承や地名は東北、関東地方に多く分布していることがわかる。

それでは芦峅寺の山姥はどこからどのようにもたらされていたのか。右に挙げた伝承・伝説の分布から、主たる伝播経路として、おそらくは立山越えで信州からもたらされたと推測できる。最初は立山全体に山姥伝承が入り込み、やがて山中に展開する地蔵信仰・阿弥陀信仰と習合して芦峅寺に集約され、山姥から媼尊へと変容していったのではないだろうか。

三　芦峅寺の「媼三尊」像造立の背景

芦峅寺における媼尊信仰の実態は、南北朝期に造立された媼尊像に集約される。芦峅寺に伝存する媼尊像三体のうち一尊の坐像底部に「永和元（一三七五）年十二月　日　式部阿闍梨」の銘をもつものがある。南北朝時代、この媼尊像が刻まれた背景には何があったのであろうか。媼尊像造立の背景を探ることはとりもなおさず「媼尊信仰」成立の背景を探ることでもある。

1「媼三尊」の仏性

芦峅寺の媼尊は三尊形式である。但しいつ頃から三尊となったのかは不明であるが、天文十六(一五四七)年、越中国守護代神保長職の被官寺島職恵が、一光堂本禅定門の追善供養のため黄銅製仏餉鉢《ぶっしょうばち》三器を寄進しているところから、十六世紀中頃には三尊であったことがわかる。なお、この仏餉鉢には「葦峅媼尊御本器」との刻銘があり、媼尊の仏名の初見である。

ところで、この「媼三尊」の仏性は、文政三(一八二〇)年「立山御媼尊別当奉加帳　芦峅泉蔵坊」[20]や芦峅寺から加賀藩寺社奉行に提出した「文化三年　立山芦峅寺由来帳」[21]の冒頭の文言によって、うかがうことができる。

即、左右の手ヲ開キ、五穀・麻之種ヲ法界ニ弘メ、奉神仏ヲ始、人民之衣食ニ与ヘ、生長シ仏法之本源ヲ持チ、終ニ寂滅之本土ニ帰ル。衆生生死ノ惣政所、故ニ、仏法第一ノ霊場ナリ。猶衣食を与ヘ(ママ)故、衆生之為リ母、依之名媼ト、脇立六十六尊。本地者、弥陀・釈迦・大日如来之三仏、衣食ノ御親神、御媼之霊験此所ニ宿ス、

芦峅寺の地は「仏法第一ノ霊場」であるとし、本地は阿弥陀如来・釈迦如来・大日如来の三仏を指すとしたうえで、この地を「衣食ノ御親神、御媼之霊験」を宿す霊場というのである。

なお、文政期成立とされる『立山御媼尊略由来』[22]には、媼三尊は、本地垂迹関係から、「沙土煮尊《スヒヂニノミコト》」(惶根命)の本地は大日如来、「大戸間辺尊《ヲヲトマベノミコト》」(「大戸間辺命」)の本地は阿弥陀如来、「惶根尊《カシコネノミコト》」(「堅惶根命」)の本地は釈迦如来と記されている。

延宝二(一六七四)年の加賀藩への書上では「御媼本尊三尊乃内、一尊ハ文武天皇之御収影ニ而御坐候。又ハ天津彦

火乃瓊々杵乃御尊《ニニギノミコト》共あがめ奉り、一尊ハ伊弉諾命《イザナギノミコト》、一尊伊弉冉命《イザナミノミコト》、此三尊於かりに御媼と名付奉り、惣じて六拾六尊御座候」(23)と記され、天皇の本地とされるニニギノミコト、そしてイザナギノミコト（男神）、イザナミノミコト（女神）の三神としており、男神二神と女神一神で三尊としているのである。

これに対して、寛政七年「立山御媼尊布橋施主帳」では、媼尊は「伊弉諾以前御神也」と記し、『古事記』の三神―女神―を引き合いに出したと考えられる。母神たる媼尊と矛盾しないようにと考えての措置であろう。おそらく芦峅寺では、土地固有の神たる媼尊を、記紀の神と結びつけるため、媼三尊は女神という別説を生み出したのであろう。このことを受けてか、前掲「文化三（一八〇六）年立山芦峅寺由来帳」の書上では、媼尊の本地は「一尊者、湰槓根命《スヒヂニノミコト》、一尊者、大戸間辺命《オオトマベノミコト》、亦一尊者堅惶根《カシコネ》」の三尊であるとも言い、この三尊はいずれも女神であるとしている。

ところで、前掲の『立山御媼尊略由来』によると、「大日如来とハ経曰、有情非情皆是大日と説玉ふて、此土は大日光明の利益に依て、禽獣草木森羅万像悉ク光輝の潤沢蒙らざらん者ハなし」と記している。また、泉蔵坊本『芦峅中宮御媼尊縁起』(24)にも「御媼大日如来三身」とある。大日如来は山中の恵みを司るものであり、芦峅寺の山の民や焼き畑の民にとって媼尊はなぜ大日如来三仏なのであろうか。背後のそびえる大日岳こそまさしく神仏からの利益であった。福江充は芦峅寺の媼尊は、当地の山の民や焼き畑農民が信仰した大日岳の山の神を根源として「媼尊は、芦峅寺集落の背後にそびえる来拝山の水分神《みまくり》（水の神）の性格を兼ね備えている」(25)と指摘する。

芦峅人にとって、媼尊を信仰する本源が大日岳の水源であり、媼尊の本地は、「大日三身」の文言に示されるように、不動明王・金剛界大日如来・胎蔵界大日如来、あるいは阿弥陀如来・釈迦如来・大日如来の三仏とし、その垂迹神がニニギノミコト・イザナギノミコト・イザナミノミコトの三神とすることに由来するというものであった。ともあれ芦峅寺の媼三尊には、当初から地母神としての姥神に対する信仰があり、その「食物の元神」「家作の女神」「衣服の祖神」という性格を基底に、三尊を大日岳の地母神と比定して、永和元(一三七五)年銘ある媼尊像の造立に至ったのであろう。

なお注目すべきは、前掲の文政三年の「立山御媼尊別当奉加帳」に「殊女人三従五障ノ罪天ニ勝故ニ峯ニ詣テ極楽地獄ノ躰想ヲ拝事不叶、哀《アハレナル》哉我不洩女人救ト誓願」と記され、媼尊の女人救済に言及している(26)。

2　媼尊信仰と芦峅寺の媼尊像造立

媼尊像造立の背景の一つに、立山信仰の変質が考えられる。すなわち立山には、平安時代後期からの地獄の山に加えて、南北朝期には阿弥陀の山という性格が付与された。鎌倉時代に造立された芦峅寺の帝釈天像や閻魔王像などの仏像にみられるように、強い地獄信仰に彩られていたが、やがて南北朝期に著された『神道集』(27)に阿弥陀如来の山として記述されているように、立山も〝堕地獄からの救済〟から次第に阿弥陀による浄土往生が叶えられる山をいう性格が付与されていったのである。

しかし芦峅寺では、この頃はまだ阿弥陀如来の気配はうかがえない。芦峅寺に伝存する「一山会文書」に収載されている室町・戦国期の史料によっても「阿弥陀堂」の存在は確認できないのである。芦峅寺にあっては、平安末期から江戸初期頃までは、祖母《ばば》堂や閻魔堂・帝釈堂はあっても阿弥陀堂はないのである。江戸初期の貞享三(一六八六)年閏三月二十八日付「奉納一軸寫」(28)に、ようやく室堂に寄進された「九品ノ堂」の名がみえるのみである。「九品」とは阿弥陀如来の印相によりその名がある。

思うに立山では、地獄信仰の強さゆえに閻魔王信仰に匹敵する阿弥陀信仰を形成できず、しかし芦峅寺の人々の意向としては、阿弥陀如来像、ひいては阿弥陀信仰の気配は何らかの形で造りたかったに違いない。それゆえに当時広く崇敬されていた伝統的な山の神信仰を基層として、豊穣と多産において霊的威力を発揮しうる「山姥」の像影に仮託した、より視覚的な媼尊像を生み出したのではないだろうか。先述した媼三尊のうちの一尊が阿弥陀如来としていることからもうかがうことが出来る。芦峅人にとってはこの媼尊像は、「この世の苦から救済する」霊的威力を有する阿弥陀三尊像の姿にオーバーラップするものと考えたのであろう。

ところで、今一つ考えてみる必要のある課題がある。媼尊が十王信仰の奪衣婆に習合したということである。奪衣婆が初めて経典に現れるのが十二世紀末、平安時代後期に成立した偽経の『仏説地蔵菩薩発心因縁十王経』によるものといわれる。実際、芦峅寺において、鎌倉末期の造像といわれる閻魔王像とその眷属司禄・司命像、南北朝期に像造された媼尊像の存在、そして文正元（一四六六）年六月付の神保長誠の寄進状(29)の記載による「祖母堂・地蔵堂・炎魔堂」の三堂宇の存在は、芦峅寺において十王信仰が南北朝時代までには受容されていることをうかがわせるものであり、加えて媼堂の立地から、祖母（媼尊）が立山地獄の入口である三途の川（媼堂川）を司るにふさわしい冥官であり、奪衣婆としての役割を担うことを証するものであった。

かくして、芦峅寺の媼尊には、一面、大日岳の「山の神、水の神」としての性格を強く帯び、また一面、大日・阿弥陀・釈迦如来の垂迹神として、もう一面は、江戸時代にみられる三途の川の奪依婆としての三重面をみることができる。当初の媼尊の姿や容貌は山姥のそれに似ており、閻魔信仰に伴う奪依婆信仰が庶民化するにつれて芦峅寺の「媼尊」も奪依婆そのものになっていったのである。永和元（一三七五）年像造の媼尊と江戸期像造の媼尊像を比較するとき、この変容は一目瞭然である。

以上のように「山姥」伝説として古来付与されていた芦峅寺媼尊性格を、①境界神、②山姥と焼畑と豊穣、③姫神とうば尊、④醜貌、⑤石にまつわる伝説、などの点から推察し、結果、媼尊は「山姥」の一変形とみた。すなわち芦峅寺の媼尊信仰は、大日岳を根源とする芦峅寺の立地を背景に、全国的に広がりをみせていた「山姥」信仰を基底に、立山本来の地獄信仰に加えて次第に広がりをみせた阿弥陀信仰を取り込み、「山の神、水の神」として、また大日・阿弥陀・釈迦如来の垂迹神として、さらに三途の川の奪依婆として、芦峅寺に降臨したのである。その後、江戸時代には閻魔堂・布橋・媼堂が一体となって擬死再生の儀式布橋大灌頂が創出され、女性救済の中核として全国で多くの信者の崇敬を集めた。総じていうと、古来、時代の変化とともに変質していく立山信仰のなかで基相となったのが媼尊であると考えることができよう。

四　芦峅寺の山の民と媼尊信仰

媼尊信仰の背景には、先に示したように「山姥」の記憶が色濃く包含されているといわれている。柳田国男は、「伝説の系統及び分類」のなかで、「深山の中に老女の霊異なる者が居って種々不思議を現ずるという伝説」があるという。姥神が恐ろしい神となったのは、山姥すなわち深山に住する生蛮の事蹟と結合してから後のことで、それ以前は単に不思議の力、殊に長寿ということが最も顕著なる特性であった(30)。言うなれば深山に住する女性が次第に年を重ね、長寿という不思議な力が備わったというのである。野本寛一は環境民俗学の立場から、山姥は「多様な山の神信仰は山の『母源力』という共通基盤から発生した」。すなわち「山が何かを生み出し育てる母なる力を持つと同時に、それを侵した時には醜怪な表情を示すもので、山姥に母性を、山女子《やまおなご》に醜怪性と山の神の両面性を認めている」(31)

という。

かくて山姥の記憶を映す芦峅寺の媼尊は先掲の『立山略縁起』や『芦峅中宮御媼尊縁起』『文化三年　立山芦峅寺由来帳』などにみられるとおり、五穀豊穣を司る「衣食ノ親神」であり「立山権現御親神」でもある。また『加能越金砂子』(32)や『加能越寺社由来幷古蹟記』(33)等にも、これと同類の文を載せている。

この五穀とは、芦峅寺にあっては焼畑で栽培された多種類の作物生産を意味する。のみならず、芦峅寺では、山野に自生する動物・植物を狩猟・採取し、焼炭・木挽きなど多様な生業により生活を営んできた。芦峅寺の山の民は、こうした生活全般の豊穣を媼尊に祈るのである。また、野本寛一は『焼畑民俗文化論Ⅲ』のなかで、「土佐山中において山姥は焼き畑の豊穣神として確かな位置を占めていたと考えられる」、「山姥のご機嫌を損じる作業すると山姥が飛び去り、それ以降は作物がとれなくなり、間もなく没落した家もあったという(34)」と、焼き畑と明確につながりのある山姥伝説を紹介している。このような媼尊の豊穣を司る性格は、山姥が焼き畑の豊穣神として確かな位置を映し込んでいるのである。

芦峅寺の山の民が媼尊を強く信仰する所以は、五穀豊穣の根源となる水を支配していることであった。太古（縄文時代中葉からの遺跡により生活が確認できる）から芦峅寺の山の民は眼前の大日岳の山の神を信仰していたが、後に媼尊が大日岳の山の神の性格を備えることにより、芦峅寺集落の背後にそびえる大日岳山塊の最末端に位置する来拝山の水分神《みまくり》（水の神）の性格をも備えるようになった。布橋大灌頂において渡る川が、実は、来拝山の山腹にある「蛇ワミ」と称される水源から流れる川、媼谷（堂）川で、この水分神を媼谷川下流に迎えたのが媼尊であった(35)。従って媼尊信仰は、集約して言えば「水の神」信仰ということもできよう。芦峅寺山の民は媼尊に全生活を依存していたのである。

また『御嫗尊縁起』のなかで、「右の御手に麻の種を執持し」と記されており、嫗尊の機織り伝承も加えられている。立山周辺においても、『肯搆泉達録』(36)に載せられている越中神話のなかに姉倉比売と布倉媛が登場する。この姉倉比売、布倉媛いずれも機織りに関係する女神である。布倉とは芦峅寺より下流の横江にある尖山のことである。布倉媛の布という文字からも機織りが連想され、『越中志徴』(37)には、布倉岳は「俗に伝ふ、昔山姥住し処也。或は仙境也と云」と記されている。この機織り技術の伝承は養蚕との関係も考えられ、芦峅寺宿坊の護符のなかに養蚕の神を描いたものがみうけられる。蚕が吐き出す糸、つまり絹糸を意味する「シラ信仰」の影響も考えられるのである。

ところで話は少しそれるが、「立山曼荼羅」に描かれている天狗の図像は何なのだろうと不思議に思っていたが、金田久章の説(38)によると、天狗は山の神の一つの姿であるとされる。とりわけ畸形の古木を「テングサマの巣」と呼び、山の神の宿り木として神聖視する。従って山中には山の神を祀る小祠や巨岩や社叢もなく、山そのものを崇敬するのである。立山の天狗はこうした山の神を反映しているかもしれない。

註

（1）木倉豊信編『越中立山古文書』（芦峅寺文書　第二四番）（立山開発鉄道、一九八二年）一三頁。

（2）廣瀬誠『立山黒部奥山の歴史と伝承』（桂書房、一九八四年）四四頁。

嫗尊は女偏に田を三つ合わせて書く。田を用いるのは、嫗尊は五穀豊穣をもたらすという性格からくるという説、また、木倉豊信は「田を三つかくのは後世になってからのことで、もとは母三つ書いて造化の三母神を意味したのではないか。田字は母字のくづれて略された形であろう」という。いずれにしろ日本でただ一箇所の造字である。芦峅寺の人々が独自に育んできた姥尊信仰の象徴的な字である。

なお媼尊の初見は、「永和元卯年（一三七五）十二月　日」の造立銘のある媼尊坐像である。この媼尊は明治初年の廃仏毀釈まで芦峅寺の媼堂に祀られていた、なお媼堂の初見は、神保長誠が文正元年六月三日付けの寄進状である。

（3）「山の民俗」『歴史公論3』座談会「山と日本人」（山折哲雄・竹村卓二・宮田登）（雄山閣出版、一九八五年）二四頁。

（4）米原寛「山の民の祈り」『県民カレッジテレビ放送講座　山に暮らす』（富山県民生涯学習カレッジ、一九九八年）五六頁。

（5）「山の民俗」『歴史公論3』座談会「山と日本人」三一頁。

（6）柳田国男「伝説の系統及び分類」『定本　柳田国男集』第五巻（筑摩書房、一九六二年）五二〇頁。

（7）野本寛一『焼畑民俗文化論　Ⅲ』「焼畑系民俗文化の展開　焼畑農民の口承文芸」二、「金太郎の母1山姥の伝説」（雄山閣、一九八四年）二六八～二七〇頁。

（8）野本寛一「焼畑文化の形成」『日本の古代10　山人の生業　大林太良編』（中央公論社、一九八七年）一五三頁。

（9）「立山略縁起」、芦峅寺権教坊旧蔵本『富山県史　史料編　Ⅰ　古代　付録Ⅱ』二五頁。

（10）大護八郎『山の神の像と祭り』（国書刊行会、一九八四年）四〇頁。

（11）柳田国男「伝説の系統及び分類」『定本　柳田国男集』第五巻　五〇二頁。

（12）鷹巣純「六道十王図のコスモロジー」『マンダラ宇宙論』立川武蔵編（法蔵館、一九九六年）二八九頁。

（13）柳田国男「石神問答　二八　柳田より山中氏へ」『定本　柳田国男集』第十二巻　一一五頁。

「山姥伝説を以てし、愈々その光景を神怪ならしめ候ものか、山姥の姥は山丈の丈に対する語にて、もと女性の山人のことに候。山女山姫とも申す地方有之候。即ち山男山童に対して言ふものに候。深谷に居住して時々里に現れしより、山民之を畏怖するの余、自然に神を以て之を視るに至り候か。
(14)堀田吉雄『山の神信仰の研究』伊勢民俗会編(阿竹印刷、一九六六年)一六九～一七三頁。
(15)柳田国男「石神問答二八　柳田より山中氏へ」『定本　柳田国男集』第一巻　五八四頁。
(16)柳田国男「伝説の系統及び分類」『定本　柳田国男集』第五巻　五二〇頁。
(17)木内石奈・今井功注解『雲根志』(築地書館、一九六八年)。
(18)廣瀬誠『立山黒部奥山の歴史と伝承』四五頁。
(19)『むしくら―虫倉山系綜合調査研究報告―』虫倉山系綜合調査研究会編(長野市教育委員会、一九九四年)。
(20)「立山御嫗尊別当奉加帳　芦峅泉蔵坊」福江充『立山信仰と布橋灌頂法会』(桂書房、二〇〇九年)一八三頁。
(21)「文化三年　立山芦峅寺由来帳」『越中立山古記録Ⅲ』(立山開発鉄道、一九九一年)六五頁。
(22)「立山御嫗尊略由来」(個人蔵)『立山の地母神おんばさま』富山県［立山博物館］特別企画展図録、(二〇〇九年)三四頁。
(23)『越中立山古記録Ⅲ』(立山開発鉄道、一九九一年)三五頁。
(24)泉蔵坊本「芦峅中宮御嫗尊縁起」『富山県史　史料編Ⅰ　古代　付録Ⅱ』、三八頁。
(25)「芦峅寺媼尊の正体」『立山の地母神おんばさま』富山県［立山博物館］特別企画展図録(二〇〇九年)三〇頁。
(26)「立山御嫗尊別当奉加帳　芦峅泉蔵坊」福江充『立山信仰と布橋灌頂法会』一八三頁。
(27)「第廿　越中國立山権現事」近藤喜博校訂『神道集』巻四(東洋文庫本)(角川書店、一九五九年)一二一・一二二頁。
文和三(一三五三)年から延文三(一三五八)年頃の成立。
(28)「立山奉納一軸寫」『越中立山古文書』(岩峅寺文書　一三八番)(立山開発鉄道、一九八二年)二一一頁。

(29)『立山古文書』（芦峅寺文書　四番）二頁。
(30)柳田国男「伝説の系統及び分類」『定本　柳田国男集』第五巻　五二〇頁。
(31)金田久章『山岳信仰と日本人』「山の神論言説批判のための覚書」のなかで野本説が引用されている。二九一頁。
(32)『加能越金砂子』富山県立図書館蔵。享保十七年頃の成立か。前田綱紀の時代に、加賀藩領内の十村に命じて書上げたものを集成したもの。
嫗尊について、次のように記している。

「夫姥と云は、天神七代伊嫗諾尊より以前、法性三摩耶形の御神躰にして、左の御手には五穀を納め、右の御手には麻の種を安置し、功利の雲を分て天より降臨し給ふ尊像なり、其徳を云ば、立山権現の御親神、本地を尋れば大日如来の普現色身也」。
(33)『加能越寺社由来并古蹟記』（加越能文庫所収）富山県立図書館マイクロフイルムより。
(34)野本寛一『焼畑民俗文化論』二七〇頁。
(35)福江充「芦峅寺の嫗尊とお召し替え行事」（富山県〔立山博物館〕『研究紀要』、二〇〇五年）四九頁。
(36)『肯構泉達録』巻一「船倉神と能登神、闘争の事」（ＫＮＢ興産、一九七四年）五頁。旧富山藩士野崎雅明の著作。文化十二年成立。富山日報社蔵一八九〇年に刊行。
(37)森田柿園『越中志徴』（石川県図書館協会編）（富山新聞社、一九七三年）四六五・四六六頁。
(38)金田久章「山の神論言説批判のための覚書」安田喜源編著『山岳信仰と日本人』三〇二頁。

第四章　立山信仰にみる地獄観と浄土観

第一節　日本的地獄観と浄土観の成立と展開〈概要〉

一　日本的死後観と他界観

人間に死がある以上、いつの時代でも〝死後はどうなるか、魂はどこに往くのか〟との疑問は必然的についてまわる。これを死後観といい、死後観があれば、当然に他界観が生じてくるのである。『記紀』の世界にあっては、古代日本人の他界観とは、死後世界を黄泉国、滅罪した霊魂の往く世界を高天原としていた。具体的な様相は仏教的地獄・極楽のようにカタチをとってはみえてこない。死後の世界は誰もみたことがないので、幻想(イメージ)するほかはない。『記紀』など日本神話をみても、高天原に浄土の景観をイメージするような記述はない。当麻《たいま》曼荼羅や浄土曼荼羅に描かれたように、宝塔が建ち、宝池があり、迦陵頻伽《かりょうびんが》が鳴き、飛天が飛びまわる世界とは異なるものであった。日本人は、憂いや苦しみのない無憂の世界を「楽土」と考え、この「楽土」を山中に想定し、罪や穢れのない清浄な世界(きわめて抽象的な世界)に生きることに憧れたのである。この世界が後にいう極楽のイメージにつながるものであり、日本人の極楽の祖型となったのである。

仏教伝来後、日本人は、それまでの死後世界である黄泉国と、浄化した霊魂の行く高天原といった他界観に、仏教にいう地獄と極楽といった仏教的他界観をオーバーラップさせて受容したのである。

十世紀頃には、「楽土」に往くためには苦行や禊ぎのような宗教的実践によって魂の罪や穢れを滅除し、浄化しなければならないと信じられるようになった(1)。しかし、庶民(貴族や上級僧侶、文化人など以外の一般の日本人)にとっては、経典にみる観念的他界観ではなく、死後の葬送や死後供養などによって霊魂の在る所とされる場所に対しての信仰を抜きにしては、楽土の実在は信じがたいものであり、それゆえに他界である死後の霊魂の往く聖地、すなわち山岳霊場は身近な所にあると考える必要があった(2)。そして「楽土」とは、あたかも山のように往登すべき所であり、登ることによって往生することのできる世界であった。

このような山中他界観は、死霊または祖霊がおもむく所こそ山であるという古い日本の山岳意識の上に、仏教の死後観が習合して成立したものであり(3)、平安期以降の仏教の広まりにもかかわらず、人々のなかに根強く残っていた。日本人の極楽観は山岳を前提とするもので、山に入ることそのことが、地獄の責め苦を果たして極楽に入ることであった(4)。健康になり長寿が得られ、災禍を免れる(現世利益)ことを願うならば、「山中の死者の世界(山中他界)に入って穢れの浄化や滅罪の行為を行い、『生まれ代わり』をすることによって可能になる(5)」というのである。

ところで、日本では、特異な自然景観や風土に育まれた固有の死生観や他界観があり、地獄・極楽の位置的関係についても、「この世」と「あの世」とが水平的に接続(隣り合わせ)しているという他界観を生み出したのである。すなわち、仏教伝来以前の日本人の山中他界観を基盤にして受容された地獄と極楽は、山中にあっては隣り合わせに存在するというものであった。

奇しくも立山の山岳景観がこのことを示してくれている。立山三山(別山・雄山・浄土山)の下に広がる室堂平には地獄に見立てられた地獄谷があり、そして雄山に隣接して浄土山が位置し、地獄と浄土が隣り合わせの位置関係にある。このことにより、堕地獄から浄土への救済を視覚的にも容易に見ることができる。地獄谷から浄土山まで尾根下道をたどればわずか一時間以内で行き着く。地獄谷と浄土山の中間地点の雄山山頂には、立山権現・阿弥陀如来を祀る頂上社殿がある。このように地獄と極楽は地続きで隣り合わせであるという関係があって初めて、苦行や祓いなど宗教的実践によって容易に地獄からのがれ極楽に往生できる、すなわち救われるという信仰がなりたつのである。こうした日本人の他界観が、仏教経典との根本的な相違であり、日本人の仏教はこの庶民信仰を基層として成り立っているのである。

また、日本人は現世の不幸や災害を罪業の結果とするばかりではなく、死後の世界の苦痛も罪業の応報とする罪業観をもっていたが、たとえ地獄に堕ちたとしても罪業を滅すれば苦を免れて善処に生まれると信じ、浄化された霊が山の霊場や霊苑に送られ、ここを浄土として鎮まることを願ったのである。(6) このような考え方が日本的死後観であり、浄土観である。

二　日本的浄土観の成立

最澄や空海にはじまった山林抖擻や祓いなどの宗教行為によって得られた浄土観は、日本人の自然宗教的他界観の上に成立したと考えられる。

九世紀初頭、最澄によって開かれた比叡山も、空海によって開かれた高野山も、いずれもその奥に、多くの墳墓があるこの地方の霊場であり、そこに霊魂が集まるという他界信仰があったところである。金峰山・大峰・熊野をはじめ、立山・白山・恐山・出羽三山・彦山などの地方の霊山も、霊魂の集まる場所というところから山岳霊場と呼ばれるようになった。このような山の霊場に寺が建てられ、そこへ行けば諸々の罪が消えて、誰もが往生できるという信仰を生んでいくのである。山岳霊場は、死後の霊魂の赴く世界であり、魂は深山幽谷の清浄の地で、その浄化をまって天上に上ったのである。このことはとりもなおさず極楽浄土に往くことを意味するのである。

こうした日本的原初的浄土観は、最澄や空海による山林抖擻などの修行により心の浄化と悟りが得られるという密教的浄土観によって滅罪の論理を説く「山岳信仰」にまで止揚されることとなった。

次ぎに掲げる最澄の「深山幽谷の清浄観こそが浄土空間であり」（『顕戒論』）、空海の「普賢の鏡智を悟るところ」（『性霊集』）の言葉にみることができる。

『顕戒論』巻下によれば、最澄の山岳観には、深山幽谷の清浄観があり、霊異と清浄のなかにあって修行することにより正法神力を得、覚悟するという。また、「山林の中に坐臥し、一切念を起こす時、悉く円満ならん」ともいう。即ち深山幽谷の清浄観こそが浄土空間であるというのである。空海もまた『性霊集』に「砌の中の円月を見て、普賢の鏡智を知むん。空裏の恵日を仰いで、遍智の我に在ることを覚る。此の勝地に託いて聊かに伽藍を建てて、金剛峯寺と名く」述べている。このように最澄と空海は、山中にこそ求道者の浄土があるというのである。

ここで最澄と空海のことばを『顕戒論』、『遍照発揮性霊集』のなかから引用して紹介することとする。

［最澄　顕戒論より(7)］

「時を知りて山に住する明拠を開示す　四十七」に

謹んで法滅尽経を案ずるに、三乗、山に入り、福徳の地に淡泊自ら守りて、持て欣快となさん　今已に時を知る、誰か山に登らざらんや。

仏法の滅するさまを案じるに、声聞・縁覚・菩薩も山に入り、福徳が備わったこの地に精進し自ら末を正して、悦びなすというのである。末法の今こそ時を得て、誰もが山に登ることが大切であるという。

また最澄は言う。

明らかに知んぬ、第一義の六度は、山林の中に坐臥し、一切念を起こす時、悉く円満ならん。（一一九頁）

菩薩の社会的実践は、社会と隔絶された山中において座臥し、仏法の根幹である無の「一字」によって一切の法を理解し、衆生をのために説くものであると。即ち深山幽谷の浄観こそが浄土空間であるというのである。

〔註〕『最澄　顕戒論　山家学生式』顕戒論巻下所収　原典日本仏教の思想2（岩波書店　一九九一年）一一六・一一九頁

［空海　性霊集より[8]］

「高野の四至の啓白の文」（続遍照発揮性霊集補闕鈔　巻第九〔六〇四頁〕）、

池中の満月を見れば、普賢菩薩の澄みきった悟りの智慧はかくやと思われ、空中の智慧の日の光を仰いでは、一切智のわれにあることが悟れるという。この勝地に伽藍を建立して金剛峯寺と名付けた。

「山に入る興」（遍照発揮性霊集巻第一〔一七六頁〕）、

南山の松石は看れども厭ず　南嶽の清流は憐むこと已まず　慢ること莫れ　浮華名利の毒を焼かるること莫れ　三界火宅の裏に　斗擻（そう）して早く入れ　法身の里

「山中に何の楽しびか有る」（遍照発揮性霊集巻第一〔一七八頁〕）、

山鳥　時に来りて歌ひて一奏し　山猿　軽く跳ねて伎は倫に絶す　春華　秋菊　笑って我に向ひ　暁月　朝風情塵を洗ふ

このような山岳景観を有した霊山名山に入山すべきであると説くところに、空海の山岳観が示されている。

〔註〕『弘法大師　空海全集』第六巻所収（筑摩書房　一九八四年）

ところで、当然ではあるが、立山信仰を語る上でも、右に述べたような日本的地獄観・浄土観を育んだ山岳景観、言うなれば地獄や浄土に見立てられた山中他界観を考えないわけにはいかない。

立山の地獄や浄土の景観を背景に語られた『法華験記』や『今昔物語』などの説話集に、平安後期・鎌倉初期の立山における山中他界観をみることが出来る。立山信仰はこうした山中他界観の観相の上に成り立っているのである。

さて、十一世紀中頃の成立とされる『法華験記』(9)下巻第百二十四話に収載された説話「越中国立山の女人」に「霊験所に往き詣でて、難行苦行せり、越中の立山に往けり」と記され、十一世紀初め頃には、立山は修行者の霊験所として知られていたことがうかがえる。また、十二世紀中頃の成立とされる『今昔物語』(10)巻第十四「修行僧至越中立山ニ、会小女語第七」に「彼の越中立山に詣で」、巻第十七「堕越中立山地獄女、蒙地蔵助語第二十七」に「立山と云う所に参りて籠りたるに」、巻第十七「備中国僧阿清、依地蔵助得活語第十八」に「立山と云う霊験所ニ詣で」などと記されており、修験者にとって立山は、壮大な山岳景観のなかで、最澄のいう「深山幽谷の清浄観」と空海のいう「遍智の我に在ることを覚る」ことのできる霊山としてあまねく知られることとなったことがうかがえる。

かくて、平安時代の終わり頃(十二世紀頃)山岳信仰が展開していく過程のなかで、霊山立山は、日本人に固有の他界観や穢れ観を否定することなく懲罰的な地獄観と習合し、霊魂の滅罪と贖罪の場(地獄)を提供する格好の霊場ともなったのである。

三　日本的地獄観の成立

1「行為不滅」論と地獄観

古代のインド仏教において説かれた「人の行為は、ひとたび為されるや、誰人の知ると否とにかかわらず、為した本人さえ忘れているやも知れないときにおいてさえ、〝為された〟という事実は永久に消えることはない(11)」という行為不滅論や、人々の生前の行為を善悪を基準として判断すれば、善の行為は死後には善処(極楽)に往き、悪の行為は悪処(地獄)に往くという因果応報論がもたらされ、「日本的他界観」と習合して日本的地獄観と極楽観が形成されたことは、よく知られているところである。

因果応報論に言うところの「悪処(地獄)」とは、業により六道を流転し続けること、すなわち輪廻転生の場所であり、「善処(浄土)」とは、輪廻転生を断ち切った解脱の場所であるという。十世紀末、天台僧源信は『往生要集』のなかで、生前に犯した罪により悪処に堕ち六道を「輪廻転生」する「業報不滅」を紹介している。貴族・権門僧侶・文化人はこの業の思想の恐ろしさを観想し、いかなる力もこの業の力を消すことはできない、老若・男女・貴賤・賢愚も「業」の前には、なんの差別ともなりえないと考えたのである。

こうした考えは時代を超えて江戸時代の中頃に立山山麓芦峅寺において成立した立山曼荼羅にも及んでいる。立山曼荼羅の絵解き台本『立山手引草(12)』には因果応報について示唆した次のようなくだりがある。

罪人余りに苦しさ堪え難きままに、鬼に怨みていふは、「願はくは、しばし助け給え。何ぞ哀れむ心なきぞ」と言えば、鬼どもいふには、「かかる報ひを受くるは、自業自得の罪なり。衆生、皆、かくが如く愚かなる心あり。阿防羅刹、鬼の嘆きなきにあらず。己が昔作りし罪が、今、己を責めるほどに、鬼を恨むな」といえば、罪人ども是非もなく舌を巻いて、又々地獄に入りて苦しみを受ける。

地獄に堕ちる罪は「自業自得の罪」であるというのである。

2　仏名会・『日本霊異記』にみられる地獄観

日本における地獄観受容の流れ（六世紀中頃から九世紀中頃まで）は、仏教伝来以来、まずは、輪廻の原因である業、業の原因である煩悩について詳細に分析した『倶舎論』に始まり、最澄が入唐して日本にもたらした仏教経典『法華経』（「貪著し追求するをもっての故に、現に衆の苦を受け、後に地獄・畜生・書きの苦を受く」との文言で知られる）、そして「秘密曼荼羅十住心論」（衆合・黒縄・等活などの地獄を「正法念」によって詳しく紹介した）を著した空海に到るのである。[13]こうした地獄観、言うなれば「業による罪障とその報い」である堕地獄の考えを受け入れた最初の儀礼として行われたものに、宝亀五（七七四）年宮中で始まり、承和年間（八三四〜八四八）に恒例化したとされる仏名会がある。[14]仏名会とは、母屋に曼荼羅を掲げ、これを礼拝する人々の背後に地獄絵を立て『仏名経』を読誦し、諸仏の仏名を唱えて年内の罪障を祓う法会である。すなわち七帖の屏風に描かれた地獄絵を背景として『仏名経』を誦しながら曼荼羅を礼拝することによって、罪障による堕地獄の自分を懺悔して、極楽往生を欣求するという法会であった。これは、地獄を視覚化し、その恐ろしさを人々に説き聞かせ、そこに堕ちぬよう罪障を祓おうとする儀礼である。

その後、九世紀中頃までに、「魂の浄化」を説く古代日本の冥界的な他界観が、本来、相容れないところの滅罪と贖罪を説く伝来仏教との地獄が出会い、日本固有の地獄観が生まれた。こうした経緯をうかがわせてくれる文献として、平安時代初期に、景戒（生没年不詳、奈良・薬師寺の僧）によって編纂された『日本霊異記』[15]（『日本国現報善悪霊記』

三巻、弘仁十三（八二二）年成立、日本最古の仏教説話）が挙げられる。この『日本霊異記』は、原因と結果の応報関係を示すことによって善を勧め仏法を広めようと撰述されたもので、悪因悪業の顛末を記し、悪い行いをしたものは悪い報いを受けるという因果応報の物語であり、懲罰的地獄観をみることができる。内容をみると、上・中・下の三巻からなり、上巻は古代日本の冥界的な他界観、中巻には因果応報による懲罰的な他界観と霊異を描いた霊験説話による他界観が示されているが、下巻は論理性がなく奇妙な終わり方をみせる。この『日本霊異記』のなかで、上の「三宝を信敬し、現報を得る縁」第五に、聖徳太子が薨じてのち往生した浄土は、五色の雲が虹のように輝く黄金の山である」と伝えているもので、祖霊としての山の神と、仏教の浄土観が習合したように感じられる譚である。

ともあれこの『日本霊異記』によって、古代日本の冥界的な他界観と懲罰的な地獄観とが、出会ったことを窺うことができることは疑い得ないことである。その後は、天台の学僧源信が著した『往生要集』が出現する十世紀末まで地獄思想のさらなる展開はあまりみられなかったようである。

永観二（九八四）年に、源信（九四二〜一〇一七）が仏教のなかでも他界である地獄・極楽を最も重要視した『往生要集』(16)を完成させた。源信はそのなかで、「厭離穢土とは、夫れ三界は安きこと無し、最も厭離すべし。今、相を明らかにするに、総じて七種あり。一に地獄、二に餓鬼、三に畜生、四に阿修羅、五には人道、六には天、七には総括なり。」として、厭離すべき穢土の第一に地獄をあげ、地獄の相を詳細に示している。この『往生要集』の記述は、平安初期に定式化された仏名会や、後七日御修法（一月八日から十四日の七日間に、天皇と国家の安泰を祈っておこなわれる修法、御斎会ともいう）にみられる当時の貴族たちの罪の意識や、死への恐怖心を反映したものであった。

四　地獄観の受容と救済思想

1　『往生要集』的地獄観と救済の論理

『往生要集』を著した源信は、まず日本的な滅罪ともいうべき〝浄化という思想〟を否定した[17]。そして人々に〝死と死後の世界を恐れる〟ということを自覚させるべく、犯した罪は止むことのない肉体的苦痛に苛まれるほかのなにものをもってしても贖われることはないとし、肉体的な罰を受ける場処を「地獄」とするものであった。ところで、『往生要集』に描かれる地獄は、生前の行為が死後地獄の大王である閻魔王によって裁かれ、その罰が決まるという死後審判の形をとるものである。ここでは、生前に犯した罪と、死後それによって蒙ることになる罰との因果関係があるとした。ここに、『日本霊異記』と同じように、日本固有の「この世とあの世の連続性」を関係づけようという考え方が潜在していることをみることができる。

ところで、『往生要集』において源信が描いた「地獄の相」は、細密にかつ可視的に描写されているが、あくまで経典のなかでの観念の幻影にすぎず、衣食住に恵まれている貴族・僧侶・文化人などの上層の人々にとっては、現実生活においては迫真の実在性をもたないものであった。「地獄」はまだ経典のなかの観念（イマジネーション）の世界でしかなかったのである。それゆえ、日本人の地獄・極楽観は、種々の浄土教経典やその註などをもとにした唱導と、そのための儀礼である念仏狂言や迎講、そして曼荼羅や地獄絵図など浄土教美術や、説話文学や、往生伝などの宗教文学によって、観念の産物として形成された場合が多いのである。

特に「極楽」については、貴族・僧侶・文化人など浄土経典を理解する力のある〝知識人〟ならばこそ『観無量寿経』[18]に描かれたような極楽を、あたかも実在の世界として観想することができたかもしれない。しかし、このことは苛酷な税や飢饉などにあえぐ庶民とは自ずから異なるものであり、その要因は両者の置かれた経済的社会的状況に起因する罪業意識の違いによるものであった。

かくて、貴族・僧侶・文化人などの上層の人々の罪業意識は、歌や随筆・日記類など文学において修辞的に扱われ、罪業を実感として受け止めていない非現実的なものであり、したがって「堕地獄」に対しても、切実な恐怖感はそれほどには強くなかったと思われる。また「地獄」も、絵巻物や地獄変相図、あるいはその絵解き説教によって観想することができたであろう。

それゆえに、貴族らの関心事は、「地獄に堕ちる」ことへの恐怖感ではなく、むしろ紫式部が『源氏物語』において提起したように、〝様々な堕地獄の原因は現実社会にある〟ことに悩み、自己の内面を占める様々な動機と行動の結果に恐怖感を抱いたのであろう。そのような意味では、貴族・僧侶・文化人などの上層の人々の罪業観は、きわめて個人的な意味合いの強いものであった。

源信をはじめ上層の人々のこうした考えは、仏教的罪業意識と結びついた善と悪といった道徳的呵責の因果応報観にもとづく懲罰的な地獄であり、「堕地獄」からの救済は個々人の道徳的行動によるものとされた。貴族の救済の論理について、五来重は「庶民信仰における滅罪の論争」のなかで、「『往生要集』にいう地獄の苦相を観じて穢土を厭離し、浄土を欣求して念仏すれば、ただちに聖衆の来迎を得て、浄土に往生できるという専修念仏の信仰[19]」であると述べている。したがって、平安時代後期の貴族の浄土観は、藤原道長や平清盛をまつまでもなく〝己の浄土往生〟にのみ志向していたといえよう。

『往生要集』にみられるように、「業報不滅」思想を受容した日本の地獄思想は、地獄や極楽を、まず観念や観想として受け止めるが、やがて立山地獄のように山中に地獄を見立てるという観念の具象化・現実化によって、確かな信仰となっていったものと思われる。

2「庶民」の現実的地獄観と救済の論理

律令制のもと、「庶民」は搾取と強制労働による束縛や飢寒・洪水・飢饉などによる凶作、疫病による大量死、天災と凶作による流浪など苛酷な現実のなかにあり、「地獄」はきわめて具体的現実的であった。こうした現実の地獄と直面している庶民の罪業意識は、堕地獄を自らの罪業の報いと認識し、その報いは現実に止まらず未来永劫に続くと信じられていた。原因としての罪は、個人のみならず、共同体全体の罪と穢れであるという罪業意識と業報不滅の思いがあった[20]。女性であるがゆえの罪や、先祖の犯した罪の「報」を子孫が受ける場合がある。すなわち、死者が生前に犯した罪で死者の霊が地獄の苦しみを受ける原因になるとともに、その霊は怨霊または御霊の「たたり」となって、大きな災いをもたらすと信じられていた。

また共同体全体の罪は、意識的に、無意識的に犯した反社会的罪は、社会的「穢」（不浄）の罪に含まれるというのである。

『源氏物語』[21]の六条御息所や菅原道真の怨霊などにみられるように、それが非業の死や、突然の死や夭折、そして怨死や自殺である場合は、その災いはことに大きく、共同体全体の罪として死者の霊が恐れられていた。立山山麓芦峅寺で行われている数珠繰り（大念仏供養の一種）や、立山山中地獄谷で行われたであろう施餓鬼供養（「立山曼荼羅」に描かれている）も、そうした共同体が受ける災いを除くための儀礼であったと考えられる。

庶民にとって罪業は、罪業意識が強ければ強いほど、地獄は実在性を強めるのであり、『往生要集』の専修念仏信仰にいうところの「浄土を欣求して念仏すれば、ただちに聖衆の来迎を得て、浄土に往生できる」などという一言の念仏で消えるほど軽いものではなかった[22]。庶民信仰のなかに、罪は贖うものという論理（滅罪と贖罪という論理による）があり、それゆえに、重い罪業観に対する滅罪の方法として、庶民は山に入り苦行したり、百度参りや巡礼により滅罪の行をするのである。これが庶民の滅罪の論理であり、『往生要集』にいうところの観念的罪業観とは異なるのである。

3『往生要集』的地獄観の庶民信仰化（観念的滅罪論から実践的滅罪論へ）

先述したように、日本人の「地獄」の捉え方については、平安後期の頃は、貴族・僧侶・文化人などの上層の人々に受け入れられた『往生要集』の説く観念的個人的罪業観と、庶民の現実的共同体的罪業観とは対照的であった。その後、末法思想が庶民の間に浸透する平安末期の社会状況のなかで、庶民は一層罪業観を強く抱くとともに、現世すなわち穢土からの救済を待ち望むこととなったのである。源信の『往生要集』に勧めるような観相による滅罪行為によっては、臨終のときには死の恐怖を克服し死後浄土に赴くことは、庶民はできないと考えたのである。こうした庶民の救済の願いに対して、それに応えようとしたのが聖・沙身弥と呼ばれる人々、修験者の説く法華経への信仰であり、悪趣抜苦代苦の地蔵信仰であり、また観音信仰であった[23]。

十二世紀に入ると末法の時代と呼ばれるなか、庶民はもとより貴族・僧侶・文化人のなかにも、沙弥や聖など山中修行・聖地巡礼や法華経書写・念仏など実践的修行を行う行者の滅罪論を受け入れるようになった。十一世紀中頃から十二世紀終わり頃、藤原道長の法成寺造営（寛仁四〔一〇二〇〕年）、藤原頼道の平等院造営（永承六〔一〇五一〕年）や、白河法皇をはじめ貴族の熊野詣など、王侯貴族の「数量的功徳主義[24]」がみられるようになるのである。こうした趨勢によって、やがて貴族・僧侶・文化人などの観念的滅罪論も次第に実践的滅罪論へと傾斜し、庶民化していくことになったのである。かくて貴族や庶民らにとっては、またれるのは救いであり、実践的活動による滅罪を通して現世の不幸災難を免れ、ひいては来世の安楽を得ようとするようになったのである。

鎌倉時代に入ると、庶民はもとより、貴族・僧侶・武士そして文化人なども、「もはや欣求すべき浄土はなく、地獄しかのこされていない」という絶望的な罪業観の自覚があらわになっていく。(25)こうした現実を背景に、法然や親鸞の説くような絶対他力による救済論が待望されたのである。結局のところ、誰もが罪深きものであるがゆえに、すべての人々が地獄への道を歩んでいるのであれば、どうしたら地獄への道を回避しうるのか、堕地獄から逃れることができるのかが、はるかに切迫した問題と認識されたのである。

『往生要集』によって説かれはじめた浄土思想はその後、絶対他力による衆生の救済を説いた親鸞たちを経て、阿弥陀は、死にゆく人々が十分に信仰しさえすれば、阿弥陀来迎図にみられるような、臨終に際して阿弥陀が枕元に来迎し、浄土往生を遂げさせるという考え方が広まった。こうした考え方により、いわゆる因果応報的地獄観のうちから、生前の善の行為だけをのこして堕地獄の応報を薄めるための方便や、浄土往生を強め地獄へ堕ちないための新たな滅罪（救済の儀礼や法要）の方便が考え出された。この方便を五来重は「念仏の滅罪性」「法華経の滅罪性」「真言の滅罪性」の三つ指摘している。(26)鎌倉時代のこのような考え方は、鎌倉・室町時代をとおして「庶民」のなかに徐々に浸透し、誰もが同じように救済される阿弥陀信仰へと志向していったのである。

註

（1）　武見李子「地獄思想と女人救済」『図説日本仏教の世界⑤　地獄と極楽』（集英社、一九八八年）一四六頁。

（2）五来重『日本人の地獄と極楽』（吉川弘文館、二〇一三年）一一・一二五頁。
（3）高瀬重雄『古代山岳信仰の史的研究』（名著出版、一九八九年）三二〇頁。
（4）五来重『日本人の地獄と極楽』八一頁。
（5）五来重『日本人の地獄と極楽』一九頁。
（6）五来重『日本人の地獄と極楽』一二五頁。
（7）「顕戒論　巻下」『最澄　顕戒論　山家学生式』『原典日本仏教思想2』所収（岩波書店、一九九二年）一一九頁。
（8）「性霊集　巻第九」『弘法大師空海全集　第六巻』所収（筑摩書房、一九八四年）六〇四頁。
（9）井上光貞・大曽根章介校注『往生傳　法華験記』第百廿四「越中国立山の女人」（日本思想体系7）（岩波書店、一九七四年）二〇八頁。
（10）山田孝雄・山田忠雄・山田英夫・山田俊夫校注『今昔物語集』三、巻一四・巻一七（日本古典文学大系24）（岩波書店、一九六一年）。
（11）金岡秀友「地獄・極楽思想の系譜」『図説日本仏教の世界⑤　地獄と極楽』一二三頁。
（12）『立山手引草』岩峅寺延命院蔵。現代訳は林雅彦「立山曼荼羅絵解き」（『立山曼荼羅を聴く』富山県［立山博物館］、一九九四年）による。
（13）『倶舎論』・『法華経』は『綜合佛教大辞典』（法蔵館）による。「秘密曼荼羅十住心論」は、『空海秘密曼荼羅十住心論』『原典日本仏教の思想―3』所収、（岩波書店、一九九一年）二六頁～二七頁。
（14）『続日本後紀』承和五（八三八）年十二月十五日の条に「天皇於清涼殿、修仏名纖、限以三日三夜」と記されている。「仏名会」は懺悔滅罪の法会で、歳暮に過現未三千仏の仏名を唱え、年中の所作の罪業を懺悔するものという。光仁天皇の宝亀五(七七四)年に始まり、承和五(八三八)年に恒例となった。本尊は聖観音で左右に一万三千仏の画像を掛け、廂には地獄変相の屏風を立てた。但しこの時期の仏名会において、地獄変相図が用いられたか否かは明らかではない。藤原重隆が永久三(一一一五)年頃に撰したと言われる『雲図秒』に、「以地獄屏風七帖立七ケ間也」とある。また、藤原公任著『北山抄』(元永元(一一一八)年頃に撰された)の年中要抄仏名事の条に、「同(天暦)九年十二月廿二日、仰侍臣令徹地獄変御屏風」とある。高瀬重雄『古代山岳信仰の史的研究』三四四～三四五頁。

(15)『日本霊異記』出雲路修校注『新日本古典文学大系30』所収、(岩波書店、一九九六年)二〇八頁。なお上巻の解説二頁。中巻の解説五頁。下巻の解説一二七頁。

(16)『源信往生要集』『原典日本仏教の思想4』所収(岩波書店、一九九一年)一一頁。

(17)武見李子「地獄思想と女人救済」『図説日本仏教の世界⑤地獄と極楽』一四八頁。

(18)『観無量寿経』、参考『総合仏教大辞典　上』(総合佛教大辞典編集委員会編)(法蔵館、一九八八年)一二三二頁。西方極楽浄土へ往生する方法を説く経である。現世の苦悩を除いて極楽浄土へ往生する方法が十六種の観法にまとめて説かれている。この十六種の観法により極楽世界の様相を心の対象として観相するが、はじめの十三観には浄土の具体的な荘厳、阿弥陀仏のすがたなどを想いうかべる観法を説き、後の三観には衆生がそれぞれの正室や能力により極楽に生まれるさまをとく。中でも浄土教の善導は特色ある注釈をつくり、前の十二観よりも後の三観に格別の意義を認め、凡夫往生の称名念仏を説くことこそがこの経の根本精神であることを強調した。

(19)五来重「庶民信仰における滅罪の論理」『思想』第四　六二二号(岩波書店、一九七六年)四三八頁。

(20)五来重「庶民信仰における滅罪の論理」四三六頁。

(21)山岸徳兵校注『源氏物語』［全六冊］(岩波文庫、一九六五年)。本書は、三条西実隆筆になる青表紙証本(宮内庁書陵

部蔵）を定本としたもの。該当する見出しは、岩波文庫『源氏物語』の巻一の「夕顔」・「葵」、巻二の「澪標」である。

(22) 五来重「庶民信仰における滅罪の論理」四三八頁。

(23) 久保尚文『越中中世史の研究』（桂書房、一九八三年）一七五頁。

(24) 久保尚文「中世前期における浄土信仰の展開」『富山史壇』第八二号（越中史壇会、一九八三年）五頁。

(25) 武見李子「地獄思想と女人救済」一四八頁。

(26) 五来重「庶民信仰における滅罪の論理」四三九～四五〇頁。

第二節　立山にみる地獄観と浄土観

一　地獄観と立山

平安時代の霊山観の内容を構成する一つの要素として、山中他界観、いうなれば地獄と極楽の存在がある。なかでも山中に出現した地獄の景観は、その後の日本人の思想形成に大きな役割を果たしてきたことは論をまたない。また、日本人にとって懲罰的な地獄観は、人々の恐怖感に訴えて、この世の秩序の維持や道徳観を律するという社会的道徳的な機能は十分果たしていたといえるであろう。

なかでも立山は、地獄谷などの特異な景観によって形づくられた特殊な山岳信仰の内容のゆえに、日本の山岳信仰の上でも注目されるべきものをもっている。

平安時代の中頃、立山は、約一万年前の水蒸気爆発の爆裂火口及びその周辺部の景観をして、経典に著された地獄の景観に見立てられ、本来、来世の世界でありバーチャルの世界であるはずの地獄の世界が、立山山中という現実の中に顕れ、地獄そのものに現実の世界を与え、日本人の地獄思想の形成に大きな役割を果たしたのである。平安時代後期に著された『法華験記』（長久年間〔一〇四〇～四四〕、鎮源の撰）下巻「越中国立山の女人」の項や、『今昔物語集』巻十四・十七、『宝物集』(1)などの説話集に、たびたび立山の地獄が登場する。

殊に、『法華験記』「越中国立山の女人」に記された立山地獄のリアルな描写により、地獄が一層現実味を帯びたものとなった。「死者の魂が山に寄る」というそれまでの神道的な山中他界観が、立山地獄と結びつけて考えられたのであろう。この「越中国立山の女人」に記された「従昔伝言、日本国人造罪、多堕在立山地獄」の文言にみるように、立山地獄とは、罪を犯した霊魂は立山で贖罪の業苦を受けるものと日本人が信じた地獄であった。すなわち、立山地獄とは、死者の霊魂が立山に行き、生前の罪をつぐなうために苦を受けるという仏教的死後観の上に、死者の霊魂が救いのない地獄に止まることなく、作善すれば救われると説く日本的死後観が習合した地獄でもあった。

立山地獄は今や実在する地獄であり〝社会的存在〟となっていることから、法華経信仰と地蔵信仰を喧伝する天台・真言両宗の僧にとって恰好の霊地とされたのであろう。立山地獄が地蔵信仰と強く結びついている様子は、フーリア美術館（アメリカ）所蔵の『地蔵菩薩霊験絵巻』(2)に「地蔵講結縁の人にかはりて苦を受給事」と題して描かれた立山地獄を始め、『法華験記』や『今昔物語集』などの説話集、諸種の立山開山縁起類、立山曼荼羅などの絵画資料、立山山中の石造物など考古資料などによっても、うかがうことができる。

地蔵信仰が立山に結ばれる契機となった地獄の景観は、既に十世紀末には修験者や行者によって広く知られることとなった。立山山中の荒野に立ち上る噴煙と噴音の絶えぬ爆裂火口が、地獄に見立てられたのである。立山曼荼羅には、『往生要集』で説かれた地獄に堕ちる者の罪業を勘定する閻魔王が、立山山中の地獄谷に描かれている。また、『法華験記』に「此有大峰、名帝釈岳、是天帝釈冥官集会、勘定衆生善悪処矣」と記され、亡者を支配する冥官である帝釈天が止住するという帝釈岳が現に地獄を見下ろす高みに在るという、立山の地獄の景観が、日本における地獄信仰を世に定着させる要因ともなっていた。閻魔王は、地蔵菩薩の化身または脇侍であり、閻魔王と地蔵菩薩との間に本地垂迹の関係があるとすれば、地獄が存在し閻魔王が止住する立山に、地蔵菩薩の信仰が導入されたのはきわめて当然のことであった。

その後、立山地獄の様相は、十二世紀末の平康頼の『宝物集』、十三世紀中頃の住吉慶恩の『地蔵菩薩霊験絵巻』の一場面として描かれ、十二世紀後半の忍性の『地蔵菩薩三国霊験記』にも記された。立山は六道のなかで、地獄の他に畜生道・餓鬼道なども兼備していた。信施を貪ったため越中国森尻の智明坊が生きながら畜生になった話は、鎌倉時代に僧無住の著した『妻鏡』[3]に採録されている。また、立山地獄の記憶は、『源氏物語』『平家物語』（建礼門院「六道の沙汰」）に潜在的に存在し、室町時代、世阿弥の作と伝えられる謡曲『善知鳥《うとう》』『綾鼓』『蝉丸』などに受け継がれ、江戸時代には、立山曼荼羅に描かれた地獄の景観の絵解きによって広く庶民のなかに浸透していったのである。明治に入っても日本人の心のなかに地獄思想が息づき、宮沢賢治・芥川龍之介・太宰治などの文学者の生き方に反映されている。

二　浄土観と立山

立山では、上記でみてきたように、十一世紀前後には、地獄谷は聖地とみなされ、その本地は地蔵菩薩であり観音菩薩であったと考えられていた。『今昔物語集』巻第十七「堕越中立山地獄女、蒙地蔵助語第二十七」や「備中国僧阿清、依地蔵助得活話第十八」には地蔵霊験譚が載せられており、地蔵菩薩の助けにより忉利天上に転生するという譚である。地蔵菩薩は登場するが、阿弥陀如来はまだ語られていないのである。立山が弥陀の山であるという信仰は院政期までは顕著ではなく、その後に確立をみたものと考えられる。

平安中後期の浄土信仰の様子をみると、末法思想により堕地獄の恐怖が強まるなか、これまでの地蔵菩薩にすがる以上に、阿弥陀如来の功力にすがろうとする傾向が強まってきたものと考えられる。山岳信仰においても、熊野では、本宮の聖性が阿弥陀として強調されるとともに、その阿弥陀の浄土が喧伝されるに至ったのである。そこで立山の場合も、これらの影響により地蔵から阿弥陀中心の信仰に転じてきたと考えられる。

立山が阿弥陀中心の信仰に転じてきたという時期を推察すると、一つには、阿弥陀如来を本地とする「立山開山縁起」の制作経緯をみる必要があろう。先にも述べたように、立山開山縁起が熊野縁起の影響を受けたとすれば、『熊野権現垂迹縁起』の成立を伝える『長寛勘文』が記された長寛元（一一六三）年以降、十巻本『伊呂波字類抄』が成立したと考えられる鎌倉時代初頭の間となる。なお立山では、熊野の開山伝承と同様に、阿弥陀の出現に先立って立山権現が出現し、やがて阿弥陀信仰へと進んでいくのである。

本地垂迹の思想を以て本地仏説話を載せる『神道集』[4]（十四世紀中頃（文和三〔一三五四〕年から延文三〔一三五八〕年頃）の成立）の「第二十　越中国立山権現事」に載せられた立山縁起は、「抑越中国ノ一宮ヲハ、立山権現ト申ス、御本地ハ阿弥陀如来是ナリ、閑ニ以、諸仏ノ如来中ニ、志ノ深ハ弥陀ノ善逝ナリ、十方仏土ノ中ニ、欣処ハ安養界ナリ」と記し、立山神の本地（止住する仏性）は阿弥陀如来であるとしている。さらに、阿弥陀如来は「五障ノ女身ニ迎接許シテ、既ニ男女ヲ嫌フ无事、況其外ヲヤ」として、阿弥陀如来は男女の性差や貴賤の別なく一切衆生の救済をめざす仏であるとする。いうならば、立山の本地（聖性）は、立山神が、地蔵の触発を受け立山権現を仲立ちとして阿弥陀へと変化していったものということができるであろう。

ところでこうした阿弥陀の出現に先んじて、立山では十二世紀中頃に極楽往生を願う宗教活動の一つである経塚の造立がみられる。大岩山日石寺の北側、城ケ平の東南に位置する京ケ峯山頂の経塚から「仁安二（一一六七）年丁亥八月十日庚申　願主相存」[5]の銘文のある経筒が出土しており、平安末期には経筒を埋納し、極楽往生・現世利益の祈願・供養が行われていたことがうかがわれるのである。このほか経塚には、十二世紀後半の造立とみられる上市町黒川の円念寺経塚群（二四基を確認）[6]、立山町の「大永五（一五二五）年五月吉日」の銘のある日中経塚（三八基）などがある。なお、十三世紀初頭には天台浄土教の影響を受け、藤原時代（平安時代後期）の作といわれる大岩山日石寺の磨崖仏不動明王坐像に、阿弥陀如来坐像と僧形坐像が追刻されたことも[7]、一つの具体的事例である。

平安時代の末期から鎌倉時代初頭にかけては、『今昔物語集』に収蔵された「備中国僧阿清、依地蔵助得語第十八」や「堕越中立山地獄女、蒙地蔵助語第廿七」（「今ノ地蔵井《ボサツ》、此地獄ニ来リ給テ日夜三時ニ我カ苦ニ代リ給フ」）などの譚により立山の地蔵信仰がうかがわれ、また、『法華験記』や、「観音、此ノ地獄ニ来給テ、一日一夜、我ニ代テ苦ヲ受ケ給フ也」と記された『今昔物語集』の「修行僧、至越中立山会小女語第七」などにより観音信仰がうかがわれ、さらに『梁塵秘抄』[8]の歌謡にも、立山は観音の霊場として数えられているように、立山地獄に墜ちた亡者は、地蔵菩薩や観音菩薩が衆生の救済者として現れるものと考えられていた。

やがて立山には、これまでの死後供養と滅罪を願う地蔵信仰に加えて、十三世紀初め以降、新たに阿弥陀を念じて極楽に往生を願うという阿弥陀信仰が入り込み、地蔵信仰と阿弥陀信仰の二重構造がみられるようになった。強烈な印象を与える地獄の存在が、地蔵の登場を促し、地蔵の登場が必然的に弥陀を呼ぶに至ったのではないか。そして立山の本地仏は地蔵とともに弥陀となり、やがて立山は、『神道集』「越中国立山権現事」に記されているように十二光仏に例えられ広大無辺の功力があると信じられるようになったのであろう[9]。

かくて地蔵から阿弥陀へと転回する立山の信仰景観は、十二世紀前半頃には、『今昔物語集』巻十七の霊験譚にみられるように、末法の菩薩としての地蔵の代受苦を説くに止まっていた立山の周辺に、十三世紀初頭頃には阿弥陀による西方往生を説く、本来の天台浄土教的な環境が整ってきたことを示唆している。鎌倉時代に入ると末法思想の影響を受け、十二世紀以降の地蔵、そして観音、加えてそれ以上に阿弥陀如来の存在が優位を占めるようになったのである。

地蔵信仰から阿弥陀信仰への転回については、『峰中秘伝』(10)に記された「夫地獄ト者胎蔵界ナリ、（中略）胎蔵界ニ阿弥陀御坐ス也、我ヲ引導シ玉フ事ハ西方ノ阿弥陀也。其源ヲ尋ルニ西方ハ地獄ノ中第一也」との文言から、阿弥陀が出現する理由をみることができる。

地獄を有しているのは実は胎蔵界であり、地獄こそ阿弥陀を生んだ母であるとする。古来、立山は地獄の山であるゆえに阿弥陀が出現するのである。それゆえに、立山山中に入り懺悔滅罪した修験者が阿弥陀如来の導きのもとに寂光土に宿るというのである。地獄の山、立山に阿弥陀が出現するのは当然なことと思われるのである。地獄の山として知られてきた立山に、新たに阿弥陀の山の性格が付与されることとなったのである。

こうした立山の信仰景観を背景に、十巻本『伊呂波字類抄』「立山大菩薩」の「顕給本縁起」にみられるように、阿弥陀如来の示現による立山の開山縁起が作られたのである。江戸時代中頃に成立した立山曼荼羅には、立山地獄谷において滅罪儀礼とともに懺悔と贖罪が行われ、この滅罪を経て初めて、浄土山から二十五菩薩の来迎にあずかり、やがて立山山頂の雄山の本地仏、阿弥陀如来に救われる場面が描かれてくるのである。

しかし上記のように、立山信仰においては阿弥陀信仰が大きく関わってくるが、立山山中、室堂や玉殿窟の信仰遺物のうち調査で確認されている石像物四一点をみる限り、圧倒的に多いのは鎌倉時代、遅くとも十四世紀の造立になる地蔵菩薩像を含めた二一点であり、阿弥陀如来像はわずか一点に過ぎず、それも十五世紀前半頃の造立になるものである。(11)このことは、阿弥陀信仰の対象である西方浄土はきわめて観念的あり、罪障による堕地獄からの救済を願う庶民にとっては、現実的対応として地蔵菩薩像の寄進という宗教行為に拠らざるをえなかった、ということを示すことによるものであろうか。

ところで、加藤基樹が紹介した江戸期、享保十(一七二五)年の銘をもつ「立山来迎仏」の図像がある。(12) 図像には、阿弥陀三尊が描かれており、立山山頂付近に現れた自然現象(ブロッケン現象)に啓示を受け、その状況を絵画化したものであろうという。立山信仰における阿弥陀信仰は、いわゆる浄土教を布教する僧の説いた観念的な阿弥陀信仰とはひと味異なったブロッケン現象という自然を、阿弥陀の来迎に見立てて拝む信仰もあったということを紹介しておきたい。

註

(1)『宝物集　閑居友　比良山古人霊記』『新日本古典文学大系40』所収(岩波書店、一九九三年)六七～六八頁。
「まことにさやうにと覚ゆる事ども侍り。越中国立山の地獄より、近江の国愛智《えち》の大領《だいりょう》のむすめの、山伏につけて親のもとへことづけして侍りけるは。およそ、この地獄の苦患《くげん》、絵にかき、たとへをとるも。百千万のなかに一ぶんにをよぶべからず。」
この地獄の描写は、『法華験記下』の一二四、『今昔物語十四』の七に酷似している。また、『今昔十七』の二十七、『三国伝記九』の二十四、『地蔵菩薩霊験記』六の四も同類の説話である。

(2)「地蔵講結縁の人にかはりて苦を受給事」立山地獄「地蔵菩薩霊験記絵巻部分」フーリア美術館(アメリカ)所蔵。『富山県史　通史編Ⅰ　原始・古代』図版3(富山県、一九七六年)。〔参考〕フリア美術館蔵『地蔵縁起絵巻』詞章、久保尚文『越中中世史の研究』(桂書房、一九八三年)一七〇・一七一頁。

(3)『妻鏡　無住』「森尻の智妙坊の変身(牛)譚」『日本古典文学大系83　假名法語集』宮坂宥勝校注(岩波書店、一九六四年）一六九頁。

（4）「第廿　越中国立山権現事」『神道集』巻四（『富山県史　資料編Ⅰ　古代　付録Ⅱ』）三頁。

（5）『富山県史　史料編Ⅰ　古代』（一九七〇年）七五〇頁。

（6）『史跡上市町黒川遺跡群発掘調査報告書』（上市町教育委員会、二〇〇五年）。

（7）『上市町史』（上市町、一九七〇年）九〇二頁。

（8）榎克朗校注「梁塵秘抄」『新潮日本古典集成』（新潮出版、一九七九年）一七七頁。

「験仏の尊きは　東の立山　美濃なる谷汲寺　志賀　長谷　石山　清水　都に間近き六角堂」。観音など霊験あらたかな仏の霊地を挙げている。

（9）「第廿　越中国立山権現事」近藤喜博校訂『東洋文庫　神道集』巻四（角川書店、一九五九年）一二一～一二二頁。

（10）「峰中秘伝」修験道修疏Ⅱ『日本大蔵経』第九三巻（鈴木学術財団一九七六年）五八三～五八四頁。

（11）『平成八年度　立山山上石造物・関連遺跡調査報告書（一）』（富山県［立山博物館］、一九九七年）。

（12）加藤基樹「近世中期における立山来迎信仰に関する覚書」（立山博物館『研究紀要』第一六号、二〇〇九年）一七頁。

第五章　立山信仰にみる救済の論理

第一節　「立山信仰」にみる救済の論理

一　立山にみる「死と生」の思想

立山信仰には、何よりも山そのものに認められた霊異性による「山の神」信仰などの原初的神祇神道ともいうべきもの、あるいは東アジアに起源する「死と再生の観念」をみることができる。

すなわち、①大伴家持の「立山の賦」をみるまでもなく、立山を神体とみ、そこに神々が止住し領有するという考え方、また、②山中を異界視するなかで生まれた霊山信仰、こうした山観と、③雪形による農事暦や神迎え信仰など山麓の人々が日常生活のなかで必然的に関わってきた自然〈立山〉から生まれた遙拝信仰、一方、④平安中期以降、日本の思想界に大きな位置を占めた立山の地獄思想の基層をなす山中他界観、⑤「死霊のゆくえは山であり、山は死出の山に他ならぬ」という心意による祖霊信仰、そして、殊に⑥芦峅寺において、阿弥陀信仰や地獄信仰とは別に、立山信仰の基層に内在する土着の山の神信仰と媼尊信仰、また、⑦縁起に記された「立山開山物語」に登場する熊信仰、⑧霊力や呪力などの霊質が備わり、籠もりによって霊質を賦与される立山山中の霊異と清浄、そして⑨立山信仰の本質とも言える「死と再生」の思想、さらに「擬死再生」の考え方を表徴した布橋大灌頂等々、立山には日本人の自然観を基層にして展開した神道と仏教が習合した世界観から生起した、多様多岐にわたる信仰様態が映し込まれているのである。

ところで、立山信仰を支える立山山麓芦峅寺の人々はどのような思いで立山に向き合い、何を感得したのであろうか。立山の信仰景観を映し込んだ立山曼荼羅をみると、①地獄世界と浄土世界の連続性、②立山登拝の俗から聖への志向性、③山中獅子ケ鼻洞穴の山籠性、そして④布橋灌頂会や媼堂に安置された媼尊に依願した来世往生など、画面全体に「人の生と死」と「堕地獄からの救済」を問うているようにみえる。浄土世界も地獄世界も等しく「人のいのち」を構成する要素である。「生」も「死」も一元的なのである。「生」─「死」─(再生)─「生」の流れ、すなわち熊が死して阿弥陀に変身する、人は布橋を渡ることで生まれ変わる、修験の行者は峰入(山中に籠もる)し、霊験を得て「生まれ変わり」「生まれ清まる」、これらすべて、五来重の言う「命の永遠」を願う「擬死再生」(1)の考えである。こうした考え方は、立山はもとより日本の、さらには東アジアに広くみることができる山岳信仰の古層にある山観であろう。

二　立山信仰にみる救済の論理

立山信仰における救済の論理を一言でいえば、立山曼荼羅の絵解き台本『立山手引草』(2)の冒頭に語られる一文に象徴される。

今、この四幅一面の大画は、高祖先達の思惟により、女人を救わんそのために、色心不二を開示して、我等が心の善悪を、そのまま見る目にあらはせり、心に心を問うならば、などか此に替はるべし、疑いやめて、今、しばし敬礼供養なすならば、この座がそのまま禅定ぞ、立山曼荼羅には立山信仰の総体を表し、女人救済を標榜しているのである。

さらに、絵解きの終わりの文言に「夏には、男子たる者このお山に禅定あらんことを願うなり、女人たちはこの立山の布橋大灌頂に参拝することを願うべし」と結んでいる。この文言の趣意は何であったろうか。芦峅寺衆徒の立山曼荼羅の絵解きによって唱導された「立山の救済のこころ」について整理すると、衆生の男女とも、死後には閻魔王の裁きによって、生前の罪の内容と軽重により地獄に堕ちる、それゆえに男性は、禅定登山による滅罪によって、阿弥陀如来を感得し極楽往生疑いなし。女性は、布橋大灌頂への参詣によって己の罪障を滅罪し、破地獄の円頓戒を受戒し極楽往生疑いなし。なお、女性はすべて血の池に堕ちるものであるが、「血盆経」の功徳により如意輪観音や帝釈天に救済される。さらに、地獄・餓鬼道で苦しむ男女は、善男善女によって施餓鬼供養されて浄土に転生する。というものである。

このように近世後期の立山にみられる救済観は、伝統的な「罪や穢れを浄化滅罪する」という考え方はあるものの、当時の儒学・国学・心学の影響を強く受け、個々人の「善」と「悪」を内観し先非を悔いることで「解脱を得る」という救済の概念も生まれてきたのである。

近世における「救済」の本旨は、堕地獄からの救済ではなく、現世から信心によって直接的に阿弥陀の浄土へと往生することであった。

三　立山にみる罪業と滅罪の論理―「罪障」を祓う論理―

十三世紀初頭以降に展開する滅罪の論理では、立山は地蔵や観音・阿弥陀の止住する山であり、死者の魂が赴く他界であり、さらに立山の地獄から救済された魂が往生する他界でもある、という考え方が前提であった。それゆえに、立山は山中を他界とみなし、登拝して修行する贖罪行為により滅罪をはかり、堕地獄から救済され浄土に往生できることを信ずる宗教的行為を行う霊場であった。立山での滅罪行為は決して観念的な滅罪ではなく、立山山中のいわば特異な山岳景観に裏打ちされた苦行による登拝参籠など、実践的宗教行為である。殊に近世では、立山開山縁起や布橋大灌頂にみられるように「現世を生きることそのものが苦界に生きる」とする考え方がみられ、立山に登拝することによって、この現世を脱して阿弥陀の止住する立山浄土に生まれ変わる、すなわち「魂が浄化される」「生まれ清まる」という日本古来の他界観を色濃くのこしている。また、「女性なるがゆえの罪障」に苦しむ女性救済を標榜する霊場でもあった。

それでは「救済」とはどのような概念なのか。「救済」の概念の前提として、人に罪障をもたらすものは「業」ゆえとした仏教的罪業観がある。平安時代には貴族・僧侶・文化人の罪業観は「自己の内面を占める様々な動機と結果に恐怖心を抱く」という個人の論理であり観念的であった。一方、農民・職人など庶民にあっては、原因としての罪は、個人のみならず、個々人の罪の意識を超えての共同体全体の罪と穢れであり、きわめて具体的・現実的であった。生前の「罪業」を認める論理にもとづくことには変わりがない。いずれにしても救済の意味は、

①死後、地獄に堕ちることなく阿弥陀の浄土に往生できることを希求する「厭離穢土　欣求浄土」という概念である。

②よしんば、現世において犯した罪により地獄に堕ちたとしても、その死者の魂を、生前に行った善根（逆修）や死後類縁者の供養により地獄から救われ、阿弥陀の浄土に往生できることを希求する。

というものである。そのため、読誦修行という実践によりこの「罪障」を祓う論理として、滅罪の論理が登場する。

すなわち、五来重によれば、それは口誦によって滅罪の効果を願うもので、①念仏による滅罪、②法華経による滅罪③真言による滅罪、などが提起されたのである。(3)

1　念仏による滅罪の功力と結果

『往生要集』では「助念の方法」(4)において、「或は一心に彼の仏の神呪を念ずること、一遍すれば、能く四重五逆の罪を滅し、七遍すれば、能く根本の罪を滅す」というように、阿弥陀如来の真言(神呪)の功徳まで説いている。念仏による滅罪の功力によって、現世の幸福と来世の往生が約束されると考えられ、後の庶民の念仏信仰に大きな影響を与えた。庶民の念仏信仰は、現世の幸福と来世の往生の約束は直接念仏の力によるというよりも、「念仏によって生ずる滅罪」の結果なのであるという滅罪の論理であり、(5)従って滅罪の量は念仏の量によって決まるのである。

こうした庶民の念仏信仰は、個人の死後の魂の救済というものではなく、きわめて共同体的であり、共同体の一員として救済されるという考えであった。その共同体性をうまく結集したのが融通大念仏であるが、これをもっと具体的にしたのが百万遍念仏である。共同体全体の唱える念仏の相乗的な功力で、怨霊の滅罪をして鎮魂することによって疫病などの災害を止めるというものであった。(6)

立山山麓の宗教村落芦峅寺において、三千仏名会、地元ではズズグリ(数珠繰り)と呼ばれている念仏儀礼が、現在も村の婦人会の人々によって春の彼岸中日に閻魔堂で行われている。なお古老の伝承によると、昔は彼岸の七日間にわたる大法要であったという。千体仏に厳修し、木魚をたたいて三千仏名会経・法華経を読誦し、礼拝・ぬかずきをする、いわゆる五体投地で、立礼の後に座って両掌を前上に向けて叩頭する。その後、百万遍念仏を口誦しながら大数珠を繰るのである。(7)

2　法華経による滅罪の功力と結果

法華経による滅罪とは、一つに現世の不幸や災害の原因となる罪と穢れを除くことであり、もう一つは死者の罪を滅してその死後を安楽ならしめ、すすんで浄土に往生させることである。また、その死者の罪のために起こされるかもしれない現実の厄災を除去することでもあった(8)。

ところで、日本における法華経信仰は山岳信仰と深く結びついており、山岳修行そのものが、苦行による滅罪の実践であった。持経者（山岳修行者。奈良時代には既に現れていると言われる）は、法華経を理解するのではなく、法華経を書写したり読誦したりすることが山岳修行そのものであり、論理と信仰は異なるものと考えていた。ここに山岳修行を旨とする山岳信仰と法華経の滅罪信仰が結合したのである。平安時代の初期から中期までの持経者の伝記を集めたのが『本朝法華験記』で、そこにはいろいろな苦行と山籠もりと捨身をした「法華経の行者」の話が語られている。

法華経や観音の護持による滅罪の実践については、『今昔物語集』の立山地獄に関連する説話として次の三話が収載されている（巻第十四）。

①「越中国書生妻堕立山地獄語第八」（法華経千部の書写）
我レ此レノ功徳ニ依テ地獄ヲ離レテ忉利天ニ生レヌト云テ、
②「修行僧至越中立山ニ会小女語第七」（法華経書写と観音菩薩の助け）、
我レ威力観音ノ御助ニ依テ、立山ノ地獄ヲ出デテ忉利天ニ生レントゾ告ゲタル、
③「越中国僧海蓮、持法華知前世報語第十五」（立山や白山に詣でた海蓮の法華経読誦）

汝ジ前生ノ報ヲ観ジテ、古ク法花（華）経ヲ讀誦シテ、菩提ヲ可期シ、

そもそも、山岳信仰と法華経の滅罪信仰とが結合する事例は「如法経」修行にみることができる。「如法経」修行とは、持経者はその苦行を通して、自分の滅罪とともに、信者や共同体のための身代わりとなる代受苦による滅罪もする、というものである。この修行に際しては、厳重に不殺生（生臭を食べない）、不邪淫（女性を近づけない）、別火精進）、不偸盗、不妄語、不綺語（無言の行をする）などの戒律をまもり、精進潔斎しながら法華経の写経をしなければならない。(9)

立山における如法経修行の例では、寛喜二（一二三〇）年三月十一日に、御経聖人頼禅が立山禅定修行において帝釈天像を山中に奉納したことが最も古い記録である。この像の腹部には、「御身之中　奉納一日書写　如法経六部　如法経為六道衆生　六日開眼開題　独行一千日」と刻まれている。発願は六道に迷う衆生のためで、精進潔斎や料紙・筆などを対象にした作法（「如法経現修作法」）を済ませた後、法華経を一日一部ずつ、六日間毎日書写し、それを本像の内に籠め、本像の開眼供養と写経文の開題供養を執り行ったと読める。(10)

十一世紀以降、地獄谷を聖地とする登拝信仰が盛んとなるのに伴い、劔岳は地獄の針の山に見立てられ、遙拝の対象となった。この劔岳信仰は法華経の護持を祈願した信仰で、修行者・修験者の不動明王を信奉する信仰と重なり合うものであり、密教のなかでも山林抖擻を重視する東密系、すなわち真言系の流れに位置する信仰である。大岩の地の巨石に不動明王を刻み、山中回峰修行を行う修行者や修験者たちがこの地を拠点として活動していたのである。

なお、如法経書写の修行については、既に奈良時代にあったことが『日本霊異記』下巻第十話にみえ、牟婁沙弥という私度僧が六ケ月の如法経書写をしたとある。(11)

この如法経写経は多く修験道の山で行われたもので、硯水を毎日山上湖まで汲みに行く修行もあったらしい。「法

華経を　わがえしことは　薪こり　菜つみ水くみ　仕えてぞ得し」[12]と古歌にも記されている。すなわち法華経を読むというのは、理解するものではなく、実践し苦行することだ、というのである。

立山の場合は、室堂の窟（現在の玉殿窟など）に籠もり、立山の室堂平にある「みくりが池」（神仏の食事を賄う「御厨」であるとも言われる）あるいは「みどりが池（「水取りの池」ではなかったかともいわれている）」の水を汲んで硯水とし、法華経を書写したのであろう。地獄谷の上の帝釈嶽（別山）頂上にある小さな池には「硯ケ池」の名があり、江戸時代の絵図にも描かれている。

富山県埋蔵文化財センターが平成二十二年度に行った立山・黒部山岳遺跡の調査によると、別山山頂遺跡から須恵器や珠洲焼きの壺破片、鉄製品・銅製品の破片、和鏡・銅懸仏・鰐口とみられる鉄板状品などの佛具、銅刀装具・鉄刀装具・開元通宝など銭類等の奉納品、角（和）釘・鉄扉金具などの建築関連部品等々など採集遺物の総量は三八〇点に及び、立山のなかでは量や種類が最も多く、遺物の時代も九世紀末から近世にまで及ぶという。[13]なお集石や角釘の分布、鰐口や鉄扉金具の遺物からこの別山山頂に祭祀のための祠の存在がうかがえる。多くの行者で賑わう立山修験のメッカであったのだろうか。

さらに、立山は、十六世紀には、越中を代表する六十六部廻国納経の納経所として知られていた。六十六部廻国納経とは、一国一ケ所、その国を代表する霊地に法華経八巻一部を奉納しながら、全国六十六ケ国を巡歴することである。平安時代の法華経持経者・勧進聖など諸国巡歴と如法経書写や埋経の風潮とが合体し、西国巡礼など諸巡礼の影響のもとに成立したという。六十六部廻国納経を証する資料としては、立山関係では、①雄山頂上付近発見の大永四（一五二四）年の銘銅製納札残欠、②立山町日中経塚出土の大永五年の銘銅製経筒、③立山町松倉経塚出土の享禄五（一五三二）年の銘金銅製経箱残欠、④永禄六（一五六三）年の金銅製経箱残欠などがある。[14]さらに江戸時代に入るが、貞享三(一六八六)年四月八日付「立山寄付券記」に、伊豆国田方郡安久村椙沢弥左衛門、武州江戸菊坂町豊左衛門・同吉三郎が、六十六部供養として不動明王尊像を室堂に奉納していることが記載されている(15)。

このほか、法華経の滅罪のうち、女人の穢れを除くための女人成仏儀礼がある。女人の罪や穢れを除いてまず男に生まれ変わり(「変成男子」)、それから成仏するというものである。近世において立山山麓芦峅寺では「変女転男」の護符が摺られ、血盆経札として諸国檀那廻りにおいて頒布されていた。袋包みにした護符の表には「奉納血盆経一千巻　血脈　円頓戒破地獄秘法」、裏面には「血盆経会大導師　変女転男　伝燈阿闍梨行識」と板木で摺られ、血脈の文字の上には梵字「キリーク」(阿弥陀如来)、その上に朱印が捺してある。

3　真言による滅罪の功力と結果

一般に真言と密教は同じものと思われがちであるが、民俗的な庶民信仰では真言すなわち陀羅尼は呪術宗教であり、一種の世界観あるいは哲学である「密教」とは異なるものである。密教教理などは、働く庶民には理解できるはずもないから、庶民信仰の立場からいえば、滅罪・除災・招福・豊穣などの効験さえあれば、教理や哲学はどうでもよいということになる。わが国の庶民信仰では、光明真言は、念仏とおなじく死者菩提のために唱えられたり書かれたりしてきたものであり、真言の呪力で、亡者の生前の罪をほろばし、地獄から救い出してもらおうというものであった。葬送のとき亡者に着せたり棺に入れたりする経帷衣には、一面に各種の滅罪真言が書かれることもある。立山山麓芦峅寺においても、江戸時代、経帷衣に真言を板木で摺り込み頒布していた。また棺にかける「曳覆《ひきふく》曼荼羅」という紙袈裟もあり、これも「随求陀羅尼」の文言が一面に書いてある。

仏教儀礼に施餓鬼法要というものがあるが、これは新亡者(新精霊・新仏)の生前の罪を滅ばすために行うのである。そこでは滅罪真言や破地獄真言（滅悪趣真言）が唱えられ、亡者の位牌に水をかけ、また、「流れ灌頂」あるいは流水灌頂といって、戒名を書いた経木塔婆を川に流してその罪を洗い浄め、雪ぐものである。芦峅寺では近年まで、墓地の横を流れる媼堂川の縁に野菜や魚・肉を供え、滅罪真言や破地獄真言が唱えられたという。平生の墓参に当たっても、石塔に水をかけるのが亡者の罪を浄めるものであり、施餓鬼法要の一種であるといわれている。

このようにみてくると、立山では山上山下を通じて、来世往生の欣求や堕地獄からの救済行為として、法華滅罪と真言滅罪と念仏滅罪の儀礼が行われていたことがうかがわれる。

註

（1）五来重「布橋大灌頂と白山行事」（高瀬重雄編『白山・立山と北陸修験道』名著出版、一九七二年）一五八頁。

（2）『立山手引草』岩峅寺延命院蔵、「立山手引草」（仮題）。原本には題名なし、末尾に「于時嘉永七寅年三月下旬　写之、延命院玄清書」と記されている。現代語訳は、林雅彦「立山曼荼羅絵解き」（『立山曼荼羅を聴く』富山県［立山博物館］、一九九四年）による。

（3）五来重「庶民信仰における滅罪の論理」（『思想』六二二号　一九七六年）四三九〜四五〇頁。

（4）『源信　往生要集』（原典日本仏教の思想4）（岩波書店、一九九一年）巻中一四三頁。

（5）五来重「庶民信仰における滅罪の論理」四四一頁。

（6）五来重「庶民信仰における滅罪の論理」四四二頁。

（7）芦峅寺の古老の伝承。

（8）五来重「庶民信仰における滅罪の論理」四四三頁。

（9）五来重「庶民信仰における滅罪の論理」四四六頁。
（10）加藤基樹「銅造男神立の銘文を読む」（『富山県［立山博物館］特別企画典図録 立山と帝釈天』富山県　二〇一三年）。
（11）出雲路修校注『日本霊異記』（『新日本古典文学大系30』岩波書店、一九九六年）下巻第十話。
『日本霊異記』は日本最古の仏教説話集。景戒著。弘仁十三（八二二）年ころの成立。

「法《みのり》の如く写し奉る法華経火に焼けぬ縁《ことのもと》　第十」に、牟妻沙弥《むろしゃみ》が法華経書写の行を行ったことを記している。「牟妻沙弥は榎本氏なる。髪を剃《そ》除り、袈裟を著《き》、俗に即きて家を収めて産業《なりはひ》を営む。法の如く清浄《きよまは》りて法花経一部を写し奉らむと願を発し、専自《ひとり》書き写したてまつる。大小の便利牟妻沙弥ごとに洗浴《かはあ》み身を浄め、書写の筵に就きてより以還《このかた》、六箇月を経てすなはち繕写《うつ》し終畢《おは》り、供養の後に漆を塗れる皮筥《かはこ》に入れたてまつり」とある。（下巻　第十縁　一四三頁。）
（12）五来重「庶民信仰における滅罪の論理」四四七頁。
（13）『立山・黒部山岳遺跡調査報告書』（富山県埋蔵文化財センター　二〇一六年）三五頁。
（14）京田良志「立山と六十六部納経」（『富山史壇』第五九・六〇合併号、一九七五年）五〇頁。
（15）「奉納越之中州立山絶頂宝蔵一軸　加州金沢浄安寺十二世心誉頓冏」『越中立山古文書』（岩峅寺文書　一三八番）（国書刊行会、一九八二年）二二〇頁。

第二節　霊場立山における女性救済の論理と実践

一　血盆経信仰と血の池地獄

十世紀に中国で成立し、十四世紀末から十五世紀頃、室町時代に日本に伝来したといわれる『血盆経』[1]は、不浄観による堕地獄から女性を救済するものとして、血盆経の書写・転読などにより追善供養が営まれ、寺院では血盆経を池や川へ、立山では血の池に投げ入れることによって女性たちの往生を祈願したのである。

古来、日本における罪の認識は、恵心僧都源信が著した仏教経論書『往生要集』(寛和元〔九八五〕年成立)のなかで説いた罪の認識、すなわち人が生前にある罪を犯したがゆえに、その罪に応じた罰を地獄で受けるという因果応報的・懲罰的なものであった。しかし、十五世紀に中国から伝来した血盆経信仰では、『往生要集』にいうところの個人の犯した罪によって地獄に堕ちるのではなく、身体から流した血で諸神・諸仏を穢したがゆえに血盆(池)地獄へ堕ちるとされており、女性であれば避けえない血の穢れに重点が置かれている。近世に入ると、この「いわれなき女性の罪業観や不浄観そして堕地獄による苦しみ」という観念的な認識から、徐々にではあるが、日常生活上から生ずる様々な苦しみ・悩み・困惑などによる現実的な認識に置き換わっていったと考えられる[3]。

ところで、立山曼荼羅のなかに描かれた血の池地獄の図柄に注目してみると、図柄の上部に真っ赤な血の池が描かれ、その池に堕ち、ここで溺れ苦しむ女性の亡者の姿、「血盆経」投げ入れの場面、そして、血の池に生え出る蓮の台に坐す如意輪観音によって女人たちが救済される場面が描かれている。なかでも立山曼荼羅『宝泉坊本』や『吉祥坊本』には、血の池に投げ入れるべく木版摺りの血盆経紙片を手にした女性、池の傍らに立つ如意輪観音や僧が描かれている。立山では、登山者は入山に先立ち山麓の宿坊で血盆経を二枚（一紙の大きさ、三九・二×二八・三㎝）買い求め、一枚は血の池に納め、一枚は家へ持ち帰り、家内の女性の死に際してお棺に納めれば、死者の極楽往生疑いなしと信じられていたという。なお立山の布橋大灌頂は、死去した縁者とともに、女性自身が血の池地獄を逃れ、浄土往生を祈願する血盆経信仰と結びついた儀礼でもあった。

ところで、立山山中の〝血の池〟の様子については、『越中道の記　立山』[3]には「又血ノ池トテ血シホヲタタヘシ池有、是女人月水産穢ノ集ル池ニシテ如意輪菩薩立玉フ」、「血ノ池地獄、是ハ赤色ノ水ナリ、前ニ云如ク婦人月水ノ寄所、坊間ヨリ血文（ママ）経ヲ貫、此池へ流ス事ナリ、此所ニ六観音堂有、鐘有、参詣人ツクナリ」、『立山遊記』[4]には「次第ニ東北ニ回レハ血ノ池ニテ終ル、此ニ至リテ岩峅寺ニテ僧ノ授ル血盆経ヲ池中へ没（投）入ルコト也、（中略）登山ノ者日々血盆経ノ紙ヲ投ル故、今ハ池モ埋レ甚浅シ、此処ニ高サ二尺斗ノ鐘二ツ有、寛政ノ銘字有リ」と書き留めている。

また、血の池のほとりの堂については、元和七（一六二一）年十一月の年紀のある『末社因縁書上帳』[5]に記述された「谷之地獄堂有、九尺四方ニテ御座候」、「一、ちの池と申而、一間四方也、是は女の血ふんきゃう（血盆経）納堂ニ而御座候」をはじめ、『奉納一軸写』[6]には「一　血ノ池堂　氷見町仁兵衛」、「一　血池如意輪観音　江戸牛込御納戸町講中サクハンヤ六兵衛」、「一　血ノ池地獄ノ鐘壱ツ、下新川郡舟見町大工清兵衛」、『越中道の記　立山』には「此所ニ六観音堂有」との記述があり、地元はもとより江戸の檀家からの奉納があったことがわかる。また寛政十（一七九八）年の佐藤季昌『立山紀行』[7]には、「血の池はまのあたり千しほの水ぞしたたる。実や、この閻浮提に数多の地獄あり」と記されている。

ところで「血盆経」を買い求めたことは紀行文にもしばしば記されている。宝暦十（一七六〇）年に立山に登拝した池大雅は『三岳紀行』(8)に、「百五十文　御初穂三人分」「二十六文　血盆経」と記し、文政六（一八二三）年の尾張藩士某の『三の山巡』(9)には、「経文の書たるもの出し、地獄にて血の池へ入れよと云、一枚三文づつ」、天保十五年の金子盤蝸の『立山遊記』には、「（岩峅寺において）僧ヨリ半切ニ血盆経ヲ印シタルト、又小符一枚ヲ渡ス」(10)、「岩峅ニテ僧ノ授クル血盆経ヲ池中へ投入ル事也」(11)と記されている。

また、前記の元和七（一六二一）年の『末社因縁書上帳』からみて、この頃には、血の池に血盆経を納めるという慣行が成立していたことがわかる。また、この頃には、血盆経が岩峅寺や芦峅寺で摺られ、廻壇配札において頒布していたものと思われる。現在、芦峅寺に多くの血盆経板木が遺っている。宝泉坊の慶応四（一八六八）年の「宝泉坊廻檀日記帳」には、「四ツ谷福田屋新兵衛分　血盆経請取　弐百本」、「長沢屋分　血盆経請取　弐百本」、「渡辺様　血盆経請取　八十本」の記録がある(12)。なお幕末には、篤姫（徳川十三代将軍家定の御台所）や皇女和宮（徳川十四代将軍家茂の御台所）もこの血盆経信仰により立山信仰に帰依しているのである(13)。

なお、管見のなかで最も古い立山の血盆経の頒布資料は、慶長末か元和頃（一六一五～二四）に、前田利長の夫人玉泉院が岩峅寺延命院から入手したとされているものである(14)。

「血盆経」は、女性なるがゆえに避けえない血の穢れを祓うお経として信仰されたのである。しかし、日本版「血盆経」の内容は、近世へと時代を経るにしたがって多少変質していく。伝来当初の頃の「血盆経」では、伝統的な女性の不浄観や罪障観と結びついて、血の池地獄は出産の血の穢れゆえに女人が堕ちてゆく地獄とされたが(15)、近世に入ると、出産の血のみならず月水による穢れゆえと語られるようになり、さらには女性であればことごとく、月水の穢れゆえに堕ちていくのだとされ、血の穢れゆえに成仏できないとされた。「血盆経」に対するこうした思想は巷にも喧伝され、岡崎藩士尾崎六三郎が施主となって立山の血の池に納める血盆経の書写を勧める「勧請文」(16)によってもうかがうことができる。

夫《それ》女人の罪の深きこと数多《あまた》の諸経論に説かせ玉へり、中《うち》にも血盆経地獄とて俗にいふ血の池の地獄は女斗《ばか》り堕るなり、貴も卑きも一度女身を受る輩《ともがら》は月に七日の不浄日あり、年に八十四日、一生之内順流《しゅんりょう》する事三十三年、其間に積もれる穢水《けいすい》三石六斗、是を地に捨れば地神を汚す、川に捨れば水神を汚す、志かのみならず、産時汚穢《おえ》の衣装洗たくせし、又は巡り巡りて井水に入り、夫とも志らず供物をし調ひ神に献し仏に供えて我知らずして神仏を汚すこと又日々なり、

「血盆経」信仰の信仰形態について、武見李子は、①御符（厄除け、安産祈願、不浄除けなど）、②死者供養のための大施餓鬼血盆経法要の血盆経投げ入供養、『血盆経』の納棺、③往生祈願として、立山における布橋大灌頂法要と「血盆経」の写経を挙げている。(17)なお、「血盆経」による女人救済儀礼が行われていることが知られる霊山には、立山・草津白根山・恐山といった山があり、古来山岳信仰の中心をなす山であり、その山中に他界ありとして知られていたところである。

中国伝来の「血盆経」にいうところの血盆（池）は、殊に立山山中においては、先掲した道中記に「血シホヲタタヘシ池」「此ハ赤色の水ナリ」とも記された赤く血色をした池である。池の水が酸化鉄を含んで血の色をしているので「血の池」と呼ばれ、血盆経信仰にリアリティを与えている。おそらく立山の血盆経信仰は、山中に他界（地獄と浄土）があるとする日本の伝統的な他界観と女人禁制にみられる女性に対する不浄観が、血の穢れゆえに女人地獄に堕ちるとする中国伝来の「血盆経」にみられる穢れ観とが習合したものであり、こうした血の池地獄に堕ちた女性を救

済するべく、如意輪観音に帝釈天をも加えた強力な救済力をアピールする立山独自の帝釈天信仰を生み出したものであろう。

二　救済者としての如意輪観音と帝釈天

現在確認されている立山曼荼羅五〇点のうち、山絵図及び名所案内図などを除いた四〇点に血池地獄の場面が描かれているが、描写は立山曼荼羅の諸本によって多少異なり、

a血の池のみを描いたもの（七点）
b血の池に堕ちた女性のみを描いたもの（一一点）
c血の池に堕ちた女性と蓮の台に坐した如意輪観音を描いたもの（一二点）
d血の池に堕ちた女性と僧を描いたもの（二点）
e血の池に堕ちた女性と蓮の台に坐した如意輪観音・僧を描いたもの（一点）
f池に堕ちた女性と血盆経片が浮かんでいる血の池、それを見守る帝釈天・如意輪観音・僧侶の場面を描いたもの（七点）

に大別できる。

c・e・fの二〇点に如意輪観音が描かれており、立山山中の血の池に堕ちた女性を救済する仏は如意輪観音であることを示している。

立山曼荼羅に類似する場面が描かれた『武久家本　熊野観心十界図』では、仏を如意輪観音とみなし、血の池から

女性を救済するために授けた一枚の文書は、女人救済の経すなわち「血盆経」であるとしている[18]。また、前掲の『立山手引草』に「今ニ血盆経ヲヨミ供養スレバ、八万四千由旬ノ血ノ池、清浄成、蓮華ノ池トナリテ、其蓮台ニ座シテ天ニノボリ、ツイニ往生スルトナリ」と記し、さらに「此レ等ノ地獄ニ堕ル罪人ヲ救ヒ玉フハ、何カナル仏ソト尋ヌルニ、諸仏菩薩ノ大慈大悲ハ替ワラセ玉ワネド、此ノ血ノ池ニ立玉フハ如意輪観音ナリ」とあることから、救済者は如意輪観音であり、女人は救済されて蓮台に坐すことを示唆しているのである。

立山山中における如意輪観音像は、前掲の「立山寄付券記序」に「一　血池如意輪観音　江戸牛込御納戸町講中サクハンヤ（左官屋）六兵衛」と記されており、宝暦十二（一七六二）年頃に江戸牛込御納戸町の左官屋六兵衛が寄進したものである。また、立山山麓岩峅寺の玉林坊に、立山山中にあったと伝えられる如意輪観音坐像が存在している。なお、芦峅寺中宮寺の中核をなす媼尊信仰も、媼尊は女体であり、年老いた母のイメージを帯びており、また、片膝を立てたその姿は、如意輪観音とも重なるものである。

それでは、fの場面にみられる帝釈天とは、血の池に堕ちた女人の救済者なのであろうか。かつて芦峅寺には帝釈天を祀る帝釈堂があった。天正十八（一五九〇）年に、「従大納言様、中宮媼堂、同橋、帝釈堂、大黒堂、閻魔堂、仁王門、講堂、水之堂、鐘楼堂、大宮・若宮・佐伯宮御修理被為成下、其刻、前田五郎兵衛様より被仰渡[19]」とみえ、芦峅寺媼堂の脇に加賀藩の普請によって建立された「帝釈堂」において帝釈天が祀られていたことがうかがわれる。芦峅寺一山会文書の「諸堂勤方等年中行事外数件[20]」に帝釈堂の勤方が記されている。

芦峅寺中宮域には、山の神を祀る媼堂、衆生の善悪を裁く機能を有する閻魔堂を祀る。また、世界の善悪を察知し、善を勧め悪を懲らす帝釈天を祀る帝釈堂が建っていた。いずれも立山信仰の中核をなすものである。帝釈堂の建立は祖母堂・地蔵堂・炎魔堂が建立された南北朝期と考えられる。寛喜二年（一二三〇）銘の銅像帝釈天立像（国指定重要文化財）は芦峅寺帝釈堂の安置像であった可能性が高く、室町時代以前の作とみられる木造帝釈天立像（いずれも富山県［立山博物館］蔵）とともに、立山における帝釈天信仰のすがたを示してくれる。

しかし、中世には帝釈天と女人救済が関連していなかったようにも思えるが、『法華験記』下や『今昔物語集』巻十四においては、立山地獄に堕ちた女性は、法華経の功徳により帝釈天の止住する須弥山世界の忉利天に往生する「忉利天転生譚」が説かれている。『古今物語集』巻十四においては、立山地獄に墜ちた女性は、法華経の功徳により忉利天の止住する須弥山の頂上にある忉利天に往生するという「忉利天転生譚」が説かれている。この「忉利天転生譚」では、忉利天は、蛇・鼠などの畜生や女性が法華経の功徳によって転生するところとされること、また忉利天に止住する帝釈天が、嫉妬の故に両部地獄に墜ちた女性を救済するということから、近世の立山において帝釈天と女人救済が関連づけられ、立山曼荼羅に描かれたように、本来地獄を司る冥官である帝釈天が立山地獄に投影され、「血盆経」にいうところの血盆（池）地獄に堕ちた女性を救済する仏として登場させたと考えられる。

幕末の文久年間（一八六一～六四）になると、岩峅寺による出開帳の際の霊宝として「別山帝釈天王壱体」が披露されている。なお、滑川市堀江には立山浄土山山頂に出現したという伝承をもつ帝釈天像があることを、ここに付記しておきたい。

註

（1）川村邦光「女の地獄と救い」『女と男の時空　日本女性史再考Ⅲ　中世』（藤原書店、一九九六年）四九頁。「血の池地獄は、血盆経にもとづいて創出された女の地獄である」。

（2）米原寛「近世以前における女性と救済の論理」（『富山県［立山博物館］特別企画展図録　立山と帝釈天』富山県［立山

博物館」二〇一三年）二一頁。

（3）『越中道の記　立山』（天保十二年六月）五来重編『修験道史料集Ⅰ』（名著出版、一九八三年）五四四頁・五四七頁。

（4）金子盤蝸『立山遊記・立嶽登臨圖記』（桂書房、一九九五年）三〇頁。

（5）『末社因縁書上帳』（『立山町史　上巻』一九七七年）七〇五頁。

（6）「奉納越之中州立山絶頂宝蔵一軸　加州金沢浄安寺十二世心誉頓冏」『越中立山古文書』（岩峅寺文書　一三七番）（国書刊行会、一九八二年）二一〇頁。

（7）佐藤季昌『立山紀行』（寛政十年）橋本龍也編『越中紀行文集』（『越中資料集成10』）（桂書房、一九九〇年）四四九頁。

（8）池大雅『三岳紀行』（宝暦十年）（『富山県［立山博物館］特別企画展図録　霊山巡詣』一九九五年）一一頁。

（9）尾張藩主某『三の山廻《みつのやま》』（文政六年）橋本龍也編『越中紀行文集』（『越中資料集成10』桂書房、一九九四年）五八二頁。

（10）金子盤蝸稿『立山遊記』（解読校注正橋剛二『立山遊記・立嶽登臨圖記』（桂書房、一九九五年）一八頁。

（11）金子盤蝸稿『立山遊記』（解読校注正橋剛二『立山遊記・立嶽登臨圖記』（桂書房、一九九五年）三〇頁。

（12）宝泉坊「宝泉坊廻檀日記帳」（慶応四年）、福江充『近世立山信仰の展開』（岩田書院、二〇〇二年）三三一～三三三頁。

（13）福江充「芦峅寺宝泉坊の江戸での檀那場形成と立山信仰の展開」（富山県［立山博物館］『研究紀要』第一六号、二〇〇九年）。
尚、福江充『近世立山信仰の展開』第八章「芦峅寺宝泉坊の江戸の檀那場での血盆経唱導」において詳細な分析による血盆経信仰の実態を明らかにしている。福江充『近世立山信仰の展開』四一〇～四二一頁。

（14）『越中立山古文書』（岩峅寺文書　二九番）一七〇頁。

（15）川村邦光「女の地獄と救い」四九頁。

(16) 金子盤蝸『立山遊記・立嶽登臨圖記』付録一「立山と女性の登山覚書」一一四頁。
(17) 武見李子「地獄思想と女人救済」『図説日本仏教の世界⑤ 地獄と極楽』(集英社、一九八八年)五六頁。
(18)『社寺参詣曼荼羅』大阪市立博物館企画展図録(大阪市立博物館、一九八七年)。
(19)『越中立山古記録』第三巻(立山開発鉄道、一九九一年)八〇頁。
(20)「諸堂勤方等年中行事外数件」『越中立山古記録Ⅳ』(立山開発鉄道、一九九二年)一七頁。

第六章　布橋大灌頂、そのカタチと思想

第一節　布橋大灌頂の起源と変遷

はじめに

江戸時代、立山信仰の拠点集落である芦峅寺では、一山衆徒の主催で、毎年秋の彼岸中日に布橋大灌頂が執行されていたが、明治初年の神仏分離令により執行されなくなった。しかし、平成八年九月、国民文化祭のイベントの一つとして、布橋灌頂会が百三十六年ぶりに再現された。その後、平成十七年、十八年、二十年、二十二年、二十三年、二十六年と開催され注目を集めた。平成二十三年には日本ユネスコ協会から未来遺産に登録され、二十六年にはサントリー地域文化賞を受賞し、一躍、日本山岳信仰の重要な宗教民俗遺産となったことを、まずはじめに記しておきたい。

一　布橋大灌頂の起源

布橋大灌頂の起源については、これまで中世起源説や近世起源説が唱えられてきたが、いまだ明確ではない。布橋を舞台として執り行われる儀式は、その形態や理念は江戸時代を通して変遷を重ねており、「布橋大灌頂法会」という儀式の名称は、文政期（一八〇四～一八）の龍淵の影響によるものと福江充は指摘する(1)。従って変遷する布橋大灌頂の起源については、原初的な「橋渡り」から検討する必要がある。

慶長十九（一六一四）年八月、加賀藩初代藩主前田利家夫人芳春院と二代藩主前田利長夫人玉泉院が、芦峅寺中宮媼堂参詣のため逗留し、橋渡りをしたという事実はよく知られているところである。

慶長十九年八月、芳春院・玉泉院様、中宮姥堂江御参詣被遊御逗留、姥御宝前之幡天蓋膝付御召衣被仰付、御宝前之橋に布橋を掛、御渡り被成候御事(2)

芳春院・玉泉院の二人は、媼堂西側を流れる媼堂川に架かる橋に布を掛け渡した「布橋」を設え、幡天蓋により儀式の舞台を荘厳し、自らはそのための「膝付御召衣」を着て橋渡りしたのである。「膝付御召衣」とは、着丈が膝までしかない召衣と思われ、この頃の「布橋渡り」の儀式には後の女人衆にみられるような白装束姿で橋渡りをしていたことが推測される。このときは、徳川氏の質となっていた芳春院が江戸より金沢に帰って（慶長十九年六月上旬）間もない慶長十九年八月、利長夫人玉泉院を誘い、芦峅寺中宮媼堂に参詣したのである。

その目的は、一つに慶長十九年六月二十四日（利長の逝去したわずか十日後）に二十歳で逝去した利家の娘保智姫の冥福を祈るとともに、芳春院・玉泉院の、女性たる自らの往生を媼尊に祈願するためであり、今一つに大坂冬の陣に参陣している三代利常の武運長久を祈願することであったと考えられる。芳春院・玉泉院の芦峅中宮寺媼堂の参詣は唐突の感があるが、おそらくこれまで利長と昵懇の仲にあった岩峅寺延命院との関わりによるものではなかったか。

芳春院・玉泉院が橋渡りした媼堂前の橋の造営については、次に掲げる二点の記録がある。一つは、文政二（一八一九）年四月に掛け替えられた、棟札である。

夫越之中州新川郡下山庄芦峅寺媼堂前布橋者、慶長十一年被命為造営、又寛永元年七月為御再造営之以来連々

矣、

二つには、天保十三(一八四二)年七月の、布橋掛替地鎮供養法要の際の「橋供養札」記録(3)である。

橋供養札之表

(中略)

裏書曰

天正十八年御起立、慶長十一年御再営、寛永元年御掛直、慶安元年橋台石垣等御再営、其以後御再営連々矣、然所橋台石垣令破壊、依之、文政三年辰年御造営、今茲天保第十四卯年再営成就畢、同年七月廿三日衆徒等謹供養、

右之御札供養之上御媼堂内納、

上記の二点の記述から、慶長十一(一六〇六)年に修繕が行われ、寛永元(一六二四)年に架け替えされていることから、当時も重要な橋であったことがわかる。おそらく慶長十一年頃、既に媼堂川に架かる「御宝前之橋」を「布橋」と呼び「橋渡り」の儀礼が行われていたと考えられる。

芳春院・玉泉院が行った「布橋を掛、御渡り」は、此岸(娑婆)から彼岸(山即浄土)に渡る儀礼、すなわち「浄土入」の儀礼であり、〝白装束を着て〟ということは、一旦死んだことにして布橋を渡ることで一切の罪障は消滅して、無病息災を得て、後生の往生を願う、ということを意味している。おそらく、加賀馬場や美濃馬場で行われていた「白山《しらやま》行事」「白山《しらやま》念仏行事」「白山《しらやま》浄土入」あるいは「白山《はくさん》布橋灌頂」が、この頃には既に行われなくなっていたため、芦峅寺中宮媼堂で体験したのではないか。芳春院・玉泉院の「橋渡り」の儀礼は、この後に変容する儀礼の原初形態を示していると考えられる。

二　布橋渡りから布橋大灌頂へ

布橋大灌頂の変遷については、福江充の『立山信仰と布橋大灌頂法会』に詳細に記されているが、ここで改めて関係史料の年次の順に「布橋大灌頂」の要件を整理をしておくこととする。

①享保七（一七二二）年二月、「定（立山大権現祭礼御餉《かれい》米記・立山御媼堂祭礼御餉《かれい》燈明記）」[4]「立山芦峅寺衆徒・社人中」から加賀藩の寺社奉行宛に拝借米の願書が出されているが、この「定」は、それに対して出されたものである。

願書には、芦峅寺の二大祭礼として、大宮・若宮・開山堂の祭礼を含めた「立山大権現祭礼」と「立山御媼堂祭礼」のみを挙げており、このときには「布橋渡り」は「御媼堂祭礼」のなかの「八月彼岸祭礼」に位置づけられ、「布橋大灌頂」は芦峅寺においていまだ形をなしていなかったことをうかがわせる。

②延享四（一七四七）年九月、立山芦峅寺衆徒・社人中から寺社奉行宛の布橋架け直しの願書[5]

「御媼堂御宝前之橋、今般御祭礼布橋之由緒申上候」、「彼岸中日御祭礼ニ而、白布百三拾六反を以、閻魔堂・御媼堂御宝前迄配荘」、「橋前ニ布配両詰ニ而引導師来迎師御渡之勤行仕候」と記されている。

この願書では、白布百三拾六反を以て閻魔堂と御媼堂との間の荘厳を演出するという「布橋渡り」の由緒を述べるに止まり、由来や閻魔堂・媼堂の役割や儀礼の内容が記されていない。「御祭礼」という文言に示されたように、「布橋渡り」は、芦峅寺一山会の「御祭礼」の一つの行事に過ぎず、布橋上での「引導師・来迎師御渡之勤行」儀礼が中心であることをうかがわせるものである。なお、この頃の橋は、「橋前に布ヲ配シ」の文言から、布は祭礼時にのみ敷き渡され、通常は「御媼堂御寶前之橋」と呼ばれており、いまだ「布橋」の名が熟していなかったと考えられる。

③安永八(一七七九)年、芦峅寺日光坊「芦峅媼堂大縁起」(6)

「九品之蓮台現弥陀之浄土、麓女人成仏立霊場、末代濁世凡夫可救請願」、「一百三十六端以白布掛橋、御堂玉之簾鎮金銀欄戸帳錦幕、以綾厳立、橋向閻魔堂、大王之左右十六万由旬、有幡鉾輝天地明也」、「三途迷妄輩、欲此山趣(赴)、奉財施法施成、布橋掛渡、清浄直心之志励、懇志修行、此霊場参詣者諸善行成就、過去久遠昔、得現在之果福、至未来永劫仏果円満菩提、速到彼岸云々」と記している。

この縁起に記されている「女人成仏ノ霊場ヲ立ル」の文言は、この縁起で初めて登場する。芦峅寺衆徒が「布橋渡り」儀礼を行うがゆえに〝芦峅寺が女人成仏の霊場である〟との認識をもっていることを示すものである。「布橋渡り」に「女人成仏」の観念の萌芽がうかがえることは、後の女人救済を謳った布橋大灌頂を考える上で注目すべきであろう。なお、「成仏」とは念仏で滅罪し、滅罪すれば成仏するというのは修験道の用語であり、浄土教にいう往生の概念は弱い(7)。この様な意味合いから、本縁起には修験道の影響が随所にみられるのである。

また、「清浄直心之志励、懇志修行、此霊場参詣者諸善行成就、過去久遠昔、得現在之果福、至未来永劫仏果円満菩提、速到彼岸云々」と、「布橋渡り」儀礼の功徳が記され、「清浄直心の志」をもって「懇志」を積めば、現世利益と死後の往生を得ることができると説いている。ここにおいて「橋渡り」が浄土教的色彩を有していることが分かる。また、「三途迷妄」の輩(一般人)に対して、この山に赴き、「橋渡り」儀礼への参加をも呼びかけている。

④寛政七(一七九五)年、芦峅寺大仙坊の雑用奉加帳「立山御媼尊布橋施主張」(8)

冒頭に、「殊御宝前有二天之浮橋一、此橋言者渡善人而已。」と記している。

本奉加帳では、布橋はいまだ「御宝前有天之浮橋」と称しており、「布橋」は布を懸け渡した橋に過ぎず、後の

「布橋大灌頂」にみられる特異な宗教的概念が定まっていないようである。参詣者は、善人のみ「布橋」を渡ることができるという。ここに「二河白道」の比喩もみられる。また貴賤・男女の隔てなく救われ、さらに媼尊の霊験は、諸国の霊場のなかでもとりわけあらたかであると説く。また死後の往生のみならず、「万民豊楽御祈念」という現世での利益をも説いて浄財寄付を懇志するのである。ここに「布橋渡り」儀礼が一山衆徒の行事に止まらず、宿坊衆徒の檀那場形成、廻檀配札活動の拡大に伴い、「為衆生霊魂成仏法会致執行度処」と謳い、全国に向けて「布橋渡り」儀礼を発信する大衆化の様相がみえてくるのである。

⑤文化二（一八〇五）年、芦峅寺善道坊の雑用奉加帳「立山御媼尊荘厳施主張」(9)

「御前ニ有橋、天浮橋ト号ス。此上ニ秋之彼岸中日ニ三百六十返（反）白布を補、灌頂修行シ、諸人を渡、善悪の軽重如鏡、積善輩三尊之来迎橋上ニ拝ス、極悪之人此橋砕露淵庭況ト見江、善哉御本尊之誓願ニ可度我山（立山）ニ諸縁之衆生五逆重罪之輩難成後生、速ニ上品蓮台往生無疑者也」と記している。

本奉加帳では、「灌頂」の語が初めてみられる。灌頂とは諸仏の慈悲によって仏の教えを悟らせる修験道儀礼のことであり、特に密教では重要な仏事とされた。また「積善輩三尊之来迎橋上ニ拝ス」として、橋上から媼堂の媼尊の来迎を念じ、媼尊の功徳を阿弥陀如来の誓願と重ね合わせて浄土往生的な匂いを漂わせており、一般大衆に受け入れ易く説くのである。ここにも布橋大灌頂の大衆化がうかがえるのである。そして「極悪之人此橋砕露淵庭況ト見江」とあり、極悪の人は橋上より淵に落下するともいって、「二河白道」の比喩がうかがえる。

最後に、この「布橋渡り」は、媼尊の誓願により善悪の軽重を裁き、善を積む輩は橋上で媼三尊に迎えられ「速ニ上品蓮台往生無疑者也」と説いている。なお、「善悪の軽重如鏡」の文言からは閻魔の気配が感じられ、後に布橋大灌頂に閻魔堂が加わる前兆とも考えられる。

⑥文政三(一八二〇)年、芦峅寺宝伝坊「御嬶尊縁起[10]」

「ゑ智乃衆生をわたさんがため、石橋と名附、毎年秋彼岸中日に此橋に百三十六端白布を掛渡シ、極楽浄土の志ゆごん(荘厳)して、西方浄土江往生寿る事無疑者也」と記している。

ここでは、寛政七(一七九五)年の「立山御嬶尊布橋施主張」にある文言「為衆生霊魂成仏法会」や、文化二(一八〇五)年の「立山御嬶尊荘厳施主張」にある文言「上品蓮台往生無疑者」にみられるような「布橋渡り」による滅罪と死後の往生を約束するというこれまでの内容に加え、より阿弥陀の西方浄土への成仏を志向する来迎会的な儀式の傾向が強められたようである。

⑦文政三(一八二〇)年、「立山御嬶尊別当奉加帳[11]　芦峅泉蔵坊」

「然間衆生ノ業苦ヲ悲給、殊女人三従五障ノ罪夫ニ勝故峯ニ詣テ極楽地獄ノ躰想ヲ拝事不レ叶。哀哉我不レ洩女人救ト誓願、秋ノ彼岸中日ニ三百六十反ノ布橋ヲ掛、諸ノ女人ヲ渡可授二三昧耶戒一ヲ。此功徳結縁之輩ハ必悪道ニ不レ随、現世安穏後世證ト二大菩提一云」と記している。

本奉加帳にみるように、芦峅寺一山衆徒は、「布橋渡り」儀礼は嬶尊の女人救済の誓願によるものであり、この功徳によって嬶尊と結縁する者は悪道に向かわず、現世の安穏と後生の往生を約束するものと説いている。また、「殊女人三従五障ノ罪夫ニ勝故峯ニ詣テ極楽地獄ノ躰想ヲ拝事不叶」といい、立山が女人禁制の山であることの趣意を記し、さらに「諸ノ女人ヲ渡可授二三昧耶戒一ヲ。此功徳結縁之輩ハ必悪道ニ不レ随、現世安穏後世證ト大菩提云」と説き、ここに初めて「女人救済」の意図が明確に示されたのである。「女人高野」ならぬ「女人芦峅」の誕生である。なお、「授二三昧耶戒」「結縁之輩」の文言が登場する。来迎的性格をもつ「布橋渡り」に密教儀礼の要素がさらに加わっていることがうかがえる。いよいよ布橋灌頂の様相が近いことを物語っている。

⑧文政十（一八二七）年、芦峅寺相善坊「北国立山御媼堂別当奉加帳(12)」

「御宝前天浮橋有。此橋善根男女外不渡故十方男女後生成仏為秋彼岸中日白布三百六十端懸渡貴賤男女導渡故布橋大灌頂号、其時橋中於三尊御来迎拝奉、則金銀瑠璃宝殿登五障女人不洩成仏解脱者也」と記している。

本奉加帳では、「金銀瑠璃宝殿」の文言にあるように「布橋渡り」儀礼が荘厳さを増し、男女ともに三尊の御来迎を拝み「後生成仏」あるいは「解脱」することができると説いている。注目すべきは、ここに初めて「布橋渡り」儀礼が「布橋大灌頂」と号することになったのである。その所以は、貴賤男女の区別なく布橋を導き渡すというものである。またさらに踏み込んで殊更に「五障女人不洩成仏解脱者也」と説き、女人すべての救済を説くのである。文政六年から同十二年の間に成立したといわれる芦峅寺日光坊の「立山本地阿弥陀如来略記」にも、この儀式を執り行う意義は、「女人ノ罪障消滅シテ即身成仏スル大法也」とし〝女人救済と成仏〟を明確に謳っている。ここで「即身成仏」という真言密教の理法を取り込んでいることは注目すべきであろう。

なお、この時点では閻魔堂はいまだ登場せず、あくまで「布橋渡り」は橋上の「迎講」を主とする浄土法会であったのである。文政期以前の制作とみられる立山曼荼羅としては最も古い「来迎寺本」や「金蔵院本」には、閻魔堂が布橋灌頂儀礼には関わりのない形で描かれている。

⑨文政十二（一八二九）年、龍淵改訂の芦峅寺泉蔵坊の「芦峅中宮御媼尊縁起(13)」

「撰二秋彼岸《ノ》中日《ヲ》一、奉《オンタメニ》二為御勅願《ノ》一、従《ヨリ》二閻魔堂一至《ル》二御媼堂《ニ》一之間、以《テ》二白布一橋掛渡《ケシ》、一「今欲《シテ》二此山之秘法布橋大灌頂《ノ》結縁信《ヲ》仰《セント》一、奉《リ》レ供二養《シ》財施法施《（マヽ）》白布《ニ》一」と記され、閻魔堂が「布橋大灌頂」の施設に登場してくるのである。また、布橋大灌頂は「秘法」の「結縁信仰」であると言い、貴賤男女の区別なく「結縁」するというものである。この女人参詣者と三尊との「結縁」は「媼堂」での密儀礼において院主の勤める来迎師の手で行われるものであった。高野山の高僧龍淵の尽力により真言密教の儀礼を加えながら整備された布橋大灌頂は、後の天保三（一八三二）年の改革をもって最終的に確立したものである。

⑩文政十二（一八二九）年五月、芦峅寺「当山古法通諸事勤方旧記(14)」

この旧記は、芦峅寺一山会衆徒の執り行う様々な年中行事や布橋大灌頂など、一切の勤方の詳細規定をまとめた記録である。このことをもって、立山信仰を担う拠点集落芦峅寺一山の執行する諸行事の要件が確立したものと考えられる。

三　布橋灌頂会のカタチ

ここで彼岸中日に執り行われる布橋大灌頂の概要を、前掲の芦峅寺日光坊の「立山本地阿弥陀如来略記(15)」により、文政十二（一八二九）年頃に行われた実態でみることとしたい。

別テハ女人成仏ノ為ニ、一百三十六端ノ白布ヲ以テ数丈ノ川上ノ橋ニ造リ、玉簾金幕綾沙錦紋美ヲ盡シ、宝幢幡蓋天地ヲ輝カシ、数多ク龍象法器ヲ鳴シ、声明山谷ニ響シ、鈴鐸梵風ニ和シテ鳥獣畜類和雅シテ集リ、十方ノ信男善女蟻道ト連リ、念仏称名シテ集会ヲ出テ白布ノ橋ヲ行渡シテ引導来迎師ノ庭儀ノ式法厳重ナリ、（中略）日本無双之法会ニテ天竺慈悲女倶那含女布橋灌頂秘法ノ伝来、女人ノ罪障消滅シテ即身成仏スル大法也、

このように、当時の布橋大灌頂の概要を比較的詳細に伝えている。

布橋儀式が執行される当日の朝、院主によって一山衆徒や村人に百万遍念仏や十念が授与されている。法会の進行については、先ず集会《しゅうえ》所《しょ》で中老以上が役僧の役割について打ち合わせをする。次に引導師が閻魔堂へ行き十念を出

す。儀式は布橋上である灌頂法場で、引導師と来迎師を中心に、経読・庭讃・行道の順で執行される。この橋には百三十六端(反)の白布が敷渡され、引導師に導かれ参加者の男女が列をなし念仏称名して渡る〈行道による滅罪〉。その後、媼堂内で、院主により血脈などの供法が勤修される〈往生の約束〉[16・①]。再び布橋を渡って現世に戻り生まれ変わる〈再生＝生まれ清まる〉。かくて布橋大灌頂は、閻魔堂での懺悔戒と三昧戒(仏性に目覚めるための儀礼)を受ける法要[16・②]、布橋上での行き渡し法要、媼堂での四箇法要が行われたのである[17]。

なお、媼堂のなかの行事も白山と同じであったと思うが、「彼岸中日大灌頂荘厳式」によると、媼堂へ「浄土入り」して扉を閉めると、法華経読誦や諸真言の勤行があり、その後で百万遍念仏や十念授与と説法があった。

引導師とは、参詣者を布橋の中央まで引導する役割をもつ役僧で、来迎師とは、参詣者を布橋の中央から引導師を引き継いで媼へ導き、媼堂内での法会を取り仕切る役割をもつ役僧である。なお、これまで院主が引導師を勤め、別当が来迎師を勤めてきたが、「天保三年辰年より改革」により、「布橋灌頂法場ニハ、来迎師ニ相立可申候」[18]との文言から、院主が「布橋灌頂法場」(布橋上)における来迎師を勤めることになり、さらに、布橋大灌頂の最も重要な法会となった血脈など、媼堂での供法の勤修をも、院主が勤めることとなったのである。このことは、これまでの布橋大灌頂が、布橋上での行道及び灌頂・来迎法会を中心としたのに対し、媼堂が血脈などの供法の勤修する秘密道場、すなわち内道場として、「布橋灌頂秘法」の中心となったことを示すものである。

以上の内容から、文政十二(一八二九)年頃の布橋大灌頂は、布橋の橋渡りを中心に閻魔堂や媼堂で行う儀式も含め、「秘法布橋大灌頂結縁信仰」が完成の域に達していたことがうかがわれる。

天保十二(一八四一)年に至り、芦峅寺は、布橋大灌頂の法会の形態はもとより、その根本理念を瓔珞経及び倶舎論に求め、「勧進記」をとおして、布橋大灌頂が一大法会に成熟したことを内外にアピールしたのである。その「勧進記」の最後のくだりには、「於ハ日本ニ、道誉行基ハ有為路山崎ノ橋、弘法大師ハ高野無為明ノ橋、当山ノ布橋合シテ吾カ本朝ニ有ル㆓三ツ橋㆒也」と記し、布橋は日本三名橋と自負するのである。さらに「布灌頂与橋灌頂、共ニ都テ是レ一切衆生ノ罪業ヲ消滅シテ、後生浄土ノ大善根無縁ノ大願也、此二大善根ヲ合シテ此ニ号ス㆓布橋灌頂㆒ト」と布橋灌頂の功徳を謳っている[19]。

布橋大灌頂は、女人参詣者の救済を祈る法会であると同時に芦峅寺の一山組織を挙げての一大行事であることは、文政六（一八二三）年に宝泉坊泰音によって記された「布橋灌頂会職衆請定」[20]によってうかがうことができる。芦峅寺の三十三坊衆徒すべてが布橋大灌頂を行うための役割分担が決められており、次の文言で請定している。

右彼岸中日午貝定　於　御孀尊御宝前　布橋大灌頂会　行渡講致勤脩　奉為
今上皇帝　宝祚万歳　加賀大守　御武運長久　君臣調和　四海泰平　万穀成熟　諸民安穏　暨現当二世　平等秡済　篤信輩者　離苦得楽　往生浄刹　之旨可抽　丹誠之条　如件

すなわち、この行事は「今上皇帝宝祚万歳」を第一に掲げ、次に「加賀太守御武運長久」「君臣調和四海泰平」「万穀成熟諸民安穏」の祈念を掲げ、「篤信の輩は、苦を離れ楽を得、浄刹に往生せん」と述べ、そのために衆徒らは「丹誠の条を抽んづべき旨、件の如し」と締めくくっている。まさに芦峅寺衆徒の意気軒昂な姿がみて取れるのである。

ところで、この布橋大灌頂には参詣者が群衆したとの記録が多くみられる。「当山御制札嘆願書」[21]には、「本朝比類之布橋大灌頂法会之旨、諸国江も相聞、信仰之余りを以年々秋彼岸中日ニ、自他国参詣夥敷御座候」（天保九年）、「御孀堂宝前布橋御掛替願書」[22]には、「殊更秋彼岸中日御祈願之法会、布橋大灌頂等ハ、本朝比類之大会ニ付、諸国より為結縁群来仕候、当年ハ夥敷参詣有之」（天保十二年）などと、その賑わいを記している。但しこの賑わいは、「尤夏六

愛読者カード

このたびは当社の出版物をお買い上げくださいまして，ありがとうございます。お手数ですが本カードをご記入の上，ご投函ください。みなさまのご意見を今後の出版に反映させていきたいと存じます。また本カードは大切に保存して，みなさまへの刊行ご案内の資料と致します。

書　名		お買い上げの時期 年　月　日	
ふりがな		男 女	大正 昭和　　年生　歳 平成
お名前			
ご住所	〒　　TEL.　（　）		
ご職業			

お買い上げの書店名　　書店　　都道府県　　市町

読後感をお聞かせください。

料金受取人払郵便

富山西局
承　　認

1025

差出有効期間
2020年
3月31日まで
切手をはらずに
お出し下さい。

郵便はがき

930-0190

（受取人）

富山市北代3683－11

桂　書　房　行

下記は小社出版物ですが，お持ちの本，ご注文する本に○印をつけて下さい。

書　名	本体価格	持っている	注文	書　名	本体価格	持っている	注文
本納棺夫日記	1,500円			村の記憶	2,400円		
話つららの坊や	1,000円			地図の記憶	2,000円		
中五箇山 炉辺史話	800円			鉄道の記憶	3,800円		
部奥山史談	3,000円			有峰の記憶	2,400円		
村のともし火	1,200円			おわらの記憶	2,800円		
人の炭焼、二人の紙漉	2,000円			散居村の記憶	2,400円		
やま元祖しらべ	1,500円			となみ野探検ガイドマップ	1,300円		
年前の越中方言	1,600円			富山県山名録	4,800円		
山県の基本図書	1,800円			富山地学紀行	2,200円		
代越中の万葉料理	1,300円			とやま巨木探訪	3,200円		
興寺と越中一向一揆	800円			富山の探鳥地	2,000円		
山藩・町方事件簿	2,200円			富山の祭り	1,800円		
賀藩の入会林野	800円			千代女の謎	800円		
中怪談紀行	1,800円			生と死の現在（いま）	1,500円		
やまの石仏たち	2,800円			ホイッスルブローアー＝内部告発者	1,200円		
の説話	1,500円			富山なぞ食探検	1,600円		
桐の歴史	800円			野菜の時代－富山の食と農	1,600円		
通川むかし歩き	900円			立山縁起絵巻 有頼と十の物語	1,200円		
中文学の情景	1,500円			長い道	1,900円		

十日限之義ニ付、群参之時分混雑仕」とあり、布橋大灌頂の前後六十日に限ってのことがわかる。とすれば、秋彼岸中日にただ一度だけ行われる布橋大灌頂法会に、どれほどの参詣者が参列できたものかは不明であるが、閻魔堂及び媼堂に入堂できる人数はごく限られていることから、大多数の参詣者は、布橋大灌頂法会の儀礼、特に布橋行き渡し儀式を高見から拝観する（布橋が鳥瞰できる地形の状況にある）ことによって結縁したものではないか。現在、現代的に復元された布橋灌頂会に参列できる女性は最大でも七〇名程度で、その他の観覧者が約四千人程であることから推察すると、当時も似たようなものではなかったか。

布橋灌大頂法会は、本来、芦峅寺一山が主催する年中行事の一つであり、この法会はあくまで、一山の媼堂法会の拡大したものであり、閻魔堂から媼堂までの荘厳は、大多数の観覧者に対する演出ではなかったか、と推察するものである。この布橋灌大頂法会は、当然のことながら規程に法《のっと》り、「布灌頂与橋灌頂、共ニ都テ是レ一切衆生ノ罪業ヲ消滅シテ、後生浄土ノ大善根無縁ノ大願」（「歓進記」）を願い、参詣者の「篤信の輩は、苦を離れ楽を得、浄刹に往生せん」（「布橋灌頂会職衆請定」）ことを祈念するものであった。

註

（1）福江充『立山信仰と布橋大灌頂法会』（桂書房、二〇〇六年）一五七頁。

（2）『寺社来歴』日置謙編『加賀藩史料第貳編』（清文堂出版、一九八〇年）一三六頁。

（3）「御媼堂宝前布橋御掛替願書」『越中立山古記録 第三巻』（立山開発鉄道、一九九一年）一〇三頁。

（4）享保七（一七二二）年二月、「定（立山大権現祭礼御餉米記・立山御媼堂祭礼御餉燈明記」（大仙坊蔵）。福江充『立山信仰と布橋灌頂法会』一七八頁。

(5) 福江充『立山信仰と立山曼荼羅』八二頁・八三頁。

(6) 安永八(一七七九)年、日光坊本「芦峅媼堂大縁起」(日光坊蔵)。福江充『立山信仰と布橋灌頂法会』一七九頁。

(7) 五来重『日本人の地獄と極楽』(吉川弘文館、二〇一三年)九一頁。

(8) 「立山御媼尊布橋施主帳　立山御媼尊別当大仙坊」福江充『立山信仰と布橋灌頂法会』一八〇頁。

(9) 文化二(一八〇五)年、「立山御媼尊荘厳施主張」(善道坊蔵)。福江充『立山信仰と布橋灌頂法会』一八一頁。

(10) 「御媼尊縁起　文政三年六月十三日　宝伝坊　元良」(芦峅寺一山会所蔵文書)、福江充『立山信仰と布橋大灌頂法会』(桂書房、二〇〇六年)

(11) 文政三年、「立山御媼尊別当奉加帳　芦峅泉蔵坊」(愛知県半田市乙川高良町・松本家文書・半田市立博物館蔵)。福江充『立山信仰と布橋灌頂法会』一八三頁。

(12) 文政十(一八二七)年、「北国立山御媼堂別当奉加帳　立山麓相善坊」(富山県［立山博物館］蔵)。福江充『立山信仰と布橋灌頂法会』一八五頁。。

(13) 「芦峅中宮御媼尊縁起」『富山県史　史料編Ⅰ　古代　付録Ⅱ』四二一～四三頁。

(14) 「當山古法通諸事勤方旧記」『越中立山古記録Ⅰ』(立山開発鉄道、一九八九年)二九頁～五二頁。

(15) 「立山本地阿弥陀如来略記」(芦峅寺日光坊蔵)、福江充『立山信仰と布橋灌頂会』(桂書房、二〇〇六年)一八五頁。

(16) 懺悔戒と三昧戒(仏性に目覚めるための儀礼)

①院主とは、芦峅寺一山の儀礼式法を司る役目で、「當山古法通諸事勤方旧記」に「院主心得方之事」が特記されている。なお、芦峅寺一山の組織は、長官(一山のうちの最高齢者が当たるのが例である)、院主(次高齢者が当たるのが例である)、別当、中老、定目代、名主から成っていた。長官は一山を代表し、院主は復長官ともいうべき役目

で、長官を補佐し、長官に事故あるときはこれに代わる。別当は日常の寺務を行う最高責任者で、中老は別当を補佐する。『越中立山古記録Ⅰ』三六～三七頁。

②三昧戒文とは灌頂会の三昧戒の儀式において享受である阿闍梨が唱える式文。その真言は「オン・サンマヤ・サトバン」である。

③三昧戒文の授与は、真言宗の結縁灌頂の思想が新たに挿入（導入）された結果であろう。真言密教では、灌頂受者がそれを授かる場合は、必ず受者自信が本来有する仏性に目覚めるための儀礼として、三昧戒を受けることがしきたりとされたからである。

(17) 四箇法要（唄・散華・梵音・錫杖という四曲の声明を軸に組み立てられた法要）

(18)「當山古法通諸事勤方旧記」『越中立山古記録　Ⅰ』（立山開発鉄道、一九八九年）三六頁。

(19) 天保二年「立山御嫗尊布橋大灌頂勧進記」（善道坊文書　立山博物館蔵）。福江充『立山信仰と布橋大灌頂会』一八七頁。

(20)「布橋灌頂会職衆請定　寶泉坊泰音書」『越中立山古記録　Ⅲ』一四四～一四六頁。

(21)「当山御制札嘆願書」『越中立山古記録　Ⅲ』七九頁。

(22)「御嫗堂宝前布橋御掛替願書」『越中立山古記録　Ⅲ』九三頁。

第二節　布橋大灌頂を構成する思想

はじめに

前節で述べてきたように、芦峅寺の布橋大灌頂は、江戸時代初期からの変遷を経て、文政期（一八一八～三〇）に最終的なカタチをなした法会である。

布橋大灌頂法会には、立山にみる地獄観と浄土観、及び芦峅寺の立地要件を巧みに生かした宗教的空間を背景に、仏教的論理（信仰）が複合して構成されていることに特徴があり、加賀白山の布橋大灌頂や奥三河の神楽「白山行事」の影響を受けながら、両者には既に失われた儀礼や思想が伝承されている。また、山中他界観を基層に、「二河白道」「迎講」「布と橋」などの浄土教の思想に加え、「灌頂」や「三昧戒」や「血脈」の供法など、真言密教の結縁灌頂の思想を新たに導入し、奥三河や白山とは異なる洗練された法会に仕上げられている。

なお、布橋大灌頂の背景をなす立山にみる地獄観と浄土観や芦峅寺の宗教的空間については既に他の章節で述べたところであるので、本節では布橋大灌頂が仏教的論理（信仰）が複合して構成されている点について考察することとする。

一　布橋大灌頂の基層をなす宗教観

布橋大灌頂の基層論理には、次ぎに掲げるような宗教観があった。

一つには、立山山中に隣接して存在する地獄と浄土の景観と修行に適した険阻な山岳地形によって生まれた山中他界観念であり、言うなれば「自然宗教的他界観念」ともいうべき論理である。修験の世界では、山に登ること、すなわち「峰入り」することであり、山中で修行すること、すなわち地獄の責め苦を受けることであり、贖罪と滅罪を意味し、この修行を果たしてはじめて極楽に往生する、すなわち「浄土入り」を果たすことができるというのである。

立山は贖罪と滅罪の苦行を課せられた聖地であった。「現世を生きることそのものが苦界に生きる」という観念をもつ近世の人々にとって山に登り、この現世を脱して阿弥陀が止住する立山浄土に生まれ変わる、すなわち「魂が浄化される」、「生まれ清まる」ことが救いの道であった。こうした救済の論理は、日本古来の他界観を色濃くのこした論理でもあった。また、立山は、個々人の罪ではなく「女性なるがゆえの罪障」に苦しむ女性救済を標榜する霊場でもあった。

二つには、修法の次第や流水灌頂に見られる神仏混淆の思想である。

閻魔堂における修法次第は、「先　懺悔文、次　三昧耶戒文、次　四智讃、次　法花経、次　諸真言」となっている。媼堂における次第は、「先　観音経、次　般若心経、次　自我偈、次　三陀羅尼、次　諸真言、次　神号、次　中臣大祓、次　神楽、次　祈念」となっている。媼堂の次第では仏教儀礼に次いで神式儀礼に移り、法華経の読誦にはじまって神楽と祈念で終わることになっている。(1)

布橋の下を流れる媼堂川を沐浴道場とする流水灌頂では、媼堂の修法における背景思想にケガレ（穢れ）とミソギ（禊ぎ・祓い）、不浄観など神道の禁忌意識と仏教の不浄観など神仏混淆がみられることである。

この点について折口信夫は、ケガレとミソギという禁忌意識について、『日本書紀』に登場する、黄泉の国に行って汚穢の状態となったイザナギに対し、禊ぎを進め、浄化させた女神ククリヒメに注目した。ククリヒメが水を注いで生まれ清まわらせる禊ぎに、禁忌意識の初見を見いだしている。（2）

また、布橋大灌頂法会は、このような「山中他界＝地獄・浄土」観にもとづく「擬死再生」の論理（修験道の論理）および神道の禁忌意識と仏教の不浄観を基層に、（1）「二河白道」思想とその実践的儀礼である「迎（接）講」（行道、練り供養）、（2）橋の思想、再生を意味する「シラ」の思想、（3）真言密教の結縁灌頂の思想、（4）庶民信仰の「灌頂」観念、（5）十王信仰（閻魔王）信仰が重層して成立しているのである。

二　「布橋大灌頂」の背景をなす思想

㈠二河白道の譬喩

説明するまでもなく「二河白道」とは、現世（東岸）と極楽（西岸）との間には水火の二河があり、そのなかに幅四、五寸の白い道が通っていて、一心に念じて進まなければ極楽に至ることができないという、浄土信仰の教えに用いられた譬喩である。（3）

忽然《トシテ》中路《ニ》見有二二河一、一是《ハレノ》火河在レ南《ニ》、二是《ハノ》水河在レ北《ニ》、二河各闊《サ》百歩、各深《クシテ》無《シ》レ底、正《ク》水火《ノ》中間《ニ》有二一白道一、可《シ》二闊四五寸許《ナル》一、此《ノ》道従《リ》二東岸一至二西岸《ニ》一亦長百歩、（中略）一心《ニ》直《ニ》進《ミ》、念《シテ》レ道《ヲ》而行《ケバ》、須臾《ニ》即《チ》到《リテ》二西岸《ニ》一、永《ク》離《ル》二諸

難《ヲ》一、善友相見《テ》慶楽《スルコト》無《ラン》レ已《ムコト》、此《ハ》是喩也、

この「二河白道」の譬喩は、鎌倉時代に成立した。念仏信仰の具体的な心境を表現したこの譬喩は、もともと唐の善導によって説かれたもので、貪愛の水河と瞋憎の火河の中間に、足幅ほどの白道（清浄な願往生心）があって、群賊悪獣に追われた絶体絶命の旅人が、釈迦の発遣（つかわし）と阿弥陀の召喚とによって、娑婆火宅の東岸から極楽の西岸に渡っていくという説示であり、念仏行者は水火二河を顧みず、釈迦・阿弥陀の境地に信順して往生浄土の願生心を振り起こすよう教えたものである。この譬喩を法然がそのまま『撰択本願念仏集』に引用したり、説法に用いたりしたので広く知られるようになり、絵画化されるに至った[4]。

芦峅寺の布橋大灌頂では、媼堂川に架かる「御宝前の橋」「天の浮き橋」と呼ばれる橋に白布を掛け渡し行道するが、悪人はこの道が蜘蛛の糸の如く細くみえ、ついに川へ転落するのである。なお、「二河白道」の譬喩と布橋との関わりは、立山曼荼羅「来迎寺本」が示してくれる。「来迎寺本」には、布橋の上から真っ逆さまに墜落していく人間があり、川のなかには竜が鎌首をもたげてこれを呑もうとしている場面が描かれている。「来迎寺本」のほか、「坪井本」「稲沢家本」「龍光寺本」にも同様の場面が描かれている。まさしく「二河白道」の譬喩を絵画化したものである。また「相真坊（A・B）本」「大仙坊（A・B）本」「筒井本」「富山県立図書館本」「泉蔵坊本」では、墜落していく人間はいないが、象徴的に川のなかに竜が描かれている。宝泉坊本、吉祥坊本などには竜に代わって蛇が描かれている。いずれも江戸時代、芦峅寺系の立山曼荼羅である。

これはまさしく「二河白道」の譬喩の導入であって、布橋大灌頂を構成する一つの要素が「二河白道」を実践することを示している。橋の上から真っ逆さまに墜落していく人間の姿は、立山曼荼羅の地獄の場面に描かれている無間地獄に墜落していく死者の姿と重なるのである。

㈡「迎(接)講」(行道・練り供養)

「迎講」とは、阿弥陀如来の来迎になぞらえて行う一種の法会で、迎接会《ごうしょうえ》ともいい、「二河白道」の実践として浄土教において阿弥陀三尊の来迎を願う儀礼として行われた。なおこの迎講は修験道においても広く行われていたと考えられている。

「迎講」は本来、芦峅寺における媼堂川のように、麓の川を境として、山を彼岸の浄土とし、麓を此岸の娑婆として、その間の橋を渡って往生儀礼を行ったのであろう。その「迎講」が行われるのは、彼岸の日が撰ばれた。なお、「迎講」は逆修という儀礼に相当するもので、生きている間に一旦死んだことにして葬式供養を行い、それから再生すれば、一切の罪穢は消滅して、健康で長生きするばかりでなく、往生疑いなしという法会であった。

芦峅寺では以下のような次第で布橋大灌頂での迎講が行われた。まず、貴賤を問わず善男善女(文政期〔一八一八〜三〇〕以降女性のみとなる)が閻魔堂を出て、列をなして念仏称名し、妙念坂を練り歩き、楽器や声明の響きが山川に冴すなか、「玉簾金幕綾沙錦紋美ヲ盡シ、宝幢幡蓋天地ヲ輝カス」ほどに華麗に荘厳された布橋上を、引導師と来迎師に導かれていく。渡り終えると「浄土入り」と称し、阿弥陀堂に見立てられた媼堂での四箇法要(唄・散華・梵音・錫杖という四曲の声明を軸に組み立てられた法要)が行われ、最後に四面の扉が開け放たれご来迎を得るのである。このように布橋大灌頂は経読・庭讃・行道の順で執行されるもので、行道及び灌頂・来迎法会であり、「布橋渡り」はまさしく「迎講」を主とする浄土法会であった。

㈢橋の思想

本来、橋の語源は、彼と此のハシ(間)にあるものの意であり、橋や柱(ラは助辞)に限らず、梯・箸・端などと関連し、水平思考であれ垂直思考であれ、二つのものや世界をつなぐ機能を有するものを指している。橋は単に聖と俗の境界であっただけではなく、神を迎え祀り送る聖なる祭祀の場でもあった。日本神話にみえる天浮橋は神の顕現する神聖な場である。芦峅寺媼堂川に架かる橋を天浮橋と称するのはこの意味であろう。丹後宮津の天の橋立も同様であろう。また、伊勢神宮や諏訪大社の遷宮に立つ御柱は神を祀る聖なる時空の象徴であった。

そして今一つ神が渡り通る神聖な橋がある。諏訪大社上社本宮の布橋は神のみが渡ることを許された橋であった。この橋は此岸と彼岸を隔てかつ結ぶだけでなく、ここを渡る人を聖化する聖なる橋でもあったのである。こうした点からハシは呪術宗教的な機能をもち、様々な祭祀や儀礼の場において重要な役割を果たしてきたのである。

芦峅寺の「布橋」とは、こうした神道的な神の顕現する聖なる橋であるが、同時にあの世とこの世をつなぐ橋で、贖罪と滅罪の苦行を課せられる仏教的な聖なる橋でもあった。橋上に白布を敷き渡すということは、橋上が「灌頂法場」が行われる聖域であると同時に、「流灌頂」にもみられる如く「死と再生」の思想を示す場でもあることを示している。

㈣「シラ」の思想

極楽往生を願う心に例えた「二河白道」の「白道」は、布橋大灌頂では、白布を敷渡した布橋に充てられ、文字どおり「シロ」「シラ」の思想と橋の思想が習合したものである。

ところで、修験道において、修験者にとっての重要な活動の一つは霊山に入り修験を行う「峰入り」である。修験とは、山に籠もり山の霊験を感得し新たな命を得る宗教活動である。「こもる」とは、すなわち「再生」を意味し、「山に籠もる」ということは、山中において「一度死んでまた生まれ変わってくる」という「死と再生」の思想を身をもって体感することである。こうした山に籠もり再生を願う信仰は、中国から渡来した「シラヤマ」信仰であると小林道憲は提起している(5)。「シラヤマ」信仰とは、本来、人間が生まれるとき、つまり、出産のときに「お籠もりする」状態にちなみ、山に入り「お籠もりする」ことにより、そこからまた、新しい生命が生まれてくるという、「死と再生」の思想であり、この思想が基層にあって修験が成り立つと考えられている。このようにみると、修験の霊山立山も、その信仰の基層に「シラヤマ」信仰をみることができるのである。

(五)十王信仰

芦峅寺の布橋大灌頂に関わる閻魔信仰は、死して山中に入り修行を果たして極楽に往生する修験道の「擬死再生」思想を演出する装置として援用された脇役的存在に過ぎなかった。しかし、本来、閻魔王は『十王経』に説くところの十王のひとり閻羅王すなわち五官王であり、地蔵菩薩とは垂迹関係にあり、死後の世界において十人の王とともに生前の罪業を裁くという。帝釈天とともに地獄の冥官としての信仰があった。

芦峅寺における閻魔信仰は、立山が地獄の山なるが故に、阿弥陀信仰よりもはやく根付き、篤い信仰を得ていた。現在でも閻魔堂において鎌倉後期あるいは南北朝期に造立されたといわれる閻魔王像と司命王・初江王・泰山王が祀られ、南北朝期以降、地獄の山・立山を鎮撫してきた閻魔堂が文正元(一四六六)年の神保長誠の寄進状に登場することからも、そのことはうかがい知れる。

閻魔堂は、媼堂とともに芦峅寺の中核をなす宗教施設であり、芦峅寺の人々の媼尊信仰とともに修験など登拝者の信仰の対象でもあった。江戸時代の初め頃から次第に整備されてきた「橋渡り」法会が「布橋大灌頂」となる文政期(一八一八〜三〇)に、「院主の心得」のなかに「一、閻魔堂へ行、導師十念を出す、経読相済、次　庭讃、次　行道、先例勤方請定ニ有、一、閻魔堂荘厳之事、閻魔堂別当役」(6)と定められているように、閻魔が懺悔戒と三昧戒(仏性に目覚めるための儀礼)を受ける法要の役割をもって布橋大灌頂の法会に組み込まれたのである。

ところで、布橋大灌頂と閻魔堂との関わりについては、延享四(一七四七)年の「布橋架け直願書」に「閻魔堂御媼堂御宝前迄配荘」、安永八（一七七九）年の「媼堂大縁起」には「橋向閻魔堂」、寛政七（一七九五）年の「立山御媼尊布橋施主張」には「橋向閻魔堂」などとみえ、媼堂に比して「橋向」なのである。文政十二年の『当山古法通諸事勤方旧記』にはようやく布橋大灌頂における閻魔堂の役割が記されている。このようにみてくると、閻魔堂が布橋大灌頂において重要な役割を担ってくるのは、早くても文政後期の頃であろう。最も古いとみられる立山曼荼羅「来迎寺本」や「金蔵院本」には、布橋大灌頂儀礼と閻魔堂は切り離されて、中宮寺の単なる一施設として描かれているに過ぎないのである。

三「布橋大灌頂」と「白山（しらやま）行事」

五来重は「布橋大灌頂と白山行事」（『白山・立山と北陸修験道』）において、立山芦峅寺の布橋大灌頂は白山および奥三河の「白山行事」の布橋大灌頂の影響を強く受けていると指摘している。(7)それ故に改めて、愛知県奥三河の「白山（しらやま）行事」・加賀白山の「白山（しらやま）行事」・立山芦峅寺の「布橋灌頂会」の比較を試みてみることにしたい。

□奥三河の「白山（しらやま）行事」

宮田登が『神の民俗誌』所収の「シラヤマ神」で紹介している奥三河の「白山行事《しらやま》」の「神楽修行」について古老の体験談の採録の部分を引用しておく。

神楽子に上る前は七日間別火で精進を食べた。白山という場所があって二間四方位の建物の中へ、丁度花祭りのときの様に飾り立て、周囲の天井も紙を飾って真白かった。そこへむみょうの橋と云う橋を渡し、その上を渡って白山へ這入った。白装束をつけて、六角の金剛杖を持ちスゲの笠をかぶって、その橋の上を渡ったが経文が一杯敷いてあった。恐ろしくて、ふるえてころんだりして歩けぬ者もあった。それをどうやら踏んで渡って、白山の中に這入ると、枕飯を喰える様になって膳についた。それを半分ばかり食べた時、外から鬼が飛んで来て、花を舞ったまさかりでつついたりして、中に居られず、皆逃げて出て来た。それは中の日であった。(8)

この体験談の中で、「一種独特の方形をした『しらやま』の建物の中へ白装束をつけて、スゲの笠をかぶって、むみょう(無明)の橋の上を渡った。その橋の上には経文が一杯敷いてあった。その上を渡って白山へ入った。」と記している。この橋は、舞《まいら》戸(白山の入口)から白山への橋がかりは、これをむみょうの橋、一つに経文の橋といい、現世と黄泉を繋ぐ道と考えられていた。それ故に罪障深い者は、この橋が渡れぬ、転落すると信じられていた。舞戸から白山への橋がかりは、まさにこの世からあの世へと旅立つことを意味していた。

□加賀白山の「白山(しらやま)行事」

五来重は、加賀白山の「白山(しらやま)行事」について次のように紹介している。(9)彼岸に白山まで登れない人々のために、村々の神楽に添えて念仏と浄土入りの実修をさせたのだという。行事としてはまず柴や青葉で白山をかたどった仮屋をつくり、橋掛りを設けた。還暦の人は花笠をかむり、杖をついて橋(「経文の橋」という)を渡って白山に入る。これが「浄土入り」で、白装束を着たということは死装束であろう。

□立山芦峅寺の「布橋大灌頂」

布橋大灌頂の行事次第は、まず女人は白衣に笠の死装束で行列をなし、閻魔堂から白布が敷かれた布橋を進み、渡り終えて媼堂に入る。このことを浄土入りという。お堂のなかに入ると扉が全部閉められ、真っ暗になる。このなかで、勤行十弥念、血脈の授与が行われ、終わると四方の扉が一斉に開け放たれる。ここでは、媼堂が神楽神事の「しらやま」に見立てられ、布橋がむみょう（無明）の橋と重なり、内部の床の上に敷かれた白木綿が布橋に敷かれた「白布」に重なり、さらに「シラ」の意につながる。

このようにみてくると、芦峅寺の閻魔堂から媼堂まで白道の両側は、竹垣と桜の造花・提灯・白布で覆われ、橋には白布三百六十反が敷かれている、まさしく早川孝太郎の記録した奥三河の神楽行事に登場する「しらやま」の荘厳さに通じるものがあるのではないか。

また、文政期から幕末において行われた立山芦峅寺の布橋大灌頂は、奥三河でかつて行われていた神楽や、加賀白山の白山行事にみられるように、「橋渡り」「白装束を着ている」「笠をかぶっている」「白山（白山）を浄土に見立て」「浄土入りを果たす」など、「二河白道」の比喩や「迎講」の儀礼に類似する点があると考えられる。殊に宮田登は芦峅寺の布橋大灌頂や奥三河の神楽にみる「浄土入り」（「しらやま行事」）について、「そこで〝白山〟は共通して、死を生へ生まれ清まらせる装置として存在するのではないか」と述べている(10)。

なお、白山行事の芦峅寺への伝播の経緯については、いまだ明らかではないが、五来重は、加賀白山の白山行事が奥三河に伝えられ、さらに芦峅寺の布橋大灌頂に影響を与えたのではないかと考えている(11)。さらに五来は、立山の布橋大灌頂と三河の白山行事の構成を比較して、「三河の方は中世中期以前の白山の布橋大灌頂が伝播したものであり、立山の方は中世末期に伝播したか、あるいは変化したものといわざるをえない(12)」とも言っている。宮田登も「白山修験によるものだという確固たる資料には欠けるが、白山と立山の関係からいうと、圧倒的に広まっていった白山修験道の影響は十分にありえたようだ(13)」と述べる。

ところで、奥三河の白山行事の模様を聞き取った早川孝太郎の浄土入りの記述をみると、白山《しらやま》のなかに這入ると、「枕飯を喰える様になって膳についた。それを半分ばかり食べた時、白山の四方の口から鬼が鉞《まさかり》を持って飛んで来て、浄土入りした者の前後左右で舞った」という。「浄土入りのものは、この時の怖ろしさに心も空になって、枕飯が咽喉を通らぬもあり、中には感激と恐怖が一緒になって、嗚咽の声が外まで漏れ聞こえた」という[14]。鬼が白山のなかに入り、「浄土入り」した参詣者を呵責するのである。

芦峅寺の「布橋大灌頂」には鬼の気配はないのだろうか。立山曼荼羅のうち『来迎寺本』・『佐伯家本』・『善道坊本』・『大仙坊B本』の四本に媼堂周辺に鬼が描かれている。なかでも文政期以前（最も古い）の制作といわれる『来迎寺本』にのみ、媼堂の外で鬼が亡者を食べようとする場面が描かれている。これは実際に鬼が出るのではなく、媼堂内での説法に鬼の話が語られていたことの表れと思われる。媼堂内で説法があったことは「当山古法通諸事勤行旧記[15]」に「一、早朝、一山幷村中、媼堂江致参詣勤行之事、朝御膳は御縁日之通り、神酒・白餅なし、百万反御拾念授、院主ニて、但シ後ニ説法之儀者随意」と記されている。但し加賀白山の「白山《しらやま》行事」には鬼の姿はみえないので、恐らく奥三河の段階で鬼を神楽に紛れ込ませたのではないか。芦峅寺の布橋大灌頂には、加賀の白山修験道の影響を確認することはできないが、わずかに奥三河の「白山行事」の浄土入りの影響をみることができるのである。恐らく、白山行事が奥三河、立山へと伝わるなかで、白山での鬼の呵責が消え失せたのではないか。

なお『佐伯家本』・『善道坊本』・『大仙坊B本』の三本では、鬼は三途の川にいる奪依婆の代わりとして描かれており、地獄の入口を表しているのではないか。

註

（1）『越中立山古記録Ⅳ』（立山開発鉄道、一九九二年）。
・閻魔堂における次第…「天保十三年度諸堂勤方等年中行事外数件」一二一頁。

・媼堂における次第…「天保十三年度諸堂勤方等年中行事外数件」九頁。

(2)宮田登「シラヤマ神」『神の民俗誌　五』一三一頁。

(3)「布橋大灌頂と白山行事」高瀬重雄編『山岳宗教史研究叢書10　白山・立山と北陸修験道』一六二頁。本文中の引用部分を略解するとつぎのとおりである。

「正しく水火の中間に一つの白道あり。濶さ四五寸許なるべし。この道、東の岸より西の岸に至るに、また長さ百歩、その水の波浪交わり過ぎて道を湿す。その火焔また来たりて道を焼く。水火あい交わりて常にして休息なけん」（『真宗聖典』（高山堂書店、一九三四年）。

「二河白道」の比喩は善道（中国の人）の『観経四帖流』の「散善義」にあり、法然の『選択本願念仏集』や親鸞の『教行信証』などに引かれている。

(4)「二河白道図」『日本仏佛教大辞典』（吉川弘文館、一九九九年）八一〇頁。

鎌倉時代に成立した浄土教絵画の一種。「二河白道」の比喩を図説化したもの。

参考文献として文部省編『国宝全集』五八、藤懸静也「二河白道図」解説（『国華』六五六頁）などがある。

(5)小林道憲「古代の日本海から見た白山と立山」『山岳信仰と日本人』安田喜憲法編　第3部　第一三章（NTT出版　二〇〇六年）二〇六～二一七頁。

(6)「当山古法通諸事勤方旧記」『越中立山古記録I』（立山開発鉄道、一九八九年）四六頁。

(7)五来重「布橋大灌頂と白山行事」『白山・立山と北陸修験道』高瀬重雄編（名著出版、一九七七年）一五六頁。

(8)宮田登「シラヤマ神」『神の民俗誌』（岩波新書）（岩波書店、一九七九年）一二八頁。

(9)五来重『日本人の地獄と極楽』（人文書院、一九九一年）九九頁。

(10) 宮田登「シラヤマ神」『神の民俗誌　五』一三八頁。
(11) 五来重「布橋大灌頂と白山行事」高瀬重雄編『山岳宗教史研究叢書10　白山・立山と北陸修験道』(名著出版、一九七七年)九七頁～九九頁。
(12) 五来重「布橋大灌頂と白山行事」高瀬重雄編『山岳宗教史研究叢書10　白山・立山と北陸修験道』一五八頁。
(13) 宮田登「シラヤマ神」『神の民俗誌五』一三四頁。
(14) 早川孝太郎「花祭」『早川孝太郎全集　民俗芸能2』後編　九〇頁。
(15) 文政十二年「当山古法通諸事勤方旧記」『越中立山古記録Ⅰ』(立山開発鉄道、一九八九年)四六頁。

第三節　もう一つの布橋灌頂—流灌頂—

立山曼荼羅『日光坊本』には、布橋の下の滔々と流れる媼堂川のなかに立てられている一本の大きな卒塔婆と六道塔二本が、『佐伯本』には二本の大きな卒塔婆が描かれており、産死者のための供養が行われていたと思われる。

流灌頂とは、水の洗浄力や流水の力によって罪障を祓い浄めるというわが国固有の「禊ぎ」の観念に、密教の灌頂を結びつけて死者滅罪の法会として成立したものである(1)。葬送習俗としてみられる流灌頂の多くは、産死や産婦の死者のために執り行われる例が多い。なかでも産死の女人は、血の穢れ、死の穢れ、産の穢れ、という三つの穢れにまみれ、従ってその罪穢は死者のなかでもきわめて重く、死後には必ず血の池地獄に堕ちるものと信じられていた。芦峅寺布橋下での毎年六月七日と秋彼岸の中日に行われる流灌頂も、血穢の最たるものである産死の女性の救済儀礼の一つとみることができる。

立山芦峅中宮寺では、天保十三(一八四二)年「諸堂勤方等年中行事(2)」に記された流水灌頂式の様子をみると、衆徒沐浴して入る「道場」には、香花灯明や銅器に盛った盛御飯や、餅・団子・菓子などの供物を供え、さらに支度として、五色の幢五流のほか、大塔婆一基と、六道塔婆六基、小卒塔婆四九本、さらに経木と樒の葉を挟んだ縄六流を整え、修法者一老が本尊秘法・光明真言を唱え、経頭として老分八人が四智梵讃・不動讃・光明真言・三界万霊廻向など供養の法会を勤めている。法会が終われば、「右餅団子・草子等御下、諸参詣人江施与ス、卒塔婆・幡・縄等、布橋下江立之流」と記されているように、餅・団子・菓子などを諸参詣人に下げ渡し、卒塔婆・幡・縄などは布橋下に立てて流すというのである。

伊藤曙覧の「越中の流灌頂」(3)によると、立山芦峅中宮寺では、明治まで彼岸と盆に流れ灌頂が盛大に行われ、川へ塔婆をたて、竹四本の白布をかけて水をかけたという。

芦峅寺に残されている流水灌頂版木(4)には、

流水大灌頂を執行し奉る功徳は、抜苦与楽の秘法にして戒定恵の円頓大乗の戒法也、別して難産死、孤児死、溺死、縊死、山海変死、横死、女人五障三従死の重罪消滅し成仏せしむる秘密神変の大法なり、

と記され、流水灌頂の功徳は、産死をはじめ様々な異常死を迎えた死者の重罪を消滅し成仏せしめるの法とするものであった。

芦峅寺布橋下の流灌頂にみる法会としての構成は、①幢、②七本単位の経木塔婆や六道塔婆、③樒の葉を挟んだ左縒りの縄六流、④さらし布、からなっている。

①の幢については、庶民にとって灌頂とは、頭が幢に触れることによって、滅罪の功徳を得ることであり、水による浄祓の儀礼に、この灌頂幢の滅罪の功徳を祈願する仏教的庶民信仰との関わりがあるという。

幡の庶民信仰高く幢ノ足ヲ懸ケ、人ノ頭ノ上ニサハル程ニシテ、其ノ下ヲ通ル者ハ、幢、頭ニアタレバ、其人ノ罪障滅スル得益アル也、是ヲ灌頂ト云う(5)、

②の卒塔婆、③の左縒り縄、④のさらし布については、それぞれに「卒塔婆流し型」流灌頂、「縄ざらし卒塔婆型」流灌頂、「あらいざらし型」流灌頂があり、個々の習俗としても単独で行われてきた。芦峅寺の流灌頂法会は、これら四つのタイプを複合して構成されたものである。

この流灌頂の儀礼は、密教儀礼である伝法灌頂や結縁灌頂とは異なり、「経典や儀軌に確かな根拠をもつものではなく、その目的は幢や卒塔婆にかけた灌頂幢の功徳を、流水によって魚類や死骨に及ぼし、その得脱を期するものである」(6)とされる。

言うならば、流灌頂とは、布橋灌頂と同様に、密教にみる仏の位を継承することを意味する結縁灌頂ではなく、死者の生前の罪穢を水や川で洗い流して、罪穢のために死後に受くべき地獄の苦を免れ軽減する追善供養の一種である。なお、五〇本に及ぶ芦峅寺の立山曼荼羅のなかでも「日光坊本」「佐伯本」にしか描かれていないということは、恐らく「二河白道」思想に押されて流灌頂が表に現れなかったのではないだろうか。

以上、布橋大灌頂法会の変容過程や法会を構成する諸論理、さらに民俗信仰の擬死再生儀礼として布橋下の媼堂川において行われた流灌頂を検証してきた。なお、芦峅寺の主たる擬死再生儀礼は布橋大灌頂法会であるが、布橋大灌頂のなかには組み込まれてはいない流灌頂も、芦峅寺の擬死再生儀礼の一つであることを指摘しておきたい。

結語

以上みてきたように、布橋灌大頂とは救済の論理にもとづく宗教儀礼であり、時代によって異なるが、十一世紀以降の生前の「罪業」を認める論理から出発したものである。貴族や武士などは「自己の内面を占める様々な動機と結果に恐怖心を抱く」という個人の論理であり観念的であり、一方、農民・職人など庶民にあっては、原因としての罪は、個人のみならず、個々人の罪の意識を超えての共同体全体の罪と穢れであり、きわめて具体的・現実的であった。しかし、両者ともに、死後、地獄に堕ちることなく阿弥陀の浄土に往生できること、現世において犯した罪により地獄に堕ちたとしても、その死者の魂を、生前に行った善根（逆修）や死後類縁者の供養により地獄から救われ、阿弥陀の浄土に往生できることを希求するものであった。

しかし近世においては、経済の発展を背景に人々の生活も現実観が強まり、現世を生きることそのものが苦界に生きると感じるようになり、この現実の苦から遁れることを願うようになった。こうした当世の希求に応えたのが芦峅寺の布橋大灌頂であろう。その理念は上記の論理を基底に、山中他界観にもとづく「擬死再生」の論理を援用したものであった。

「今この四幅一面の大画は、高祖先達の思惟により女人を救はんその為に、色心不二を開示して、我らが心の善悪をそのまま見る目にあらはせり。心に心を問うならば、などか此に替わるべし」（『立山手引草』）(7)

と口上する立山曼荼羅の絵解きにみられるように、近世後期の救済観は、「罪や穢れを浄化滅罪する」にもとづくもののみならず、当時の儒学・国学・心学の影響を受けて、個々人の「善」と「悪」を内観し、先非を悔いることで「解脱を得る」という救済の概念も生まれてきたのである。

註

（1）佐々木孝正「流灌頂と民俗」『講座　日本の民俗宗教2』（弘文堂、一九八〇年）六九頁。
（2）「諸堂勤方等年中行事」『越中立山古記録Ⅳ』（立山開発鉄道、一九九二年）一〇頁。
（3）伊藤曙覧「越中の流灌頂」和歌森太郎編『日本民俗学』（弘文堂、一九五三年）三六四頁。
（4）流水灌頂版木（富山県［立山博物館］蔵）。
（5）佐々木孝正「流灌頂と民俗」六九頁。

（6）『塵添壒嚢鈔《じんてんあいのうしょう》 巻一五』佐々木孝正「流灌頂と民俗」『講座 日本の民俗宗教2』、（弘文堂、一九八〇年）六九頁。

（7）『立山手引草』岩峅寺延命院蔵。『立山手引草』は仮題。原本には題名なし。末尾に「干時嘉永寅年三月下旬 写之、延命院玄清書」と記されている。「立山曼荼羅絵解き」『立山曼荼羅を聴く』（富山県［立山博物館］、一九九四年）。現代訳は林雅彦。

第七章　芦峅寺衆徒の立山信仰観―立山曼荼羅の諸相―

第一節　立山曼荼羅の多様な概念

立山曼荼羅は、その制作場所、使用目的によって様々に描かれており、従来の参詣曼荼羅といった一つの概念で括ることは実態的ではないと考える。とすれば、立山曼荼羅の宗教絵画上の意味をどのように考えればよいのであろうか。

立山曼荼羅は、昭和四十三(一九六八)年に京都国立博物館で開催された「古絵図」特別展において、富士参詣曼荼羅と同様「社寺参詣曼荼羅」の範疇に入れられ、以後、社寺参詣曼荼羅とされてきた。これまで用いられてきた「参詣曼荼羅」という用語も、実は「古絵図」特別展に際して、「礼拝を目的として製作され、風俗画的、説話画的な要素を多分に盛り込んだ曼荼羅図を総称する概念」と規定されて使われた学術用語である。これらももとは「伽藍図」「境内図」などといった呼称が用いられていたのである。

この「古絵図」特別展後、歴史学・地理学・民俗学・国文学・宗教美術史などの分野で検討が深められていったが、なかでも昭和六十二(一九八七)年の大阪市立博物館での「社寺参詣曼荼羅」特別展の影響が大きい。そこでは、参詣曼荼羅とは、いわゆる諸霊山の「参詣」の状況を写した絵画であり、境内には参詣する老若男女が姿や形・色などとりどりに描かれ、祀られた神仏を描く代わりにその神仏が祀られている仏堂や社殿・舎殿を描くことで、曼荼羅の景観を語らしめた宗教絵画であるとし、その代表的なものが「熊野勧進十界図」であり「那智参詣曼荼羅」や「伊勢参詣曼荼羅」などであるとした。

鈴木昭英は『霊山曼荼羅と修験巫俗』[1]のなかで、「絵解きの用に供することを主たる目的として制作された宗教画に社寺参詣曼荼羅と称すべきものがある。一社一寺の境内やより広い地域の信仰圏を取り入れ、そこにある景観や建造物・道路・河川・橋梁などを描き、参詣者や行き交う人々の姿を点じ、ときには寺社縁起や伝説・祭礼・行事などを盛り込む」と社寺参詣曼荼羅を定義し、「立山曼荼羅を富士参詣曼荼羅と同様に社寺参詣曼荼羅の範疇に入れてよいと考える」と述べている。しかし、こうした考えは地理学的宗教空間の視点に立つ見解ではないだろうか。禅定登山や山麓芦峅寺で行われる布橋大灌頂などにみられる「堕地獄からの救済の論理」という立山曼荼羅の「曼荼羅」たる所以の宗教的本質が勘案されていないように思える。

その後、参詣曼荼羅の概念については、下坂守の「参詣曼荼羅考」や福原敏雄「参詣曼荼羅―勧進聖の絵解き絵図―」などの多くの論考がある[2]。近年、改めて概念の定義を検討したのが大高康正の「参詣曼荼羅試論」[3]である。大高は各種参詣曼荼羅の諸本一四六本の検証をとおして、参詣曼荼羅を概念規定し、その指標は「第一義的に、参詣者を勧誘する内容を描く霊場案内たりうるものであることに求める」ものとした。いわゆる参詣曼荼羅とは、諸霊山への「参詣」を誘う宗教絵画であるというのである。中世において寺社が伽藍再興を目的として描かれていた「霊場案内図」であったものが、次第に参詣者を勧誘するに変容していったものであると大高は指摘する。こうした参詣曼荼羅には「熊野参詣曼荼羅」や「那智参詣曼荼羅」などが該当する。

このように大高が参詣曼荼羅とみる指標の第一義に挙げているのが、「参詣者を勧誘する内容を描く霊場案内（絵解きによって）」であり、「人」（参詣人、禅定登山者）が描かれていることである。こうした指標により立山曼荼羅をみると、現在確認できる五〇点のうち、『来迎寺本』『金藏院本』『佐伯家本』『坪井家A本』『相真坊本』『大仙坊A本』『筒井

家B本』『善道坊本』『宝泉坊本』『吉祥坊本』『大江寺本』『龍光寺本』『大仙坊B本』『泉蔵坊本』『坂木家本』『立山博物館B本』『玉林坊本』『伊藤家本』『専称寺本』『竹内家本』『称念寺本』『中道坊本』『西田家本』など二三本が適合する。

しかし、『立山黒部貫光株式会社本』『相真坊A本』『越中書林本』『稲沢本』『多賀坊本』『最勝寺本』『富山県立図書館本』『立山町本』『日光坊B本』『玉泉坊本』『日光坊A本』『大仙坊C本』『市神神社本』『広川家本』『飯野家本』『立山博物館C本』『志鷹家本』『立山博物館A本（高橋家旧蔵本）』『村上家本』『藤縄家本』『称念寺B本』『四方神社本』などは各寺院や宿坊で備え、立山参詣者に供覧していたと思われ、必ずしも参詣を勧誘する内容とはいい難い。これらのなかには、江戸城内や大名の間で展観された『宝泉坊本』や『吉祥坊本』のようないわば美術品的なもの、明らかに山絵図に類似するもの、また、立山称名滝縁起を描いた称名庵本など、いわゆる立山曼荼羅とは異なったものもある。

立山曼荼羅については、五〇点という諸本の多さはもとより、大画面に描かれた絵柄の多様さや、加えて立山山麓の宿坊衆徒の立山という大自然に向き合い感得した宗教心によって、地獄・浄土そして救済措置としての布橋大灌頂を描いているという点から考えると、一律に立山曼荼羅を社寺参詣曼荼羅では括れないのではないかと考える。参詣曼荼羅の概念は描かれた画像から導きだされた呼称であり、曼荼羅の本意を表徴していない呼称ではないか。もとより概括的にみればすべてではないが、立山曼荼羅については、参詣曼荼羅の要素を有していることは否定できない。しかし「曼荼羅」と呼称する以上は空間論理をみなければならないと考える。このようにみてくると、これまで立山曼荼羅といわれているものをすべて社寺参詣曼荼羅の範疇に位置づけるには、さらなる検討を要する。

そこで立山曼荼羅の特性を次の四点について検討してみたい。

第一点は、縁起絵としての性格である。「曼荼羅―マンダ・ラ」とは真実を具有するの意であり、従って立山曼荼羅は、阿弥陀如来の本願成就をモチーフとした立山の精神世界の真実を余すところなく具有しているとの認識から、「曼荼羅」とも呼称するものであった。しかし立山曼荼羅は、開山者とされる佐伯有頼の開山ストーリーを展開する「縁起絵」の様式を採っており、芦峅寺では「御絵伝」と呼ばれている。おそらく芦峅人の描きたいこと、伝えたいことは、立山が開山されるに至ったプロセス、すなわち有頼が阿弥陀如来のお告げによって立山を開き、本地を阿弥陀如来とする開山の「縁起譚」であり、立山が熊野や白山と同様に由緒ある霊山として喧伝したかったのであろう。

阿弥陀のお告げとは、『立山手引草』(4)には、「汝、なげくなかれ、我、この山に跡を垂れて、衆生に善悪を知らせ、速やかに解脱を得せしめんと欲し、峯に九品の浄土をうつし、谷には一百三十六の地獄を設けたるなり、さて、有情を待つこと五百年におよべども、未だ人登ることを得ず、汝をこの山に誘引するも、道を開かせ、人々をこの峯に登らせて、仏道を成就し、現世利益を積んで、永く不退の位に到らせんためなり、早く山を開くべし」とあり、有頼はこの阿弥陀のお告げにより、慈興上人と号して立山を開いたと説くのである。すなわち、阿弥陀が立山山中に浄土と地獄を設けた趣意は、衆生に「善悪を知らせ、速やかに解脱を得させること」であり、その意味では浄土と地獄の場面は、芦峅人のなかでは脇役に過ぎないのであり、あくまで主役は、開山者佐伯有頼が玉殿の前で阿弥陀のお告げを受ける場面であり、また諸人の救済(文政期頃から女性往生)を謳った「布橋大灌頂」儀礼であろう。このことは立山の山岳景観が、阿弥陀如来の大願を成就せしめる信仰空間―宇宙にほかならないことを物語っている。

第二点は、特異な「宇宙観」で描かれていることである。立山曼荼羅は日本人特有の自然観にもとづく「聖」と「俗」が織り込まれ、画面全体に聖(非日常世界)と俗(日常世界)が一体化した、修験道にいう『宇宙観』で描かれていることである。このことを端的に物語るものに、岩峅寺の集落、芦峅寺の集落を描くにあたって、田畑や耕作する民などの日常的な村落の生活空間の表現が意図的に描かれていないことである。画面全体から日常的空間を拭い去ることによって、立山曼荼羅を観るものに対して一種の立山が創り出している聖域空間（宇宙）を表現したかったのではないだろうか。そのような意味合いでは立山曼荼羅はメディテーション（瞑想）の対象であり、絵解きという行為は瞑想を介助するある種の演出と考えられる。このような描き方は、先述した熊野観心十界図や白山曼荼羅・富士山曼荼羅の山岳景観・宇宙観と大きく異なるものである。

第三点は、地獄絵の特性が挙げられる。立山曼荼羅に描かれた立山山岳景観を背景とする立山地獄の特異な空間は、山と死後世界との結合を図像化したもので、六道十王図の一つの支脈である熊野観心十界図との関連があると鷹巣純は指摘する。「老い坂」と総称されるこの系統の山岳表現もまた、十六世紀の『総持寺本』から十八世紀の『松禅寺本』に至る六道十王図のイメージを共有し、日本の死後世界表現に山を結びつける大きな要因をなしている。(5) いうなれば、立山曼荼羅に描かれた特異な地獄空間のなかに、『往生要集』にはじまる仏教的死後世界観とそれ以前の日本的他界観が融合して形成された地獄・極楽観や、輪廻転生論での六道観をみることができ、地獄絵の系譜において最終的な到達点といえるものであろう。

第四点は、「堕地獄からの救済」という特性が挙げられる。立山曼荼羅は、山中の他界に身を置くこと、すなわち禅定登山によって生前の罪を贖罪し浄土に往生できるという救済の道筋を説くものである。それゆえに、謂われなき理由により登拝が許されない女性には、救済の方便として修験道にいう登拝修行の代替としての救済儀礼である「橋渡り」があった。(6) そして江戸後期には「橋渡り」儀礼が救済儀礼として成熟した「布橋大灌頂」となり、女性への参詣を訴えたのである。図柄として、禅定登山の様子、立山地獄の景観、布橋大灌頂の様相が画面全体の半分余を占めて描かれている。まさしく立山地獄からの救済、そして布橋大灌頂儀礼への参詣を併せて一連の立山信仰の世界観を指すものであり、いうなれば堕地獄からの救済という特性をみることができる。

註

（1）鈴木昭英「社寺参詣曼荼羅の特性とその普及」『修験道歴史民俗論集2　霊山曼荼羅と修験巫俗』（法蔵館、二〇〇四年）一五四頁。

（2）下坂守「参詣曼荼羅考」『描かれた日本の中世』（法蔵館、二〇〇三年）。福原敏男「参詣曼荼羅―勧進聖の絵解き絵図―」『地図の思想』（朝倉書房、二〇〇五年）。

（3）大高康正「参詣曼荼羅試論」『近世の宗教と社会一　地域の広がりと宗教』（吉川弘文館、二〇〇八年）二三四頁。

（4）『立山手引草』嘉永七年、岩峅寺延命院玄清写。

（5）鷹巣純「日本人と地獄のイメージ」（富山県［立山博物館］特別企画展図録『地獄遊覧』二〇〇一年）。

（6）『加賀藩史料　第貳編』（清文堂出版、一九八〇年）二三六頁。

慶長十九（一六一四）年、加賀藩初代藩主前田利家夫人芳春院と二代藩主利長夫人玉泉院が芦峅寺中宮媼堂参詣のため逗留し「橋渡り」を行っている。

第二節　立山曼荼羅の諸相

1　山岳曼荼羅の相

さて、前節で立山曼荼羅の四つの概念について考えてきたが、ここで改めて、立山曼荼羅が内包する諸相を検討し、その範疇を考えてみたい。

熊野・白山・富士山・立山をはじめ霊山と呼ばれる山々においては、中世後期から近世にかけて信仰布教及び参詣を増やすため、それぞれに独自の曼荼羅を制作している。これらの曼荼羅には垂迹曼荼羅・本迹曼荼羅・宮曼荼羅・参詣曼荼羅などがあり、総称して霊山曼荼羅と呼称するが、特に白山・富士山・立山など山岳景観を背景に聖域と俗域を一画面に描く曼荼羅を、山岳曼荼羅とも呼称している。この山岳曼荼羅は、当初は礼拝のために一山の社殿、霊山景観、崇拝対象などを描いたものであったが、やがて信者たちにこれをみせて絵解きする道具として用いられるようになった(1)。

白山・富士山・立山の各曼荼羅をみると、どの曼荼羅にも一様に「三山」が描かれている。すなわち白山曼荼羅では大汝・御前が峰・別山、富士曼荼羅では山頂を三峰に分けられる。立山曼荼羅では浄土山・雄山・別山の三山が描かれ、その頂には舎殿が、そして主峰である立山(雄山)の下には本地仏である阿弥陀や不動明王が描かれ、地獄や極楽の情景、下部には俗域や修行者の姿が描かれている。そして山頂を目指して登拝する禅定登山者が描き込まれている。

ところで、現在五〇点確認できる立山曼荼羅は、いずれも立山の山岳景観を背景に、開山縁起をはじめ、浄土、地獄、布橋大灌頂、そして禅定風景を描いている。もとより立山曼荼羅はこうした基本要素を踏まえながらも、図柄や配置などは画一的なものではなく、制作された場所も、立山山麓芦峅寺や岩峅寺、越中国外の檀那場である三河や近江・大坂などいろいろで、その時期、絵師によっても異なる。また模写関係にある立山曼荼羅もある。

ここでは、近世中期頃成立の四幅から成る芦峅寺系『来迎寺本』『大仙坊本』を基準的な立山曼荼羅とみなし、山岳曼荼羅としての図柄を紹介しておくこととする。

まず立山曼荼羅の画面構成をみると、上部左右に白月と太陽が配されている。その下には左から針の山劔岳、そして別山・大汝峰・雄山・浄土山が続き、各山頂に社殿が描かれ、大汝の左上方には阿弥陀三尊、浄土山の左上方には二十五菩薩が来迎する情景が描かれている。その左下方に目を転じると、山中には閻魔王庁をはじめ地蔵菩薩や、血の池・剣の山など地獄景観が生々しく描かれている。

なお『来迎寺本』には白衣の道者衆が、芦峅寺から称名滝のそばを通り、室堂を経て五ノ越を越え、雄山や大汝に登る姿が描かれている。この道者衆は、山中六道、四聖の修行を経て山頂を極める立山禅定を行っている図像である。『大仙坊A・B本』ではこの下部中央・右側には芦峅寺中宮寺境内で行われる布橋大灌頂の情景が描かれている。また、立山開山縁起にもとづき、画面下と雄山直下には、佐伯有頼が熊を追って山中に入り室堂玉殿窟において阿弥陀如来（立山権現）を感得する場面が描かれている。なお「来迎寺本」には画面最下部に俗界と聖界との境界を示す川が認められる。

2 禅定曼荼羅の相

立山曼荼羅の諸本の多くには、立山禅定登拝者が描かれており、なかでも『来迎寺本』は登拝ルートが一目でわかるように、菅《すげ》笠をかぶり白装束の道者衆が描かれている。彼らは、芦峅寺を出でて称名滝を左手に眺めながら桑谷の茶屋で一服、一ノ谷の鎖場をよじ登りようやく室堂平に至る。さらに室堂平を出でて一の越・二の越・三の越、そして五の越を越えて雄山山頂に至り、頂上社殿を拝する。さらに大汝・別山へと登る。『佐伯家本』には、材木坂辺り、美女杉辺り、一ノ谷の鎖場、室堂平辺り、雄山山頂に登拝者が描かれている。このほか、『坪井本』『相真坊本』『大仙坊本』『筒井家本』『善道坊本』『宝泉坊本』『吉祥坊本』『大江寺本』『龍光寺本』『大仙坊本』などにも点々と描かれているが、『来迎寺本』ほどは詳細に描かれず、禅定登拝の主張が地獄や布橋大灌頂のアピールに隠れ、弱められているかにみえるが、決してそうではないのである。

画面の中央付近には、一ノ谷の鎖場をよじ登る登拝者の姿が描かれ、その岩場すなわち獅子ケ鼻の頂に象徴される頂には緑なす松が描かれ、その松には吊された紅白の扇が鮮やかに描かれている。この場面は多くの曼荼羅にも描かれており、きわめて意図的なものを感じる。あたかも曼荼羅世界＝宇宙をこの一点で引き締めているかのように思われる。松と扇はいずれも永遠の命を象徴するものであり、この場面によって禅定登拝を象徴化させたものではないか。ともあれ、多くの立山曼荼羅には禅定登拝の場面が意識的に描かれており、修験道にいう「修験者が山中を歩くことによって再生力を身体で体得する」ことの意を継承しているものとみることができる。

なお、禅定の語は、修験道によれば霊山における入山・籠居の修行を指すものであるが、近世では白装束して登山することもまた禅定と称するようになったのである。立山における「禅定」の語は、謡曲『善知鳥』に「立山に禅定申さばやと存じ候」の文言がみえ、また道興准后の『廻国雑記』には、「かくて立山に禅定し侍りけるに、先三途の川に到りて思ひつづけらる」、「白山禅定し侍りて、三の室にいたり侍るに、雪いとふかく侍りければ、おもひつづけ侍りける」とあり、『妙法寺記』の永正十五（一五一八）年の条にも「この六月富士山禅定」とある。また、富士山・白山・立山を登拝する「三禅定」も十六世紀頃からはじまったとみられる。

3　観想曼荼羅の相

白山・立山の曼荼羅では、ただ単に、山岳や社寺を描き修行や参詣の必要を説くだけでなく、地獄や浄土の景観を詳細に描くことによって、死後、恐ろしい地獄に堕ちることなく、浄土に成仏せんことを説くのである。白山曼荼羅では、地獄を通り越して山頂を極めることによる即身成仏が描かれ、立山曼荼羅では、地獄をめぐり、地獄を越えてさらに山頂を目指して修行する道者衆、また布橋大灌頂の参詣による成仏を願う女人衆の姿が描かれるのはこのためである。

立山曼荼羅では、絵解きという唱導により、曼荼羅を観じる人々が、あたかも曼荼羅中の修行者であるかのような心持ちを起こさせ、山岳修行による成仏の仮体験の場を提供するのである。そして絵解きの最後には地獄を遁れ浄土に生まれ変わるための、男性には禅定登山を、女性には布橋大灌頂に参詣することを勧めるのである。これらのことを端的に物語るものとして、嘉永三（一八五〇）年に成立した絵解きの台本『立山手引草』[2]がある。そこでは、

今、この四幅一面の大画は、高祖先達の思惟により女人を救はんその為に、色心不二を開示して、我らが心の善悪をそのまま見る目にあらはせり、心に心を問ふならば、などか此に替はるべし、疑いやめて今しばし、敬礼供養なすならば、この座がそのまま禅定ぞ、

（中　略）

夏には男子たる者、このお山に禅定あらんこと、願うなり、秋の彼岸の中日には、女人たち、この立山の布橋大灌頂にさ参拝することを願うべし、

と口上し、この曼荼羅は我々人間の心の裡にある善悪を映すものであり、絵解きのままに自らの心を同化するならば、絵解きのこの場こそが、そのまま「禅定」すなわち成仏の道に至るものとされた。

曼荼羅は単なる風景画ではない。その聖なる宇宙のなかに自己を位置づけて初めて意味をもつものであり、こうした曼荼羅をみる人は、絵解きというサポートによって、開山の場面で阿弥陀の示現をみ、画中の参詣者に自らの山岳修行を観じ、さらに自己の修行の成就や成仏を確信するのである。言うなれば、立山曼荼羅は、曼荼羅を観じる者に対して、曼荼羅の画面をそのまま聖なる宇宙になぞらえ、その人を聖なる境地に導く機能を果たしているのである。このような意味において立山曼荼羅は、観想の曼荼羅、観想曼荼羅ともいえるのである。

4　宇宙(聖域)曼荼羅の相

立山曼荼羅の観相曼荼羅としての相には、思想・理念として修験道の宇宙観がその背景となっていると考えられる。それでは修験道の宇宙観とは、どのような内容をいうのか。我々が生活している現世の宇宙とは天体を指すものであり、空間的には天と地に分かれ、時間的には過去・現在・未来の区別がある。しかし修験道の他界観では、空間的には天と地は合一し、時間的な過去・現在・未来は一体化しているというのである(3)。立山曼荼羅もこうした修験道の「金胎不二」(4)の宇宙観の影響のもとに画面を構成したものと思われる。

修験道の教義では、山岳そのものが金胎(金剛界と胎蔵界)不二(習合)の曼荼羅と観《み》て、そのなかを登拝する修行者自身が金胎不二となるとの思想が認められたのである(5)。

それでは修験道ではいったい山岳をどのようにとらえているのであろうか。修験道教義の基本的な文献である『修験修要秘訣集』(6)「峰中灌頂敬白文」には、修験道の根本修行道場とされる大峰山について、「夫当峰者金胎両部浄刹、無作本有曼荼也」と記している。すなわち山岳は金胎両部を有する宇宙そのものであり、また天と地が合体する宇宙の軸をなすという曼荼羅的世界観を示しているものといえる。

鎌倉・室町時代の修験道の隆盛期において、こうした思想や理念が修行のなかに取り入れられ、修法壇において金胎不二の修験曼荼羅を観ずることによって、自分自身がその境地に入るという考えが成立した。当初は礼拝のために霊山の山頂や山中の社殿など崇拝対象を描いた山岳曼荼羅が、やがて先達や聖たちが信者たちにこれをみせて絵解きする教具として用いられるようになり、熊野曼荼羅や白山曼荼羅・富士曼荼羅、そして立山曼荼羅のような自己宇宙観を絵解きした山岳曼荼羅が成立したと考えられるのである。

それでは修験道の金胎不二の思想は立山曼荼羅にどのように反映されているのだろうか。曼荼羅を構成する「非現実」の世界(「聖域」、仏の世界)と「現実」の世界(「俗域」、人間の世界)の二つの世界は決して別々の存在ではなく、ともに一大宇宙、曼荼羅を構成するものとなり、肉眼や耳では識ることのできない神秘の世界が根底となって現実世界があらわれるとの金胎不二の思想に合致する。すなわちこの二元的世界は、立山曼荼羅の大画面において何らの違和感もなく調和し、不一不二の習合した関係を表象しており、まさしく修験道にいうところの宇宙観の表れであり、日本人特有の自然観にもとづく「見立て世界」を絵画として表現しているのである。

現実的世界にある室堂平一帯は胎蔵界に見立てられ、なかでも玉殿窟は、開山者有頼と阿弥陀如来との邂逅の場面として描き、死から生への生まれ変わり、すなわち熊(有頼の矢を受けて一旦死の状態を得ている)から阿弥陀如来へと生まれ変わる場として設定され、山岳信仰の基本的論理である「生まれ変わり」を示唆するものである。また修験道の世界観では「夫地獄ト者胎蔵界ナリ」の文言にみられるように、一度死んで他界、すなわち地獄に入った修験者は、胎蔵界に見立てられた山中において懺悔滅罪し、仏の感得を得て再生するのである。

なお、立山において阿弥陀如来が出現する論理は、次に引用した『峰中秘伝』(7)において示されている。

夫地獄ト者胎蔵界ナリ、其ノ故ハ一切衆生ノ母胎内ニ在シテ、憂悲ノ苦悩ヲシテ過去ト成ル所ニ随テ、或ハ善処或ハ悪処ニ生スルモノ也。又ハ胎蔵界ヲ地獄ノ主トモ云、（中略）・胎蔵界ニ阿弥陀御坐ス也。我ヲ引導シ玉フ事ハ西方ノ阿弥陀也。其源ヲ尋ルニ西方ハ地獄ノ中第一也。地獄ト者彼ノ阿弥陀母タリ、懐孕ノ時寂光土ニ宿ル、

地獄を有しているのは実は胎蔵界であり、地獄こそ阿弥陀を生んだ母である。古来、立山は地獄の山であるがゆえに阿弥陀が出現するのである。それゆえに立山山中に入り懺悔滅罪した修験者が阿弥陀如来の導きのもとに寂光土に宿るというのである。

5　垂迹曼荼羅の相

立山曼荼羅のなかに、珍しい曼荼羅があるので紹介しておきたい。その珍しい曼荼羅とは、明治初期に描かれた『玉林坊本』である。この曼荼羅の図像は他のものと異なり、画面の上段には、雄山山頂に立山の神である伊弉諾大神と手力男大神の二神が並んで大きく描かれており、中段の山中には、登拝道が描かれるが、地獄の景観もなく仏教的色彩は全くみられない。下段には、岩峅寺の境内と社殿が描かれ、画面全体として人物や冥官・鬼も一切描かれていないもので、岩峅寺系開山縁起の冒頭部分を絵画化したようである。広義の垂迹曼荼羅であり、神道絵画である。

さて、五〇本を数える立山曼荼羅が内包する様々な性状を、以上の五つの相に抽出を試みてきたわけであるが、こ

のような相は、修験道における曼荼羅の展開の過程で生み出されたものである。すなわち、修験道の曼荼羅は、本来修験者が霊山のなかを歩くことによって身体で体得したことを絵解きするためのものであったのが、やがて観ずるもの、拝するもの、みせるものに展開していったもので、こうした曼荼羅の特性を受けて、立山曼荼羅を上記のように五つの相を具有する曼荼羅と考えたのである。従って立山曼荼羅は、これまでの学説のように参詣曼荼羅という包括的な範疇ですべて一括りできるものではない。

仏教の山、神社神道の山、修験の山の景観を併せ持つ立山の山岳景観、そして立山曼荼羅から導き出された山岳曼荼羅の相、禅定曼荼羅の相、聖域(宇宙)曼荼羅の相、観想曼荼羅の相、垂迹曼荼羅の相の、五つの相を内包する性状を総体化したときに、修験道にいう「山入り」の概念、すなわち禅定登拝を成就することによって得られる〝堕地獄からの救済〟という命題が成立するのである。こうした命題が立山曼荼羅に込められた芦峅寺の宗教理念であるとするならば、立山曼荼羅は、単に参詣者を勧誘する内容を描く参詣曼荼羅ではなく、むしろメディテーション(瞑想)により「堕地獄からの救済」を希求する「立山観相曼荼羅」と呼称することができるのではないか。

註

(1)　宮家準「修験道の曼荼羅」『修験道思想の研究』(春秋社、一九九九年)二五八～二六三頁。

(2)　『立山手引草』岩峅寺延命院蔵。『立山手引草』は仮題。原本には題名なし。末尾に「于時嘉永寅年三月下旬写之、延命院玄清書」と記されている。現代語訳は林雅彦。「立山曼荼羅絵解き」『立山曼荼羅を聴く』(富山県［立山博物館］、一九九四年)現代訳は林雅彦。

(3)　宮家準「他界観の構造」『修験道思想の研究』三六五頁。

（4）「金胎不二」とは、金剛界と胎蔵界を指し、また「金」とは「衆生の智」であり、「胎」とは「本有の理」であり、智と理が法の本源において一法の表裏をなすことをいう。『密教大辞典』（法蔵館、一九七四年）二二八四頁。
（5）宮家準「他界観の構造」『修験道思想の研究』二六二頁。
（6）鈴木学術財団編著『日本大蔵経』増補改訂 第九四巻 修験道章疏Ⅲ『修験修要秘訣集』（鈴木学術財団、一九七六年）。
（7）鈴木学術財団編著『日本大蔵経』増補改訂 第九三巻 修験道章疏Ⅱ『峰中秘伝』（鈴木学術財団、一九七六年）。

第二部　加賀藩の宗教政策と宗教村落芦峅寺の様態

第一章　加賀藩の宗教政策と芦峅寺・岩峅寺

はじめに

徳川幕府にあっては、寛永五（一六二八）年までに諸宗派・諸大社ごとの法度を制定し、さらに全国の仏教諸宗に対し、統一的な法度を制定したのは、寛文五（一六六五）年七月のことである。このように、すべての宗派が同じ法度によって規制されたということは、どの宗派も個性を失い、幕藩体制の支配下に組み入れられたことを意味する。こうした幕府の法度は全国諸藩に対しても強制力を有し、加賀藩の場合、幕府の法度を借用し、とりたてて独自の法度を作った様子もみられず、地域的な特性を備えているとは言い難い。ただ、慶安元（一六四八）年十二月に、前田利常の意向を受け、神社と社人に申し渡した九箇条の掟書、(1)慶安五年九月二十五日、二代藩主前田利常が自ら寺社奉行に示した領内諸社寺への十一箇条の申渡条々覚書(2)は、加賀藩の統一的な寺社方法度といえる。しかし、実態的には加賀藩の場合は諸宗寺院個々の実状に沿って対応することとしている。

具体的には、前田氏が対応に腐心している寺院といえば、一向宗に対応する勝興寺、黒部奥山と信越ルートに対応する立山芦峅中宮寺であろう。

殊に一向宗については、利常は真宗の門徒組織を巧みに利用して統治するのが得策と考え、寛永九（一六三二）年、幕府は諸宗諸大寺に下命して本末帳を作成提出させたことに倣って、加賀藩は社寺対策として本末組織を利用して真宗寺院の統制に積極的に利用するとともに、他宗の統制にも利用したのである。

なお「微妙院公夜話」のなかに、前田利常の言葉として、次のような話が記されている。

検地奉行伊藤内膳が、村々にある一向宗寺庵の所有する拝領地を全部取り上げ地子地にすれば、莫大な収入が得られましょうと申し上げた。すると利常は、国の統制は本願寺門主によって保たれているのだから、一向宗とは重宝なものだということがわからぬか、と述べたということである。(3) 利常は真宗の門徒組織を巧みに利用して統治するのが得策と考えたのである。

一、伊藤内膳検地奉行いたし候節、在々に一向宗有之、寺地被下罷在候。是等御取上地子に被仰付候得ば、大分之御銀あがり可申旨申上候へば、内膳は合点せぬか、国々の仕置大形門跡より被致、我等仕置は少分之事、一向宗可重宝〳〵と御意之由。

寛永九(一六三二)年、幕府は諸宗諸大寺に下命して本末帳を作成提出させた。加賀藩は社寺対策として本末組織を利用して真宗寺院の統制に積極的に利用するとともに、他宗の統制にも利用したと考えられる。

註

(1)『加賀藩史料　第参編』(清文堂出版株式会社　一九八〇年)二八二頁。
(2)『加賀藩史料　第参編』三八四頁。
(3)『加賀藩史料　第参編』七〇九頁。なお微妙院公とは加賀藩三代藩主前田利常のこと。

第一節　慶長十（一六〇五）年以降の寺社対策（加賀藩治下の政策）

近世初期における統一政権の宗教政策は、それぞれの領国（藩）においても、藩や藩主の置かれた立場によって独自の政策が展開されていた。加賀藩の宗教政策もまた同様である。

次に前田氏政権を経て慶長十年に徳川幕府の一藩となった加賀藩の宗教政策を、一、総括的な寺社対策、二、寺社の拝領地・寄進地改めなどによる寺社統制、について年次を追ってみていくこととする。

一　総括的な寺社対策

1　元和元（一六一五）年＝大坂落人の探索

藩は、大坂の陣以後の元和元（一六一五）年閏六月六日付けで、天台宗・真言宗の寺院に対して大坂落人の探索を命じている。(1)このことは後の宗旨人別帳の先駆的役割を仏教寺院に果たすこととなった。

2　寛永七（一六三〇）年＝宗旨人別帳の作成

寛永七（一六三〇）年に行われた幕府のキリシタン穿鑿に伴い、毎年十月、幕府に上申するを例とした戸主に対する宗旨改めが実施された。(2)但しこの宗門改めは、宗旨人別帳の作成による戸口調査情報が得られることから、藩にとっても宗教上のみならず領民の掌握上からも注目すべき施策であった。

3　寛永十九（一六四二）年＝宗門（改）奉行の設置

寛永十五（一六三八）年の島原の乱平定、同年のキリスト教厳禁、同十六年には幕府の宗門改めが設置され、この一連の施策の下に、寛永十九年切支丹宗門改めを掌る宗門奉行が置かれた。宗門奉行には五名の人持以上の高知行の家臣に任ぜられており、(3) 宗門改めの重要性を物語っている。

4　延宝七（一六七九）年＝寺社方所付改めの実施

加賀藩は、延宝七年には「寺社方所付之惣帳」改めが行われた。(4) 領内の寺社方のうち他所に屋敷替えをするものは、事前に寺社奉行の許可を得ることとなった。以後、「寺社方所付之惣帳」は寺社所在地の基本台帳となったのである。更には天和二（一六八二）年には寺社身分の再吟味がおこなわれている。(5)

二　寺社の拝領地・寄進地改めなどによる寺社統制

加賀藩では、農業政策の根幹として明暦期から寛文期（一六五三〜一六七二）にかけて改作法が実施され、より安定的な年貢収納が図られた。しかし、寺院や神社の所有する土地については、前田氏の初期の頃の寄進・安堵は懐柔策の一環として行われたことにより寺領・社領の面積や地境などが不分明であることから、この問題を解決するに当って、士農工商の身分に含まれない、あるいは寺庵主・道場主などの身分の定まらない階層の固定化及び所有地を確認し認定するなどさまざまな問題が山積していた。これらを解決する手だてとして寺社改めという強権的政策が実施されたと推測される。こうした施策が実施される背景には、太閤検地による寺社領の没収と再交付という経済政策を伴った統制策があったと考えられる。(6)

1　寛永十三（一六三六）年＝拝領地改め

寛永十三年に、御領国寺社一統の拝領地面の「御改」が、御検地奉行前波嘉右衛門を以、まづは御社領並五社之宮地等の検地が行われ、これまでの御印物が取替られ、改めて新たな歩数等を定めた御印物が与えられている。(7)

この拝領地改めは、寛永十三年に検地に伴って実施されており、どこまで実施されたかは管見史料では明らかにし得ないが、検地を伴う最初の寺社領地改めであったと考えられる。

2　慶安元（一六四八）年＝寺社奉行の設置

慶安元年には寺社奉行が設置されており、葛巻蔵人・岡島市郎兵衛・茨木右衛門の三名が任命されている。(8)同年十二月六日には寺社取締りのための九箇条の法度が公布され、また同日には神社の社領・拝領屋敷地について、その証文を添えて書き上げることを命じている。(9)

拝領地の由来を書き上げさせる神社拝領地改めは、慶安元年から二年にかけて、神社のみならず寺庵についても実施されたと思われる。(10)

なお、慶長九（一六〇四）年・元和二（一六一六）年には、改作法施行の前提として隠田摘発を目的とした領国内惣検地が実施されており、(11)歩数・境界の曖昧であった寺社拝領地の再検地はまさに隠田摘発の検地そのものであった。

3　慶安五(一六五二)年＝寺社奉行の職務を布達

慶安五年九月二十五日、利常は寺社奉行の職務について十一箇条の規程を布達している。[12]この布達のなかで注目すべき条項は、諸寺の住持の不作法をきつく誡め、住持の入れ替えを行うこと、私的に後住及び新寺建立が禁じられていること、また「一、諸宗出入之義、其頭寺より一宗中令相談、大形之義は下にて済様に申付べし。若不相済義者、奉行江相断候様に可申渡、断次第遂吟味、早速埒明事。」とあり、各宗触頭は、触下の寺院を完全に掌握することになり、ここに於いて領内の寺院は触頭の下に掌握されることとなり、ひいては藩が一元的に寺院を掌握できることとなったのである。

このように慶安五(一六五二)年九月の寺社奉行職務規程や万治元(一六五八)年八月十九日の布達によって新寺取立が禁止され、承応三(一六五四)年八月の神主組合の編成と併せて、既存の寺社は、触頭によって把握されるに至ったのである。ここに寺社改めの基礎が整備されたのである。

4　明暦二(一六五六)年＝寺社屋敷改め

明暦二年に寺社屋敷改めが実施され、その後も由緒の明確なものを除き、他は高に編入されることになったのである。[13]

5　延宝二(一六七四)年及び貞享二(一六八五)年の寺社の由緒書上

加賀藩は、加越能三カ国の寺社に対して、延宝二(一六七四)年中には領内すべての寺社に対し「社寺来歴」を、貞享二（一六八五）年四月には、菩提所以外で寺社領が与えられている寺社を対象に「寺社由来」の提出を命じた。延宝の寺社改めは、前田一門の菩提寺・祈祷所・外護所として藩の特別の保護を受けていた寺社が対象とされ、いわば藩の「公的寺社」を認定したものであった(14)。

寺社が各々の由緒を差し出すということはとりもなおさず加賀藩に従うことを意味するものであった。その結果が領内の寺社はその大半が「延宝二年加越能社寺来歴(15)」と「貞享二年寺社由来(16)」に登載され、藩における寺社の格付けあるいは位置付けがなされた。このことは、貞享二年に加賀藩のこれまでの一連の寺社統制策が完了したことを意味するものであったと考えられる。

なお、加賀藩の一連の寺社改め政策は、新たな課税対象地としての領地の的確な掌握のため、また、寄進地の領域や面積の曖昧なものを精査することを目的に実施したものと考えられる。

そのような意味合いにおいて、改作法実施の精神を寺社にまで拡大しようとしたのが寺社の拝領地改めであった。大桑斉は「加賀藩の寺社改め」において「寛永・慶安の寺社改めが農政上の施策と密接に関連するものであり、加えて、その布達された承応元年の改作法がスタートの年であることを知るとき、単なる寺院統制・宗教統制という以上のものを見なければならない」と指摘している(17)。

ここで、寺社の拝領地改めと改作法に関わりについて補足的に記しておくと、加賀藩初期の諸政策のなかで、最も緊急でかつ根本的な問題は生産力の掌握と年貢の確定であった。そのため、土地の生産力を数量的に把握するとともに、新たに出分を打ち出し、これによる年貢の増収を図ることであった。まず慶長十（一六〇五）年、砺波・射水・氷見の三郡において総検地が実施された。その後、三代藩主利常が、藩政初期以来の農政の反省の上にたって、慶安四（一六五一）年に着手し、明暦二（一六五六）年に確立した農政改革「改作法」を実施したのである。

この改作法は領民すべてに土地を占有させ、その代価として年貢を納入させるものであり、そのためには、検地による領内全域の土地の調査と占有者・年貢負担者の確定が必要である。農地については十村制度を活用し、村請制により安定的な年貢収納がはかられた。

かくて、改作法によって農地・農民の掌握が達成され、武家の給人知（家臣の俸禄）直支配の禁止など農地に対する政策が功を奏した。一方、利家・利長時代に行った寺社に対する懐柔策から寺領・居屋敷の寄進が進められたが、寺領境も曖昧なものも多くあったようである。そのため寺社の拝領地改めが不可欠であったのであろう。

註

（1）『加賀藩資料』第貳編（清文堂出版株式会社　一九八〇年）三四六頁。
（2）日置謙編『加能郷土辞彙』（北国新聞社　一九五六年）四一二頁。
（3）日置謙編『加能郷土辞彙』四一二頁。
（4）『国事雑抄』下（石川県図書館協会　一九七一）七三八頁。
（5）『改作所旧記』中（石川県図書館協会　一九三九年）一八頁。
（6）澤博勝『近世宗教社会論』（吉川弘文館　二〇〇八年）三一六頁。
（7）『加賀藩資料』第貳編、八一六頁。
（8）『加能郷土辞彙』三八五頁。『藩国官職通考』一五頁。
（9）『加賀藩資料』第参編、二八二頁・二八三頁。
（10）大桑斉「加賀藩の寺社改め」『加越能寺社由来』下巻（石川県図書館協会　一九七五年）六六一頁。

(11) 慶長九年〜同十三年の検地、『加能郷土辞彙』三〇二頁。元和二年、能州の検地『加賀藩史料』第貳編、三八〇頁。

(12)『加賀藩史料』第参編、三八四頁〜三八五頁。

(13) ①『改作所旧記』上(石川県図書館協会　一九七〇年)二三〇頁。

「一、御郡中寺社屋敷、明暦二年に御改、何も入高に被仰付候へ共、自然其節入高にはづれ罷在候寺社屋敷有之候は、其名　屋敷の歩数、何村領に居住仕旨書記可申候。」

②『国事雑抄』上、三二一頁。

③大桑斉「解説 加賀藩の寺社改め」『加越能寺社由来』下巻(石川県図書館協会　一九七五年)六七四頁。

(14) 室山孝「解題」『加越能寺社由来』下巻(石川県図書館協会　一九七五年)、六一七頁。

①延宝二年―『改作所旧記』中、一八頁。

②貞享二年―『加越能寺社由来』下巻、六八二頁。

(15)『加越能寺社由来』上巻(石川県図書館協会　一九七四年)一一〇〜一五二頁。

(16)『加越能寺社由来』上巻、一五四〜二二六頁。

(17) 大桑斉「解説 加賀藩の寺社改め」『加越能寺社由来』下巻、六七二頁。

第二節　岩峅寺と芦峅寺の位置づけ

はじめに

立山の岩峅寺の立山寺と芦峅寺の立山中宮寺は「社寺来歴」「寺社由来」ともに登載されており、藩の公的な寺院として確定され、祈禱所・外護所として藩特別の外護を受けることとなり、公費による御普請の寺院と認定されている。このように岩峅寺・芦峅寺が、以降江戸時代を通して宗教的特権を自認する根拠として常に引き合いに出されるのが、天正十六(一五八八)年の前田利家の二通の寄進状である。一通は次のようなものである[1]。

当村之内を以、嫗堂江為新寄進百俵之候、全有寺務、諸堂伽藍成次第被加修理、勧行等不可有油断候、仍寄進状、如件、

天正十六

十一月晦日

筑前守《(前田)》

利家印

立山中宮寺

もう一通は次のようなものである。(2)

岩峅村之内ヲ以、立山権現江為新寄進、百俵進之候、全有寺納、諸堂被為造営祭礼勤行、不可有油断候、仍寄進状、如件、

天正十六

筑前守《前田》

利家印

衆徒・社人中

立山寺

衆徒神主

この寄進状について、文化十二(一八一五)年十一月の公事場からの質問に答えた記録に「天正十六年之頃、立山仲宮寺ヲ其後芦峅寺ト改リ、右年中之立山寺を其後岩峅寺ト改リ候義ト相見へ候、此義ハ双方之御寄進状を以申事ニ候条」、「御印頂戴仕候は天正十六年十一月晦日之事」(3)と記されている。

一　寄進・安堵の状況及び外護

1　寄進・安堵の状況

岩峅寺の立山寺と芦峅寺の立山中宮寺は、前田利家によって天正十六(一五八八)年に一〇〇俵の地の寄進や衆徒神主諸役免除・山銭免除の安堵などの特権が付与されており、その後の利長・利光(利常)など藩主の安堵を含めると一

六回にも及び、その他の諸宗、曹洞宗・臨済宗・真言宗・一向宗などに対する寄進・安堵の回数に比して最も多い。ちなみに、次に多い伊勢御師堤源介(氷見)・今石動永伝寺・瑞龍寺・安居寺は各々三回であることをみると、芦峅媼堂中宮寺と岩峅立山寺は異常に多いことが分かる。このことは取りも直さず藩が立山に対して大きな〝期待〟を懸けていることを示している。

その期待とは、一つに、信州・飛騨との国境の警備に関わる事柄、二つに、平安後期からの立山信仰に係る修験の寺としての祈禱力を挙げることができる。なお、岩峅寺・芦峅寺に対する寺領寄進高については各五〇石、両寺合わせて一〇〇石である。ちなみに、中世以来、真言宗の古刹である石動山天平寺については、天正十九(一五九一)年に一〇〇俵の地(後に五〇石)、承応元(一六五二)年に一〇〇石が加増されているが、同じく真言宗の古刹大岩山日石寺は、明暦二(一六五六)年に寺領二〇石の地が寄進されているに過ぎない。また白山については、慶長元(一五九六)年に白山比咩神社社殿の再興が最初の保護策として登場する[4]が、その後、慶長十六(一六一一)年に三三石三斗の地が寄進されているのみであった。[5]

このようにみてくると、延宝二(一六七四)年「延宝年中加越能寺社来歴」[6]にみえる加賀藩の菩提所として厚遇された曹洞宗寺院は別格として、立山の両峅は、五〇石の寄進に加えて寺領寄進・安堵のほか、表1の如く他の寺社にはみられない衆徒神主諸役免除、神領外上申地諸役免除・山銭免除などといった諸役免除の特権が与えられており、加賀藩にとって芦峅寺は立山の国境管理、岩峅寺は祈禱所として軽視できない存在であることを示している。

表1　岩峅立山寺・芦峅中宮寺に対する寺領寄進・安堵・諸役免除など特権付与

年月	岩峅立山寺 内容（発給者）	芦峅中宮寺 内容（発給者）
天正　十六・一一	同所内一〇〇俵の地寄進（前田利家）	同所内一〇〇俵の地寄進（前田利家）
同　十八・二	衆徒神主諸役免除（前田安勝）	衆徒神主諸役免除（前田安勝）
文禄　五・六		神領外上申地諸役免除（岡嶋一吉）
同　五・七	神領外上申地諸役免除（岡嶋一吉）	
慶長　七・一二	寺領地一〇〇俵の安堵（前田利長）	寺領地一〇〇俵の安堵（前田利長）
同　八・二	山銭免除先例により（横山長知）	山銭免除先例により（前田利長）
同　十七・一〇	利長本復祈願米俵（前田利光）	
同　十七	講堂社壇拝殿再建（前田利長）	
同　二十・二		寺領一〇〇俵の地安堵（前田利光）
元和　一・一〇	寺領一〇〇俵の地安堵（前田利光）	
同　四・三		寺領五〇石の地諸役免除（前田利光）
同　三	室堂再建（玉泉院夫人）	
明暦　元・七		衆徒社人旧の如く諸役免除（山本清三郎）

前田氏は、藩政当初から領国支配を進める上で信州ルートは国境管理上からも枢要地であると認識し、この国境管理に対して黒部奥山廻りを置き、また信州ルートの入口に位置を看守すべく、芦峅寺に寄進と安堵など特権を付与し

ている。寛永（一六二四～四四）の頃、いわゆる「不審なるもの」が立山を徘徊し、さらに浪人・山賊等の輩、そして「他国路通之徒」が頻繁に往来している実態があった。また慶安元（一六四八）年六月には、ザラザラ越や黒部奥山の入口に位置する芦峅寺村の三左衛門父子を召し出して奥山の様子を聞き糺し、さらに藩吏を随行させて黒部奥山を探検調査させている。(7)

なお、元禄十二（一六九九）年の次の記録のように、「ザラ越えは難所で牛が通れない」と報告しており、(8)牛を引き合いに出すほどに物量の需要があったことをうかがわせるものである。

一、同郡芦峅寺村ヨリはりの木峠へ掛リ、信州之内野口村と申在所江罷出申候、さらと申難所ニ而牛通リ不申候、

元禄十二年三月廿三日　　山廻内山村三郎左右門

また、後に述べるように、両峅の立山寺・中宮寺を加賀藩の祈願所とし、藩と両峅との良好な関係の維持に意を用いた。以後の加賀藩の対両峅の対応はこうした背景のもとに展開されるのである。

2 外　護

加賀藩の保護を受ける場合、目にみえるものは公費による普請（御普請）の寺院と認定されていることである。「加越能文庫」(9)所収の古記録のうち、①「寺社方旧記抜書」（天保七年写し）、②「加越能社寺詳細帳　御府外之部」（明和八年写し）、③「寺社奉行留書」（寛政年間～文久二年）、④「加越能寺社方御普請所附」（文化三年写し）、⑤「御添印帳之内より抜書之部」（文政七年以降）など、藩の公的記録に岩峅寺・芦峅寺の名がみえる。

例として「寺社奉行留書」（寛政年間～文久二年）の記事から岩峅寺・芦峅寺に係る記事（項目のみ）を挙げておくこととする。

寛政　七(一七九五)年　　十一月、立山芦峅寺大宮社堂、去冬大風之節、古木風折、社堂へ掛、及大破候ニ付、修復の事
文化　四(一八〇七)年　　立山岩峅寺社堂御修復の事
文化　四(一八〇七)年　　立山御本社御建直の事
文化　六(一八〇九)年　　立山岩峅寺大権現正遷宮御入用の事
文化　十(一八一三)年　　立山芦峅寺本社屋根葺替の事
文化十一(一八一四)年　　立山芦峅寺姥堂遷仏入用銀の事
文政十二(一八二九)年　　立山大権現御修復の事
天保十四(一八四三)年　　立山御本社棟札之儀ニ付御尋御答書
万延　元(一八六〇)年　　立山本社建替の事

このほか御普請が適用された越中内の社寺には、埴生八幡・安居寺・伏木一宮・瑞龍寺・瑞龍寺塔頭の五ケ寺、そのほか、繁久寺・日石寺・岩峅寺・芦峅寺・石動山天平寺・国泰寺がある。

二　祈禱寺など公的役割

先述の如く、慶長・元和期(一五九六〜一六二四)は、加賀藩は他の寺社と同様に、立山に対しても寺領寄進や寺領安堵を通して、保護と同時に加賀藩治下に置く統制の体制を確固たるものとしていったのである。こうした藩の対応に対して、岩峅立山寺・芦峅中宮寺がなすべき宗教活動は、第一に岩峅立山寺であれば岩峅寺村民、芦峅中宮寺であ

れば芦峅寺村民の宗旨人別帳による管轄住民など民事的義務を果たすこと、(10) 第二に祈禱寺として藩主や幕府に係る人々の病気快癒や五穀豊穣の祈禱を勤めることであった。第三には先述したように立山を通行する者のチェックであった。

なお加賀藩は、承応元(一六五二)年と考えられる領内の祈禱寺院として、加賀では長谷観音・白山・那谷、越中では立山・埴生・石動の六ケ所を挙げ、祈禱寺としての位置づけを明確にしている。(11)

中納言様為御祈禱、従犬千代様長谷観音・白山・那谷・立山・埴生・石動山於六ケ所ニ被仰付候、如当春之被執行、来正月御札早々上候様ニ各へ可申達之旨、小松津田玄蕃・横山左衛門・前田出雲守方より申来候条、右社ニ被申渡尤候、

(承応元年カ)
十二月十五日

長九郎左衛門
小幡　宮内
本多安房守

岡島一郎兵衛　殿
葛　巻　蔵　人　殿

近世初期、慶長十七(一六一二)年から元和三(一六一七)年までの岩峅立山寺・芦峅中宮寺が行った祈禱に関する実態は、岩峅寺雄山神社文書や芦峅寺一山会文書の史料や『加賀藩史料』『国事雑抄』などに掲載された史料からうかがうことができる。岩峅立山寺・芦峅中宮寺に関わる初期の祈禱は(表2)のような内容となる。

表2　岩峅立山寺・芦峅仲宮寺における祈禱の実績

年　次	岩峅立山寺関係	芦峅中宮寺関係
慶長十七	藩主利常、利長の病気平癒の祈禱をせしめる。	
（慶長十八）	奥村栄明、藩主利常長女亀鶴姫誕生の祈禱をせしめる。	
（慶長十九）	岩峅寺円光坊、祈禱巻数・供物などを故利長室玉泉院に勧める。	
（慶長）	岩峅寺別当、利長夫妻のために祈禱札と牛王を納める。	
（慶長）	岩峅寺衆徒より祈禱札・護符などを玉泉院に勧める。	
（年不詳）	岩峅寺座主、玉泉院に祈禱の巻数などを勧める。	
（元和元）	藩主利常、室天徳院の安産と産後の快癒の祈禱をせしめる。	
（元和元）	延命院、藩主利常に祈禱札・護符を献ずる。	
（元和元）	藩主利常、将軍秀忠の室の病気平癒の祈禱をせしめる。	
（元和六）	藩、立山寺に天徳院の安産を祈禱をせしめる。	
（元和八）	藩主利常、室天徳院の産後の病平癒を祈禱をせしめる。	
（元和）	立山寺、祈念の札・護符などを利常に献ずる。	
（元和）	岩峅寺延命院、天徳院に祈禱巻数を進める。	
（元和）	岩峅寺円光坊、玉泉院織田氏のために祈禱をせしめる。	
（寛永三）	藩主利常、室天徳院の産後の病平癒の祈禱札を江戸へ送る。	

(寛永六～十五)		前田利次、兄光高の瘧平癒の祈禱をせしめる。
(寛永十五)	藩主利常、末子利治の疱瘡平癒の祈禱をせしめる。	
(同)	藩主利常、室大姫の男子誕生の祈禱をせしめる。	
(寛永十八)		藩主光高、江戸若君の息災の祈禱をせしめる。※
(寛永二十)	藩主光高室の侍臣、光高室大姫の安産平癒の祈禱をせしめる。	
(寛永二十一)		藩、前田犬千代の為に祈禱をせしめる。※
(寛永)	老臣横山長知、藩主光高の安泰の祈禱札を渡付せしむ。※	
(寛永)	老臣横山長知、藩主光高の安泰の祈禱札を利次に渡付せしむ。	
(年不詳)	藩主光高、利常の病気平癒の祈禱をせしめる。※	藩主光高、利常の病気平癒の祈禱をせしめる。※
(年不詳)		前田利常、江戸に在って、祈禱札を納めしむ。
(年不詳)		前田利常、祈禱のお礼二件。
(正保二)	藩主光高侍臣、前田綱紀の疱瘡平癒の祈禱をせしめる。	
(正保二)	前田綱紀侍臣前田知辰、前田綱紀安泰の祈禱をせしめる。	
(正保二)	藩寺社奉行、前田綱紀瘧平癒の祈禱をせしめる。	
(正保二)		前田利常の侍臣前田知辰、犬千代(綱紀)の祈禱札を納めしむ。
(正保三)	富山藩主前田利次、前田綱紀の疱瘡平癒の祈禱をせしめる。	

（正保四）	利常、藩主前田綱紀安泰の祈禱をせしめる。	
（正保）	藩、利常の瘧平癒の祈禱をせしめる。	
（正保）		藩年寄衆、藩主光高の命を受け、藩、利常の瘧平癒を祈らしむ。
（慶安元）	富山藩主前田利次侍臣堀田重昌、利次室鳥居氏の病気平癒の祈禱をせしめる。	
（慶安三）	富山藩主前田利次の命により、将軍徳川家光の病気平癒を祈らしむ。	
（慶安五）	藩主綱紀、厄歳除去を加賀白山・越中立山など六ケ所に祈禱を命ずる。	
（承応元）	藩寄合所、利常のための祈禱を立山など六ケ所に祈禱を命ずる。	
（承応元）		前田利常の侍臣前田知辰、利常の祈禱札を納めしむ。
（承応元）		藩、前田利常への祈禱札を受け取り、綱紀のための祈禱札を届けさせる。
（承応三）	藩寄合所、利常のための祈禱を立山など六ケ所に祈禱を命ずる。	
（明暦二）	藩主綱紀、室清泰院疱瘡の平癒の祈禱をせしめる。	
（寛文三）		藩寺社奉行、将軍徳川家綱成長の祈禱をせしめる。
（天和二）	藩主綱紀の節姫、父綱紀の病気平癒の祈禱をせしめる。※	金沢の節姫より綱紀のための祈禱を命じる。※
（天和三）	藩主綱紀の節姫、父綱紀の厄歳除去の祈禱をせしめる。※	

※は「立山両寺（岩峅立山寺・芦峅仲宮寺）」と明記されている。

上記のように、岩峅立山寺・芦峅中宮寺の祈禱はそのほとんどが加賀藩主のあるいは室・姫の病気平癒を祈禱するものであり、加賀藩にとって両寺は祈禱寺としての役割を重視するものであった。

しかし、江戸中期以降の立山に求められた祈禱は、そのほとんどが「霖雨・水害などにつき五穀成就」、「気候不順、寒気退かず、諸物の成熟遅きにより天候回復、五穀成就」、「去冬、積雪薄く河川減水し、灌漑乏しく山川沼沢・五穀成就」など、五穀豊穣の祈禱であったことは、その時々の祈禱に対する藩の期待が異なっていることを示し、興味深いことである。

岩峅立山寺・芦峅中宮寺の祈禱寺としての役割の実態は、表2にみられるように、多くの部分が岩峅立山寺であったと思われる。このことについては、正徳元(一七一一)年の芦峅仲宮寺が立山寺であると主張する願書に「芦峅寺ハ媼堂江御寄進被遊候、然共(藩主への)御祈禱之札上ケ申格式無御座候」[12]と記しており、芦峅仲宮寺は自寺のことを本来的には祈禱寺とは認識していなかった節がある。

註

(1) 木倉豊信編『越中立山古文書』(芦峅寺文書 二六番)(国書刊行会　一九八二年)一四頁。

(2) 『越中立山古文書』(岩峅寺文書 四番)一五九頁。

(3) 「文化十一年 當山舊記留覚帳」『越中立山古記録Ⅰ』(立山開発鉄道　一九九一)七八頁。

(4) 『加賀藩史料』第壱編(清文堂出版　一九八〇年)五五三頁。「立山ざらざら越往来御穿鑿」『国事雑抄』上(石川県図書館協会　一九三三年)一七九頁。

(5) 『加賀藩史料』第貳編、一三一頁。

（6）「延宝年中加越能社寺来歴」『加越能寺社由来』上巻（日本海文化叢書　第一巻）（石川県図書館協会　一九七四年）一〇九頁～一五二頁。

（7）「奥山廻役芦峅村十三郎由緒書上申控」富山県立図書館「中島文庫」所収。

（8）「越中・越後・信濃・飛騨御境目山・且又御領国御山并谷川名目山名山成リ川成絵図、先年御尋一巻書上申覚書帳」『黒部奥山廻記録 越中資料集成』12（桂書房　一九九〇年）一七五頁。

（9）「加越能文庫」所収のうち

①「寺社方旧記抜書」「成瀬正敦　天保七年写」

加州能州越中修理被仰付寺社之品々寄帳。立山では岩峅・立山・芦峅が記されている。

②「加越能社寺詳細帳御府内外之部」

新川郡芦峅寺については、媼堂　同前影向石柵、帝釈堂、布橋、橋下石垣　川中亀甲石、閻魔堂、同入口溝橋、布橋ヨリ閻魔堂迠之造作、同続石段、大宮、同前柵左右トモ、講堂　媼堂之内御厨子、階子弐挺と詳細に記し、さらに改行して朱字で「大宮之拝殿、若宮前神供置所　講堂後開山堂、山墓講堂前釜　路傍等所所ニ有之小祠、同鳥居、駆寄石垣等総坊中　橋々道作トモ、鐘撝堂、仁王門（焼失無之）、媼堂前六地蔵、所々地蔵観音堂、石燈籠」と記す。

③「寺社奉行留書」「加賀藩寺社奉行　寛政年間～文久二年」

寛政七年十一月、立山芦峅寺大宮社堂、去冬大風之節、古木折、社堂へ掛、及大破候ニ付、修復の事、同立山岩峅寺社堂御修復の事、文化四年、立山御本社御建直の事（享保十一年多々山社頭御最高御遷宮為入用白布五巻、絹二疋、金襴戸帳一帳、幕一張、銀子三枚被遣の前例など附記）・立山岩峅寺大権現正遷宮御入用のこと・文化十一年、立山芦峅寺媼堂遷仏入用銀の事・文化十年、立山芦峅寺本社屋根葺替の事、等

④「加越能寺社方御普請所附」文化三年以降写

芦峅寺については「媼堂閻魔堂帝釈堂大宮若宮講堂橋一ケ所」と記し、「芦峅講堂往古七間四面之処退転ニ付衆徒中より仮小屋建勤行仕候得共、安永二年浄土山阿弥陀開帳ニ付、散銭残を以五間四面相建、自今自普請ニ可仕段、安永二年十月七日ニ衆徒中より書付、寺社所へ指出御座所へ来り候事」と細記している。また「峰之本社并坂之中室堂壱ケ廻風除け石垣」「岩峅社頭同拝殿鐘撝堂共」とある。

⑤

御添印帳之内より抜書之部」

文政七（一八二四）年以降　二冊。主として寺社の建築・設備等について修復入用銀請取状を書き集めたもの。表紙に「文政七年改之」とあり、

第一冊

立山関係

・天明五年立山岩峅寺・天明五年安居安居寺・天明五年立山芦峅寺・寛政元年立山前堂（峰本社）

第二冊

・文政三年立山姥堂前布橋・嘉永四年〜六年立山大宮若宮両者神輿図書奉差上添書控・立山芦峅寺御神輿見図執立候分写・天保十四年立山岩峅寺祭礼之節湯起釜破損一件

(10)　宝暦五（一七五五）年六月七日付の「宗門御改帳」（芦峅寺一山会文書）が遺されている。「宝暦五年　宗門御改帳」『越中立山古記録　Ⅲ』五二〜五九頁。

(11)　『越中立山古文書』（岩峅寺文書　一一一番）二〇〇頁。

(12)　『越中立山古文書』（芦峅寺文書　八一番）三八頁。

第二章　近世宗教村落芦峅寺の様態

第一節　近世村として誕生した芦峅寺

一　近世村芦峅寺の誕生

前田氏は総検地を進めるなかで、利長の治下、慶長九（一六〇四）年から十三年にかけて、新川郡の検地を行った。その結果、慶長十五年八月六日付の物成定書によれば、芦峅寺の村高は三五〇石、内五〇石寄進分、免（年貢率）四つ六分（四六％）と確定し[1]、ここに芦峅寺は加賀藩支配のもと近世村となったのである。

□（芋）倉□事

合参百五拾石三合者

此免四つ六分

右之内

五拾石　御きしん分

右相定所、如件

慶長十五年

八月六日

高田三郎兵衛（黒印）（花押）

蘆倉坊中

その後、元和四（一六一八）年三月十七日付で、前田利光（利常、寛永六年四月改め）は、芦峅寺に対し、高三五〇石、寺領五〇石の地を諸役免除し、残り三〇〇石の年貢は免五ツ一分（五一％）で金納と命じた。(2)

越中新川郡蘆峅高三百五十石之内、寺領五十石引残而参百石之所、五ツ壱分之物成ニシテ、如此以前之年々金子を以、可被指上、此外諸役令免許者也、如件、

元和四年

三月十七日　利光　御印

蘆峅寺中

なお、元和期（一六一五～一六二四）の芦峅寺村の年貢収納の状況は、寛永四（一六二七）年五月二十九日付の「元和八年分の御蔵払御算用状」によって知ることができる。(3)

□（元）和八年分新川郡御直納芦峅村御蔵払御算用之事

高三百五拾石之内五拾石ハ寺領　引

一　百五拾三石　入米

一　弐拾弐石壱斗五升五合（右之通石ニ壱斗四升四合）

合百七拾五石壱斗五升五合

此払方

五石三斗五升者　小請取□

百六拾九石八斗五合　地払
此金五枚七両弐匁四分七厘
此内
五両弐匁五分弐厘　元和七年払余
五枚者　過上金
寛永弐年八月五日上ル
壱両四匁三分五厘者　同三年八月十八日ニ上ル
已上　五枚七両弐匁四分七厘
合百七拾五石壱斗五升五合　（黒印）
一　三匁者　御吉初銀上ル
但し夫銀之儀者御赦免也
右御蔵払御算用相究所皆済、但御印之儀追而申上、此書替ニ取替可申所、如件
寛永四年　五月廿九日
三輪法受斎日好（黒印）（花押）
宮崎蔵人重元　（黒印）（花押）
新川郡直納芦峅寺

この算用帳によると、芦峅寺村の年貢は三〇〇石、免（税率）は五ツ一分（五一％）で納税額は口米（欠米や分量不足等を補うためのもの）二二石一斗五升五合を合わせて、一七五石一斗五升五合となる。但し夫銀は免除された。芦峅寺は

当時金納であったため、「新川郡直納芦峅寺」の文言が示すように、年貢米を売却して皆済することとなっていた。この年貢米は地払いされ、その金額は金五枚と七両二匁四分七厘であった。この年貢代金は元和七（一六二一）年、寛永二（一六二五）年、同三年の三回に分けて納入された。

しかし、芦峅寺の村経営は苦しく、寛永三（一六二六）年四月に、元和九（一六二三）年から寛永三年までの四年間、免が五ツ一分から二ツ八歩に引き下げられた。それでも年貢を皆済できず、走り百姓が出て村が退転してしまった。（4）

其地就退転、御検地衆幷我々茂罷越、様子見申候之処、無余儀躰候、就其元和九年より寛永三年迄、四ケ年之間、弐ツ八歩被成御赦免候条、右相残所御算用申上、何茂走百姓等令才覚、立帰申候様尤候、仍如件、

寛永三年四月朔日

千福八郎左衛門　□□（花押）
黒　田　逸　角　連直（花押）

蘆倉寺　池　坊
衆徒中
三左衛門

藩はこうした状況に対応し、寛永四（一六二七）年に改めて検地を実施し、村の実状を認め、走り百姓を呼び戻し、改めて新村を建て直すこととした。なお、これまで芦峅寺の田畠は本宮村へ卸したり、小作に出したりするところもあったので、これらの田畠は寛永四年以後、芦峅寺の支配地とすることとなった。この折、「寺中へ引き寄せ、其者（5）共置可被申候」とあり、走り百姓も含めて百姓らは中宮寺の境内に居住することとなったのである。それは以下の史料によってうかがうことが出来る。

写

芦峅寺之内、新村相立申候ニ付而、被相理候旨、聞届候処、御数代之御朱印被遣処紛無之、其上出給地も、先高之由ニ聞届候條、本宮へ下し付候地、当毛之上は、半分其村へ取可被申候、其他之義ハ、何程候ても、小作前共ニ小作並之納所ニ詰、御年貢米半分被請取候而尤ニ候、右之田地共来年より不残、其村之策配ニ可被致候、立山黒山双嶺万事共、如前々之相違有之間敷候、猶、以来ニ芦峅寺之内ニ、新村相立儀有之間敷候、去春出ル新村之者共、芦峅寺ニ居可申と、其身申ニ付てハ、小作並ニ田畠ニ而も下し、寺中へよせ、其者共置可候、以上、

以上

寛永四

八月十四日

千福八郎左衛門　判

黒　田　逸　角　判

うば堂　池能坊

三左衛門

寺中

近世における芦峅寺村の誕生であり、以後、加賀藩政期を通して存立した。

二　芦峅寺の人的構成と自治組織「一山」

宗教村落芦峅寺の構成員は、立山権現に対する司祭者としての衆徒・社人をはじめ、門前百姓（輿守《こしもり》百姓―高持ち百

姓、頭振百姓―無高百姓）、太夫（下級神官）、加えて一時的には真言宗僧侶なども含まれた。衆徒・社人と門前百姓は、本来「ともに立山大権現を奉ずるもの」として一体的に生活をしてきたが、立山大権現を奉じる役割には両者に大きな違いがあり、お互いに対峙する関係でもあった。すなわち、衆徒・社人は立山権現を祀る宗務を主宰する立場にあり、一方、門前百姓は一山の宗務全般にわたって執行するための人的・経済的支援を課せられた、いわば従属的な役割であった。この点において、両者には僧と百姓という社会的身分に関わる認識の違いがあり、相容れない一線を画していた。

　宗務を担当する衆徒・社人家は宿坊を営む宿坊の主人でもあり、芦峅寺における宗教組織である「一山」の構成員として諸役を担っていた。その数は、①天正期（一五七三～九二）には一八坊・二〇社人、②延宝八（一六八〇）年の頃は七坊、十三社人、③享保六（一七二一）年の頃は衆徒・社人三二軒、④元文の頃（一七三六～四一）は衆徒・社人三六軒、⑤寛延の頃（一七四八～五一）には衆徒一六坊・社人八軒、と増減があった。(6) 寛政三（一七九一）年五月、芦峅寺から寺社奉行への書上には次のように記されている。(7)

　仲宮芦峅寺、往古六坊に定居申候処、只今は三十余坊に相成申旨、岩峅寺より申上、いつ頃迄芦峅寺六坊ニ定申居候哉、右之通坊舎及増長ニ候義ハ、いつ頃より相増候哉、坊名委細可書上旨、被為仰渡候

　芦峅寺の衆徒・社人の数が定まらないため、藩は岩峅寺を通してその数を報告させ、享和元（一八〇一）年に至り、芦峅寺では衆徒三三坊・五社人「都合三拾八人ニ相究、向後双方共ニ増減不仕様、相心得可申旨一統納得」して決めたのである。(8) 以後は幕末まで一定していた。なお、芦峅寺では「一山」を構成する衆徒・社人は五ケ寺組合を構成し、坊舎の退転などについて評議していた。この組合規定をみると、組合頭分は、定目代の交代の際に、そのときの中老教蔵坊が定目代泉蔵坊と相談の上取り決めることとされた。このときの一山五ケ寺頭分は大仙坊であった。

立山芦峅寺衆徒五ケ寺組合

（衆徒・社人名略）

一山五ケ寺頭分之義ハ、定目代立替り候砌、時之中老、定目代相談之上取極、両人同鑑之手札を以、相渡可申候事、中老教蔵坊、定目代泉蔵坊、

右之通御座候、御国法山法共其組合ニ而触方可仕候、以上、

天保十一子年十一月

芦峅寺　印

御郡御奉行所(9)

ところで、芦峅寺の「門前百姓」は当初一六軒であったが、(10)その後に増加し、宝暦十二（一七六二）年には五三軒、明和五（一七六八）年には五二軒、安永九（一七八〇）年には三二軒、天保十（一八三九）年には七一軒、安政五（一八五八）年には七一軒であった（表1参照）。なお村を構成する衆徒・社人及び百姓の家数・人数の変遷は表1のとおりである。

この「一山」は、長官・院主・別当・学頭・中老・目代・行事・名主八人衆（諮問議決機関）の役目によって運営されていた。構成員である衆徒・社人は「立山開山慈興上人御定書禁法十六ヶ条」(11)などの仲間規約（戒律）を定め、相互に仲間意識の高揚と団結をはかった。法義のもと強い団結をもつ「一山」は、享和元（一八〇一）年の芦峅寺衆徒の連署願書によれば、「芦峅寺衆徒・社人之義者、開山慈興上人立山開闢之砌より、連綿与相続仕、右上人被相定置候山格法式を以、毎月朔望・廿八日、於大宮講堂御武運長久等之御祈禱相勤申候」(12)との古格に由来するものであった。

こうした古格による「一山」の運営やその構成員については厳重な決まりがあった。毎歳三度、正月四日・六月二

表１　芦峅寺の衆徒・社人及び百姓の家数・人数の変遷

	宝暦12年	明和5年	安永9年	文化元年	文化10年	天保10年	天保14年	嘉永5年	安政5年
衆徒家(軒数)	23	23	24	33	33	33	33	33	33
(人数)	144	140	83	97	140	132	136	102	99
社人家(軒数)	15	13	13	5	5	5	5	5	5
(人数)	65	53	41	12	26	19	20	16	13
門前百姓(軒数)	53	52	32	44	60	71		71	71
(人数)	231	216	76	14	215	267		214	214
輿守百姓(軒数)	43	45	27			68		113	104
(人数)	196	194	67			256			
頭振百姓(軒数)	10	7	5						
(人数)	36	22	9			11			

註①門前百姓の軒数・人数は、輿守百姓(高持ち百姓)と頭振百姓(無高百姓)を合計したものである。なお斜線の部分は史料上確認できない数字である。
②福江充「立山山麓の芦峅寺はどんな村だったのか」(『富山県［立山博物館］特別企画展図録『山宮に生きる』(富山県［立山博物館］2003年)14頁。)から作表。但し天保９年のデータは「佐々木家文書」による。

日・九月二十四日の定日に、開山堂・媼堂・閻魔堂など諸堂の御縁日や行事、院主心得・老長官心得・大宮若宮両座主などについて、目代を座長として中老・当番五ケ寺などの一山諸役が運営に関する評議寄合が開かれた。藩への願事もこの評定において詮議された。(13) 集会の場所は衆徒・社人の坊舎である。そして、芦峅寺中宮寺における一切の宗教儀礼がこの組織を通じて行われた。

右法勤座列之儀者、長官・座主・院主等集り前官次第列居仕候。其上毎歳四月八日より七月十六日迄百日間之間、高堂山・金峰山之行法佐伯宮ニ而、衆徒・社人壱人充相勤申候。

宗教儀礼の大きなものとしては、一つに、旧暦六月十二日から十五日までの間行われる立山大権現祭礼である。この祭礼は、岩峅寺との協力によって行われた。二つに、六月二十五日と二十六日の両日、大宮・若宮・講堂・開山堂などで行われる佐伯有若・有頼を祀る大祭であり、開山祭または開山忌に相当する。そして三つは、秋の彼岸の中日に媼堂の前の橋に布を敷き渡して行われる布橋大灌頂と呼ばれる祭礼であった。これは、衆徒・社人、それに一般参詣者をも引き連れ布橋を渡り、媼堂内の媼尊に参詣するものである。この立山大権現祭・大祭・布橋灌頂会の三つが芦峅寺の三大祭礼と呼ばれた。さらに三大祭礼の他にも様々な祭礼とそれに伴う行事が行われた。

ところで、衆徒・社人にも階級があり、その階級と進階は次のとおりである。

まず児として入官し諸事式法や行儀作法などを修め、中宮寺の名簿に登載され、若小僧（八歳から十四歳）・若僧（十五歳から三十歳）として約二十年の間様々な修学を行った。特に十五歳になるまでに立山縁起三巻と天台宗の法華懺法を学ぶことが課せられた。芦峅寺一山の衆徒や社人が勤めた役職については、以下のようである。

一山組織の構成員である衆徒（衆僧）の階級である座階は、「座階昇進」によって勤められた。

先ず座階帳への入官（登録）式である。毎歳十一月十五日に行われた。

霜月十五日ハ諸官之定日ニ而、依旧例衆僧社人一老之坊舎ニ致参会。其日之古実者目代致指撰、先初入官之児者、早朝神酒錫ニ昆布等差添、座階帳相願、尤願主之多少互示談仕、（中略）、巳之刻ニ相成候ハヾ一老正面ニ着座待者、聴叫（長官）其外高官之衆僧左右ニ列座諸僧慇懃之礼謝之上、姓氏神致勧請献神酒（後略）、

これらの児童は座階入帳後三年目から一山の一員として様々な修行や儀式の作法を学ぶことになる。

座階帳に登録されてから三年目から本仏供を行う。それより六年間は平大仏供と唱え、院主より剃髪を受け、切紙を授けられる。そして輪袈裟を掛けて朝夕の祈祷の座に加えられ、入帳から十五年目に五条衣を許される。次いで五条着用の上、二、三ケ年の内に密法伝授の加行を百二十日の間開山堂で行い、さらにその後、三七日の間、悉曇梵文などを勤め、ことに開山伝来の秘密などを修練し、法王より七条法衣を許され、順官進んで目代となる。目代を務め

ると権少僧都の取扱いとなる。座階帳の順番により別当に近くなったら、三年以内で小別当となり、年中四十五回の祭礼、六十ケ日の縁日を綿密に勤め、その上秋の彼岸中日、布橋大灌頂を勤め、准阿闍梨の色衣の着用が許され、大別当を勤め、その上一山学頭を三年勤め、さらに大宮座主となり、十八人の官位に昇進、その中で一老は一山諸規定御祈祷方すべてを司る。二老は院主ですべての法務を総括した(14)。

なお、上八人の位に昇ると知識と呼ばれた。別当職は一年交代で、選ばれた八坊家が当たった。これは長官八人衆と呼ばれた。衆徒の最年長者一名が一山における最上位の長官職となり、「青磁香炉(長官香炉)」が受け継がれ、これが一山の最高権威職を示す証拠となった。この他、宗教者としての性格をもつ太夫と呼ばれる家が四太夫四軒(平太夫・茂太夫・権太夫・想太夫)があった。太夫とは下級神官であり、大祭の際には神輿の御幣祓い(先払い)や奉納米集めなどの役職を勤めた(15)。しかし、太夫は宗教者としての性格をもちながら、宗門改帳には衆徒や社人のように宗教者として記載されず、門前百姓と同列に扱われていた。

このほか、芦峅寺衆徒・社人以外の外来の宗教者も加わるようになった。①宝暦十二(一七六二)年の「宗門御改帳」、②明和五(一七六八)年の「人高改帳」には真言宗僧侶の龍淵、③安永九(一七八〇)年の「人高改帳」には真言宗僧侶の仙明、④文化元(一八〇四)年の「人高改帳」には宗派不明であるが春光坊などの存在が知られる。また、文政五(一八二二)年から天保元(一八三〇)年まで芦峅寺に住し、布橋大灌頂を女人救済儀礼として整備した高野山学侶の龍淵の存在が知られる(16)。

このように芦峅寺三十三坊五社人は長官職を頂点とする立山一山が組織され、一切の宗教儀礼はこの組織を直して行われた。

一方、芦峅寺や岩峅寺では、江戸時代の初め頃にいわゆる「立山修験」は形骸化し、実際には途絶えたと考えられ、延宝（一六七三～八一）の頃には「入峯ノ御祈禱も相絶」[17]えたという。とはいえ、衆徒・社人は僧侶であるとともに山中で修行を積む天台修験の行者でもあり、形式的には守るべき心得や禁法があって、岩峅寺では「加行中教誡」[18]、芦峅寺では「禁法十六ケ條」（前掲）が遺されている。そしてこの立山修験は、立山を熊野の修験になぞらえ高貴山・金峰山と称し、「十界の修行」「十力の長養」「三山廻峰」「大廻峰」など修行者の登山苦行を行い、儀式としては「柱源正灌頂」（大日潅頂蜜法）「高貴山の秘法」「国常立の秘法」を行っていた。[19]しかし享和元（一八〇一）年の書上にも「毎歳四月八日より七月十六日迄百日間、高貴山、金峰山之行法佐伯宮ニ而、衆徒・社人壱人充相勤申候」とあり、峰宮ではなく佐伯宮で勤めたとあって、実際の登山苦行は行われていなかったのである。[20]

三　村御印及び皆済状にみる芦峅寺の税負担

芦峅寺の負担について、まず慶長十（一六〇五）年の加賀藩の総検地以前の寄進地諸役の免除と安堵の施策をみておきたい。

加賀藩は、大名領国制にもとづく近世的村落形成のため、承応から明暦にかけて（一六五二～五八）、農政改革、いわゆる「改作法」を実施した。それは、慶長十（一六〇五）年の総検地にもとづき村ごとの田地を収穫高（石で標記するもの）で確定し、免率を乗じて税（年貢）額を決定、年貢を藩の御蔵へ納入するものであった。慶長十五年八月六日付の利家の御印では、「蘆倉坊中」宛に、芦峅寺の村高は三五〇石三合、免四ツ六歩、この内五〇石が中宮寺に対する寄進高となっている（前掲）。

その後、元和四（一六一八）年三月、加賀藩三代藩主前田利常により、当地三五〇石の内五〇石を寺領として知行され、諸役御免、残り三〇〇石の年貢は金納とされた(21)。加賀藩では改作法を進め、正保四(一六四七)年には加越能三ケ国の高を確定し、明暦二(一六五六)年に村御印を発給した。さらに一部補正して「寛文十年村御印」により村高を確定している。芦峅寺の村高は、正保三年の『越中国四郡高付帳』では三〇二石余り、『明暦二年 越中国郡別村御印之留』では草高三三八石、免四ツ六歩、小物成漆役三匁、炭竈役一六九匁と定まった。十村組は組裁許十村布市村源内組(八〇ケ村)に所属した。さらに「寛文十年村御印」によると、二九六石、免四ツ六歩、小物成漆役三匁、炭竈五二匁であった(22)。なお、寛政年中(一七八九～一八〇一)より漆役・炭竈に加えて七木運上銀が課せられていた(23)。草高は明暦二年時の三三八石から四二石減少しており、寛文六(一六六六)年の検地引高によるものであった。なお、文化十二(一八一五)年の書上に「芦峅寺村御高弐百三拾四石ニ相定申所ニ付、芦峅寺衆徒并芦峅寺村百姓等焼畑いたし来候所(24)」と記され、芦峅寺の年貢米納入は稲作に依らず、その多くは山方での焼畑による蕎麦・稗・粟などの雑穀や山方からの産物を売却することで、金納していたのである。

次に「寛文十年村御印」を記しておくこととする。

越中新川郡芦峅寺物成之事

壱カ村草高之内五石、明暦二年百姓より上ルニ付、無検地極

一　弐百九拾六石

免四ツ六歩、外ニ四拾弐石　寛文六年検地引高

右、免付之通、新京升を以可納所、口米石ニ壱斗壱升弐合宛可出之

同所小物成之事

一　三匁　漆役

一　五拾弐匁　　炭竈役

外百拾七匁退転

右、小物成十村見図之上ニ而指引於在之者、其通可出者也

寛文拾年

九月七日　　御印

芦峅寺百姓中

しかしその後、寛延二（一七四九）年には村の草高一八四石、媼堂への寄進高五〇石と合わせて二三四石となり六二石減少し[25]、その後は一定して変化はなかった。なお芦峅寺村の年貢以外の課税については、明暦元（一六五五）年の郡奉行山本清三郎の通達[26]により、以前は夫銀及び郡に掛かる諸役は免除されていたが、夫銀は負担することとなった。その後、寛延二年には夫銀は免除されている。

芦峅寺は、寛文十（一六七〇）年の村御印により年々年貢を皆済してきた。年貢皆済の際、御蔵ならば代官、蔵宿ならば給人より皆済状が渡されて、これを組裁許の十村に提出、十村は一組の皆済状を全部取りまとめ、その旨注進するのが定式であった。しかしこうした定式は宝暦二（一七五二）年に変更されている。

次に寛延二（一七四九）年十二月十五日付の年貢皆済状[27]を挙げておく。

納　寛延二年分御蔵入御年貢米之事

草高百八拾四石　　免四ツ六歩内　五歩年限不極引免

四ツ壱歩御収納免

一　八拾三石八斗八升九合　　定納口米

無夫銀

〆

右、皆済状上之申候　以上

寛延二年十二月十五日

黒崎村　宗三郎（花押）（黒印）

新川郡芦峅寺村　百姓中

寛延二（一七四九）年の芦峅寺村の皆済状は所属の組裁許十村黒崎村宗三郎から発給されており、他村の皆済状の発給と同様の形態である。しかし、次の宝暦二（一七五二）年十二月の皆済状(28)に至ると、

納　宝暦二年分御蔵入御年貢米之事

草高百八拾四石

免四ツ六歩内　五歩年限不極引免四ツ壱歩御収納免

一　八拾三石八斗八升九合　定納口米

但　無夫銀

右新川郡御扶持人十村・新田裁許・山廻江御預ケ代官之分、皆済之処、如件、

宝暦二年十二月二日

北野村　新　丞（黒印）（花押）

石仏村　平七郎（黒印）（花押）

新川郡芦峅寺百姓中

とあり、末尾に「右新川郡御扶持人十村・新田裁許・山廻江御預ケ御代官之分、皆済之処、如件」と他の皆済状にはみられない文言が追記されており、明らかに寛延二(一七四九)年の皆済状の様式とは異なっているのである。

このことは、芦峅寺の年貢は本来御蔵入であったが、宝暦二(一七五二)年の段階で「芦峅米」が新川郡御扶持人十村・新田裁許・山廻の代官分として納入されたことを示すものである。この際の皆済状の発給者は、十村である北野村新丞及び石仏村平七郎の二人であった。宝暦二年以後の文化四(一八〇七)年の皆済状では「右新川郡御扶持人十村・新田裁許・山廻江御預ケ代官之分、皆済之処、如件」の文言がなくなり、直接御扶持人十村・新田裁許・山廻が連署して皆済状を発給しているのである。文化四年の皆済状は次のようである。(29)

納　文化四年分御蔵入御年貢米之事

草高百八拾四石　免四つ六歩　内　四歩　丑年より末三ケ年季引免
四ツ弐歩　御収納免

一　八拾五石九斗三升五合　定納口米
但無夫銀

右、皆済状之処、如件、

文化四年十二月

沼保村　彦四郎　(花押)(黒印)
新堀村　半三郎　(花押)(黒印)
小林村　宗三郎　(花押)(黒印)
神田村　惣右衛門　(花押)(黒印)
天正寺村　十兵衛　(花押)(黒印)

新川郡芦峅寺村　百姓中

新堀村半三郎（花押）

「右（継紙）　皆済状上之申候、以上

御改作御奉行

「表書（裏書）之通見届也　改作奉行（黒印）」

なお皆済状の発給者である沼保村彦四郎・新堀村半三郎・小林村宗三郎・天正寺村十兵衛は御扶持人十村、神田村惣右衛門は組持御扶持人十村である。

かくの如く芦峅寺村の年貢は、名目的には御蔵入の米であるが、実際には代官預かり分として代官帳に記載されることになっている。なお代官帳は、無組御扶持人十村・同並に五冊（一冊五〇〇石分、正米にして三三〇石）、平十村及び組裁許が三冊、新田裁許・山廻の代官分が二冊となっている(30)。

ところで、芦峅寺の年貢米の収納は、元和四（一六一八）年の前田利光（利常）の御印により金納とされ、寛文十（一六七〇）年の村御印において再び現物納となった。しかし、少なくとも延享三（一七四六）年以前には、加賀藩は芦峅寺に中出蔵に準じた蔵を置き、その蔵米を「芦峅米」と称した。この頃には、「芦峅米」は十月切りをもって魚津・滑川両所の米相場において高値で近在の百姓に売り渡され、その代銀を「御収納相渡銀」として金沢土蔵へ納入したのである(31)。こうした年貢納入の方法は、形を変えた一種の金納とみなすことができる。

覚

一　八拾弐石弐斗四升四合　芦峅米

右芦峅村近在之百姓買請代銀、当十月切可上旨、天正寺村彦三郎・同十次郎・黒崎村宗三郎・新堀村八兵衛・西水橋村和左衛門付出候、直段之義ハ当夏魚津・滑川両所相場之内高直段を以売渡候条、右人々証文取置候、延享三年御収納相渡代銀、定之通、金沢御土蔵江上之可遂勘定者也、

卯（延享四年）二月　日　　　　　　　　　　　　　　　御算用場

新川郡

御扶持人十村・十村・山廻り中

なお、芦峅寺に係る皆済状にみられる年貢皆済状況は表2のとおりである。

なお、年貢割符状（村御印）や皆済状などでは、宛名は芦峅寺村となっているが、年貢上納も衆徒・目代が差配していたのである。また、芦峅寺の総高二三四石の田地割に際しては、衆徒・社人及び門前百姓など高持の人々が残らず打寄り、まず惣歩数の鉦合により、寄進田地の百俵の地を衆徒・社人に打割り、次いで残りの一八四石を割符するものであった(32)。

註

（1）木倉豊信編『越中立山古文書』（芦峅寺文書　三二番）（国書刊行会　一九八二）一七頁。
（2）『越中立山古文書』（芦峅寺文書　三五番）一九頁。
（3）『越中立山古文書』（芦峅寺文書　四三番）二二頁。
（4）『越中立山古文書』（芦峅寺文書　三九番）二〇～二一頁。
（5）『越中立山古文書』（芦峅寺文書　四〇番）二一頁。

表２　芦峅寺の年貢皆済状況

皆済状年度	草高(石)	免	定納口米(石)	免に付き添書
正保郷帳	302	４ツ６歩		
明暦２年	338	４ツ６歩	155,480	
寛文10年	296	４ツ６歩	136,160	42石、寛文６年検地引高
寛延２年	184	４ツ６歩	83,889	５歩、年限極めず引免 ４ツ１歩、御収納免
宝暦２年	184	４ツ６歩	83,889	同
宝暦４年	184	４ツ６歩	83,889	同
明和７年	184	４ツ６歩	83,889	同
享和３年	184	４ツ６歩	83,889	同
文化４年	184	４ツ６歩	85,935	丑年より未３ケ年季引免 ４ツ２歩、御収納免
文化５年	184	４ツ６歩	85,955	４歩、当１作引免 ４ツ２歩、御収納免
文化７年	184	４ツ６歩	85,935	４歩、当午年より未３ケ年季引免 ４ツ２歩、御収納免
文化８年	184	４ツ６歩	85,935	４歩、午年より申年迄３ケ年季引免４ツ
文化９年	184	４ツ６歩	75,750	９歩、当作引免　３つ７歩、御収納免
文化11年	184	４ツ６歩	75,750	同
文化14年	184	４ツ６歩	83,889	丑年より３ケ年季引免 ４ツ１歩、御収納免

註　①皆済状は『越中立山古文書』による。
　　②芦峅寺の組裁許十村は、寛延２年は黒崎村宗三郎、寛延２年・明和７年は新堀村八兵衛、享和３年・文化４年・同７年・同８年・同９年は新堀村半三郎、文化11年・同14年は新堀村兵左衛門であった。
　　③寛文10年の御印において免は４ツ６歩と決められたが、状況によって引き免され、寛延２年から享和３年までは４ツ１歩、文化４年から文化７年までは４ツ２歩、文化18年は４ツ、文化９年から同11年は３ツ７歩、文化14年は４ツ１歩であった。

(6) ①『立山町史』上巻(立山町　一九七七年)七六八頁。
②『越中立山古記録　Ⅲ』(立山開発鉄道　一九八九年)五〇頁。
③『越中立山古文書』(芦峅寺文書　八四番)四〇頁。
④『越中立山古文書』(芦峅寺文書　八五番)四〇頁。
⑤『立山町史』上巻、七六九頁。
(7)『立山町史』上巻、七六八頁。［孫引き］
(8)『越中立山古文書』(芦峅寺文書　一一九番)五五頁。
(9)『立山町史』上巻、七六九頁。［孫引き］
(10)『越中立山古文書』(芦峅寺文書　八五番)四〇頁。
(11)『越中立山古記録』第四巻、三五頁～三六頁。
(12)『越中立山古文書』(芦峅寺文書　一一九番)五五頁。
(13) 文政十二年「当山古法通諸事勤方旧記」『越中立山古記録　Ⅰ』二九頁～三一頁。
(14)「天保十三年度　諸堂勤方等年中行事外数件」『越中立山古記録　Ⅳ』三六頁～三七頁。
(15) 福江充「芦峅寺はどんな村だったのか?」富山県［立山博物館］特別企画展図録『「山宮」に生きる』(富山県［立山博物館］二〇〇三年)一五頁。
(16) 福江充「芦峅寺はどんな村だったのか?」富山県［立山博物館］特別企画展図録『「山宮」に生きる』一五頁。
宝暦十二年の「宗門御改帳」、明和五年・安永九年・文化元年の「人高改帳」(以上芦峅寺雄山神社蔵文書)。
(17)『越中立山古記録　Ⅰ』一八頁。

(18)「加行中教誡」(干時　弘化二年巳九月吉日)佐伯幸長『立山信仰の源流と変遷』二二三～二二四頁。

加行中教誡　岩峅寺

一、毎日三時勤行不可懈怠事
一、日参之神社不可怠慢事
一、日中可致法華読誦事
一、五辛之類附可断淫酒事
一、喧嘩口論高声戯論雑談遊興之交一切停止之事
一、賭ケ諸勝負堅可慎事
一、荘厳供華不可粗略事
一、自然雖為当病不可用珍煉薬事
一、舞楽歌謡見物幷盤将停止事
一、生死重服不可喰穢火事
一、従身体不可出血事
一、不可離袈裟衣事
一、授法社参之外不可到遠歩他宿事
一、平臥之時不可解帯事
一、児与少年密不可致同座事
一、非明王助力者、難解難入之法、不被受之然者所作之外　以別願祈冥加、亦可報師恩事、夫可行者、以信心根基、以于

精進為秘密、従執行之最初、過百廿日到結願、当座莫惣別作業、違犯不乱律儀、競勇昼夜可勤修焉
右条々堅可相守者也　仍而制誡如件
于時　弘化二年巳九月吉日

右の条々は、修行中の掟に相当するもので、百二十日の加行(修行)中は一切の俗事や娯楽を離れて信心を根基とし、精進を秘密の法として競い合い、昼夜不退心を以て修行したことが明瞭に伺える。仮寝のときも帯を解かず、袈裟衣を着けたままはなを供え経を誦し、毎日早朝三時より勤行して奉仕したとあり、その努力の方法が綴られている。

(19)佐伯幸長『立山信仰の源流と変遷』二〇四・二〇九頁。
(20)『越中立山古文書』(芦峅寺文書　一一九番)五五頁。
(21)『越中立山古文書』(芦峅寺文書　三五番)一九頁。
(22)『越中立山古文書』(芦峅寺文書　七五番)三五頁。
(23)「芦峅寺諸懸リ物雑用三ノ一指出方之義ニ付御郡所より被仰渡之趣御答帳」『越中立山古記録 Ⅱ』一七頁。
(24)『越中立山古文書』(芦峅寺文書　一三四番)六六頁。
(25)『越中立山古文書』(芦峅寺文書　八七番)四一頁。
(26)『越中立山古文書』(芦峅寺文書　七一番)三三頁。
(27)『越中立山古文書』(芦峅寺文書　八七番)四一頁。
(28)『越中立山古文書』(芦峅寺文書　八八番)四二頁。
(29)『越中立山古文書』(芦峅寺文書　九二番)四四頁。
(30)『加越能郷土辞彙』「代官」、五一七頁。

（31）『富山県史　史料編　Ⅲ　近世上』（富山県　一九八〇年）八四二頁。
（32）雄山神社蔵文書

第二節　宗教村落芦峅寺における門前地の形態

一　「門前百姓」の成り立ち

加賀前田氏は、慶長六（一六〇一）年以降、近世的領国支配と近世的都市建設に着手するために様々な政策を実施した。その一つは自治的都市の形成であり、中世的都市の一形態である寺内町を近世的都市に切り換える都市政策であった。前田氏は、十六世紀後半から十七世紀前半にかけて、金沢町の前身である金沢御坊（尾山御坊）をはじめ、城端善徳寺の寺内町、井波瑞泉寺の寺内町、伏木勝興寺の寺内町など、浄土真宗の寺内町の近世都市化への領主的作業を行った。一方こうした動向とは別に、大岩山・安居・二上山・岩峅寺・芦峅寺など天台・真言密教の寺院に対しては、十四世紀以降、武将の庇護を背景に衆徒と門前の住民（主として百姓）を一体的に捉えていた中世的支配形態を踏襲しながら、衆徒に寺領地寄進や諸役免除等の特権を付与し、寺社奉行支配のもと衆徒に従属させる形で門前の居住民を位置づけたのである。しかし天保八（一八三七）年以降の藩の復古政策のもと、芦峅寺門前の居住民（百姓）は衆徒（寺）への従属形態を否定し、郡奉行支配下に入ることを希望することとなる。

ところで、宗教村落芦峅寺は、中世においては「葦峅」と呼ばれ、衆徒及び門前百姓によって構成され、庇護を受ける在地武将の武運長久の祈禱を行っていた。近世に入ると、まず佐々成政によって、「芦倉中宮寺」と呼ばれた媼堂を中心とした諸施設の管理・運営費用が寄進された。前田氏治下においては、芦峅寺衆徒は「一山」と称する自治組織を作り上げ、一方、門前百姓は「輿守《こしもり》」(1)とも称され、諸堂の維持管理や「一山」の法会を勤める際の必要な労働集団とされ、次第に寺内町的な景観が形づくられていったのである。なお加賀藩では元和以降「寺内」に代わり「門前」の文字が使用されている(2)。

そもそも「門前地」とは、相対請地等によって寺社門前に門前町(村)を形成する一種の行政地域であり、自治区域であった。芦峅寺門前地は、真宗寺院における「寺内町」と同義で、不入特権を背景に由緒格式ある寺院の法義(宗教的儀礼儀式など)の運営に係る負担の一部を担う百姓や町人が存在する、いわば「特別区」である。門前地に居住する「門前百姓」の身分については、芦峅寺の百姓を郡奉行支配とするのではなく中宮寺「門前の者」と捉え、身分的には一括して社人・衆徒とともに寺社奉行支配とされた。境内地に居住する百姓に対する衆徒・社人の認識は、「門前百姓」であり、「門前輿守」と称されていることに端的に表れている。「門前輿守」の謂われは、天保十五(一八四四)年の上申書に「当山大宮御《み》輿《こし》御修復ニ候得共、右相納置申、拝殿輿守之謂を以造営方等之造用割符ニ而為差出申候」(3)と記されており、大宮御輿修復の費用を負担することから付けられたという。

かくして芦峅寺門前の百姓は、「輿守之者」すなわち立山権現への信奉を象徴する「御輿」を守るものであり、衆徒・社人とともに宗教村落芦峅寺を守る一員と位置づけられ、決して御郡奉行の支配になる「全く百姓」ではなかったのである。それゆえ、「此者共衆徒雇つかい又は山畠作」や、「社堂之草除」、「奥山廻・檀ノ原廻の御役人中御宿余荷」、「道橋普請雑用」、「祭礼之砌廻□(ママ)内為縮方相雇候雑用幷□(ママ)人等之類」などに労働や費用を負担させられるものであった。その負担割合は、「当山諸懸り雑用之内、三ノ壱門前百姓方指出」するものであり(4)、衆徒・社人は三分の二、門前百姓は三分の一であった。

なお、村方支配においては、他村の村肝煎にあたるものとして「目代」が置かれ、この「目代」のもとで、衆徒・社人及び門前百姓・頭振百姓をも含めて、年貢収納や田地の割符・田地割が差配された。

二　百姓居住地の門前地としての要件

寺内町について脇田修は、河内・和泉に中世末に成立した寺内町の一つ富田林の構造分析を行い、寺内町成立の主体が門徒集団（惣的結合をし、自治組織を有している）にあるとし、「寺内町は云うまでもなく真宗寺院を中心に構成された都市」であり「御坊を領主として推戴する城下町的都市とも云える」と定義している(5)。その後、原田伴彦は、門前町・寺内町の区別について、「寺院の門前の場合を門前町、寺郭内のものを寺内町、神社の場合を鳥居門前町と呼ぶことがあるが、普通寺社を中心に発達した宗教関係都市を門前町と汎称する」と規定した(6)。

本書第二部第一章において述べた如く、近世最初期において、加賀藩では、加賀長谷観音・白山・那谷・立山・埴生・石動の六ケ所の真言寺院を藩の祈禱寺院に指定し特権を与えている。こうした加賀藩の特権に依拠して門前地が成立したのである。いうなれば脇田の言う浄土真宗寺院にみられる寺内町（門前地）とは異なった門前地が成立したのである。

本節では、中世以来の歴史を有する修験聚落芦峅寺が、在地武将や佐々・前田氏の庇護のもと、中世・近世初期の諸特権を背景に「一山」という自治組織を形成し、門前百姓を従属させ、いわゆる「門前地」を形成している実態について紹介し、その歴史的背景について考えてみたい。

ところで加賀藩における「門前地」とは、諸特権に依拠して成立・展開している。なかでも「門前地」を構成する要件として、①宗教村落が一円不輸の寺領寄進を受けていること、②不入地としての門前地が保証されていること、③年貢など「諸役御免」や「御寺之諸御用相勤申ニ付公用御指除」の特権を有していること、④村役人の給与等雑用の負担が免除されていること、などが挙げられる。

芦峅寺は、近世に入ると、まずは天正十一（一五八三）年霜月、佐々成政より媼堂に六十六俵が寄進された。次いで天正十六年十一月晦日付で、前田利家から「当村之内を以、媼堂江為新寄進」として一〇〇俵の地が寄進され、同十八年二月十日付の前田五郎兵衛により、利家の了解を得て、寄進地は一切諸役が免除された。その後、文禄五（一五九六）年六月十六日付の岡島備中守の安堵状の文言「神領之外、諸役之儀、利長様江御理申上候」、慶長二十（一六一五）年二月二十日付の利光（利常）の寄進状の文言「利長判形之筋目不可有相違」(7)により利長・利光（利常）により安堵されている。特に利光によりそれまでの俵に代わり石高となり、芦峅寺三五〇石の内五〇石の地が芦峅中宮寺の寺領として寄進され、諸役御免の特権が賦与され、寄進地以外の残り三〇〇石の地は金納となった(8)。かくて芦峅寺は中世に引き続き特権的待遇を得たのである。この諸役御免とは、本途物成（年貢）・小物成のほかは、通常、村に対して課税される鍬役米・夫銀・打銀・山銭・諸転馬役等の諸役が免除されるものである。

なお不入地としての門前地の保証については、まず天正十二（一五八四）年霜月付の佐々成政安堵状によって「東西不入」の特権が(9)、次いで寛永元（一六二四）年八月付で、前田利常から禁制が下付されている(10)。

1　一円不輸の寺地寄進

⑴　中世の年貢免除及び寺領寄進

佐々成政以降の近世の寺領安堵的な諸役免除の特権とは性格的には異なるが、芦峅寺に対する不輸（年貢免除）の初見は、正平八（一三五三）年五月二十五日付の挑井直信の年貢免除状である。(11) その後、寺嶋誠世・寺嶋誠恩・寺嶋職定ら寺嶋氏や神保長誠らが、芦峅寺に諸堂造営費用や灯明料を寄進、用材伐採や柴の採取等の許可を与えるなど、芦峅寺は戦国武将の庇護を受けて発展してきたのである。

奉寄進越中国葦峅堂事

合拾貫文

右此析足者、祖母堂・地蔵堂・炎魔堂三ケ所、致沙汰雖為年貢、以別志、彼堂造栄（営）所奉寄進也、但し此三所堂造栄（営）無沙汰者、可致勘落者也、仍寄進之状、如件、

文正元年　六月三日　　長誠（花押）(12)

戦国期、佐々成政は、天正十二（一五八四）年、媼堂に武運長久を祈願し、諸堂造営費用や灯明料を寄進している。

媼堂之威光承届候、就其葦峅・本宮不相替令寄進候、全可有諸納（所カ）者也、幷東西不入不及申儀候、諸堂伽藍有之造営、大日如来之仏供燈明毎日不可油断候、弥於寶前可有祈念候、仍寄進状、如件、

天正十二年霜月日　　佐々陸奥守　有判（成政）

立山仲宮寺

衆徒・社人中(13)

(2) 近世の寺領寄進

上記のような歴史的背景のもと、近世に入っても、前田利家・利長・利光の御印判により安堵された一〇〇俵の地の寺領寄進により、芦峅寺は中世に引き続き特権的待遇を得たのである。

当村之内を以、媼堂江為新寄進百俵進之候、全有寺務、諸堂伽藍成次第被加修理、勤行等不可有油断候、仍寄進状、如件、

天正十六年十一月晦日　　筑前守利家印

立山仲宮寺
衆徒・社人中⒁

越中新川郡芦倉寺之内、百俵令新寄進、利家判形之筋目不可有相違、弥祭礼勤行等、無怠慢可有執行候、幷造営之儀、可被加相応之修理事尤候、仍状、如件、

慶長七年十二月九日　　利長(花押)

媼堂仲宮寺
衆徒中　社人中⒂

越中新川郡芦倉寺之内百俵令新寄進、利長判形之筋目不可有相違、弥祭礼勤行等、無怠慢可有執行候、幷造営之儀、可被加相応之修理事尤候、仍状、如件、

慶長廿年二月廿日　　利光(前田利常)(花押)

媼堂仲宮寺
衆徒中　社人中⒃

2　「諸役御免」「御寺之公用御指除」の特権付与等

芦峅寺は、前述の如く前田利家・利長・利光（利常）の御判物により、媼堂の寺領として芦峅寺地内に五〇石の地が寄進されている。芦峅寺村の税負担は、村高二九六石に対して免四ツ六歩の本途物成のほか散小物成である漆役・炭竈役が課せられたが、この漆役・炭竈役は、本来、芦峅寺に対して課されたものではなく、亀谷村の銀山労働者が入り込み炭竈を焼いた分の賦課であり、漆役も中村弥五左衛門が一時賦課した税で、村御印にそのまま賦課されたもので、他村のような生産物に対する恒常的な小物成ではなかったのである。(17)また通常、村に対して課税される鍬役米・夫銀・打銀・山銭・諸転馬役等の諸役は、利家・利長判物にみられるように免除され、元和四（一六一八）年三月十七日の前田利光（利常）の御印判(18)により芦峅寺の年貢は金納となった。

越中新川郡蘆峅寺高三百五十石之内、寺領五十石引残而参百石之所、五ツ壱分之物成ニ八如此以前之年々金子を以、可被指上、此外諸役免許者也、如件、

以上

元和四年三月十七日

利光《前田》御印

芦峅寺中

なお、明暦元（一六五五）年七月二十六日付の御郡奉行山本清三郎の達しでは、「芦峅寺先年より諸役就御赦免、夫銀無之候」とあり、諸役御免が確認されている。(19)

3 不入地としての門前地の保証

芦峅寺は、既載の天正十二（一五八四）年霜月の佐々成政寄進状[20]によって、「東西不入不及申儀」、すなわち不入の地（境内の立ち入り拒否の権々）とされた。さらに前田利常によって、寛永元（一六二四）年八月、禁制を与えられ[21]、不入地としての特権が安堵された。芦峅寺村はこの特権を背景に他村との交渉を有利に進めていくのである。

禁　制　　　　　　　　　　　　　　立山足倉中宮寺

一　於諸堂近殺生事、
一　於立山諸堂境内、伐竹木之事、
　　付於諸堂、参詣人不作法事、
一　於橋上、牛馬往来事、
　　付橋并石垣ニ障り、らく書・たはこ火事、
一　号禅定、狼ケ間敷喧嘩口論事、
一　於宿坊長逗留事、
　　付諸参詣人狼籍事、
右之条々、若違乱之輩於有之者、可処罪科者也、仍如件、
　　寛永元年八月日　　　　　　　（前田利常）御判

芦峅寺は、時代は下るが、天保十一（一八四〇）年には藩に対して、これまでの不入の特権を証拠に寺内に制札の下付を願い出て許可されている[22]。

「立山芦峅寺
　　衆徒中
　　　　　　　　　　　　　　小原貞次郎
　　　　　　　　　　　　　　　音地儀左衛門」

其山御制札願之義ニ付、天保九年七月旧記写を以御願有之義ニ付、即御番御年寄江御達置之処、右旧記写ニ而ハ、御合議方指支候之条、本紙或留帳等御指出可被成旨、今般御用番御年寄衆被仰聞候条、右本紙等御持参可被成候、此段得御意候様、御奉行衆御申聞候付、如此御座候、以上、

（天保十一年）六月十八日

この天保十一（一五八三）年の制札下付の願いは、寛永元（一六二四）年の禁制条項のうち第三条の「於橋上、牛馬往来事」が現状に合わなくなったからである。すなわち、媼堂の後にも田地があり、媼前の橋を牛馬が通れないと農作業に支障があるということである。この訴えは芦峅寺村の肝煎・組合頭連名で衆徒・社人に対してなされた。恐らく衆徒側が寛永元年の禁制を理由に認めなかったため藩に訴えたのであろう。藩は制札の本紙を持参すれば善処するとの判断を下し、衆徒と村方と融和し、差支えのないようにとした。

この裁決を受け、衆徒と百姓は相互の約定書を取り交わしている。(23)

御制札御ケ条之内、橋之上牛馬往来無用之趣御調ひ有之候得共、御堂後ニ御田地等有之候ニ付、村方之御開作馬往来之儀ハ可申候、相互ニ差障之儀申出間敷候、

　天保十一年子十二月

　　　　　　　　　　　　　　　　芦峅寺　衆徒（印）
　　　　　　　　　　　　　　　　　　　社人（印）

肝煎頭　猪之助　殿

組合頭　新右衛門　殿
平三郎　殿
惣百姓中

上記のような一円不輸・不入地及び寺領寄進に伴う「諸役御免」や「御寺之諸御用相勤申ニ付公用御指除」の特権を有する芦峅寺であったが、門前百姓は、衆徒・社人の隷属的存在を余儀なくされ、諸堂の管理維持や法会を勤める際の必要な諸経費や労働力を提供するものであり、また村役人の給与等雑用の負担などが課される立場に位置づけられた。

三　「門前百姓」の呼称と身分（身分と役割）

宗教村落芦峅寺が、信仰と経済力を背景に勢力を持ちはじめたのは南北朝時代からであった。前の守護桃井氏から誘われ、また後に越中を分国化した守護畠山氏に協力し、その老臣椎名氏や神保氏やその被官寺嶋氏などとの交流には深いものがあり、彼らの厚い保護を受けることも多かった。芦峅寺を庇護していた武将の発給した文書の差出・宛名をみると次のようである。(24)

・文明三（一四七一）年　土肥将真田地寄進状「あし倉衆徒・名主御中」
・文明八（一四七六）年　寺嶋誠世奉書「蘆峅御百姓」
・永禄七（一五六四）年　芦峅寺八人衆等盟約状「蘆峅八人衆」
・永禄十二（一五六九）年　芦峅寺八人衆等盟約状「葦峅寺門前百姓」

・年不詳寺　　寺嶋職定書状「葦峅寺門前百姓」

これらの文書によると、江戸時代以前にあっては、芦峅寺には仲宮寺衆徒とともに「葦峅寺門前百姓」の存在がうかがえる。江戸時代初期には、元和八（一六二二）年分の年貢皆済状[25]や藩からの達状なども差出しが「芦峅寺」「仲宮寺」となっており、衆徒と百姓は一体化して扱われていたようである。その後、慶安五（一六五二）年の杉伐採の許可を郡奉行に願い出て許可された文書には、差出名として「あしくら衆徒中」「同寺社人中」と「門前中」を区別し併記され[26]、衆徒・社人は、芦峅寺門前の百姓を「門前百姓」と呼んでおり、ここに「門前百姓」が衆徒とは明確に区別される存在として位置づけられることがうかがえる。

また、正徳三（一七一三）年の貸米請願書に「衆徒社人之内幷門前之者共、ひしと行きつまり[27]」、元文二（一七三七）年の寺社奉行に対する貸米請願書に「坊中・社人幷門前之者共へ御貸米四拾五石被為仰付被下候」、「願之通被為仰付被下候ハヾ、難有奉可奉存候、左候ハヾ、社役・坊役等無解怠相勤、且又門前之者共茂　養育仕度奉存候[28]」、寛延二（一七四九）年の貸米請願書に「門前之者共飢ニ及、社堂之草除茂難成候[29]」、などの文言がみえ、芦峅寺村においては、衆徒・社人と門前百姓は区別され、門前百姓は衆徒・社人に従属する下位のものとの認識があったようである。

一方、寺社奉行でも宝永五（一七〇八）年の「大銭出来（新たに銭が発行され出回る）につき申触れ」には「触下之寺社幷門前之者共へ」と宛出されており[30]、芦峅寺中宮寺の衆徒と門前百姓を区別した上で管轄下に入れていることがうかがわれる。このように芦峅寺の衆徒及び藩双方とも、門前百姓を衆徒と区別して認識しているのである。

四　「門前百姓」の様態

芦峅寺における村人の構成は、先述（第一節）したように基本的には、宗務を担当する衆徒・社人と、これを支える門前の百姓から成っていたが、さらに門前百姓に加えて、門前百姓の外郭的な存在として、頭振や「当山衆徒・社人并門前之者召仕之男女」[31]や、狩猟等を生業とする山の民等の存在があったと考えられる。領主である加賀藩は衆徒・社人及び門前百姓はもとより、外郭的居住者を含めて一括して寺社奉行の支配下としていたのである。

そもそも門前地とは、真宗寺院における「寺内町」と同義で、門前百姓は、由緒格式ある寺院の法義（宗教的儀礼儀式など）の運営に係る負担の一部を担う住民である。従ってその身分は寺院に所属する。芦峅寺においては、「立山一山」の宗務全般にわたって執行するための人的・経済的支援を課せられたのが芦峅寺門前百姓である。

加賀藩治下にあって、芦峅寺は、中世や近世初期の諸特権を背景に門前地を獲得し、衆徒・社人は「一山」と称する自治組織を作り上げ、「一山」の法義の運営を遂行する役割を担った。一方、法義の運営に必要な負担の一部を担わされたのが門前百姓である。門前百姓は「輿守《こしもり》」（「門前輿守」）とも呼ばれ、諸堂の管理維持や法会を勤める際の必要な門前集団として位置づけられ、門前地は次第に寺内町的な支配景観が形づくられていったのである。かくして芦峅寺の衆徒・社人の門前百姓に対する認識は、「輿守之者」すなわち立山権現の信奉を象徴する「輿」を守るものであり、決して御郡奉行の支配になる「全く百姓」ではなかったのである。

芦峅寺の門前百姓は、「諸役御免許之御高《たか》地居住之門前百姓共」[32]であり、前田利家をはじめ利長・利光によって一〇〇俵の地の寺領寄進及び諸役御免許の特権を賦与された媼堂を中核とする中宮寺境内に居住する百姓であった。門前百姓は芦峅寺衆徒の恣意により生み出されたものではなく、加賀藩の施策のなかから生み出されたものと考えることができよう。

先述したように、まず室町時代、文明三（一四七一）年の頃には「蘆峅百姓」の存在が知られ、また、永禄十二（一五六九）年の寺島職定の一札には公用免除の特権を有する「葦芦寺門前百姓」の存在が知られる。(33) このことは後の「天保十三年度古文書写綴」のなかに「当寺門前之儀、御当代門前より御座候由ニ而、池田之城主職定公より信州懸越等之諸商人御差留被仰渡候御判之物ニ芦峅寺門前与有之」の記録がある。(34) 室町時代の芦峅寺は、中宮寺あるいは葦峅堂という宗教施設を守る衆徒・社人や名主に代表される門前百姓で構成され、門前百姓とは、文字どおり立地的に芦峅寺の門前に居住する百姓のことである。江戸時代の初期においても、元和八（一六二二）年分の年貢皆済状ではいまだ「芦峅寺」と宛て出され、「村」の文言がなく、いわゆる近世村としては位置づけられていなかったのである。

しかし、元和九（一六二三）年から寛永三（一六二六）年にかけて村が退転し、百姓が走ったので、次に掲げる寛永四年八月十四日付の申渡状により、改めて検地の上、新村を建て、走百姓が呼び返されたのである。(35) 新たにスタートした新村芦峅村は、「本宮への下し地」や小作も含め、これまでの「芦峅寺之内」「寺中」へ引き寄せられ、衆徒・社人と入り交じる形となり、ここに、いわゆる近世芦峅寺村及び門前百姓が誕生したのである。

一、寛永四　八月十四日之御書物ニ、芦峅寺之内ニ新村相定候儀有之間敷候、新村之者共小作並ニ田畑ニ而も下シ、寺中江引寄、其者共置可申与有之、依之堂境内より上躰江人家相立申儀不相成候事、

寛永四（一六二七）年五月二十九日付の元和八（一六二二）年の分の蔵払算用状に、「元和八年分新川郡御直納芦峅寺村御蔵払御算用帳之事」と記されている。「芦峅村」の初見である。(36) この皆済状にみると、芦峅寺村高が三五〇石とし、内五〇石は寺領として諸役免除の寄進地とされ、年貢納入は平地の村と異なり、芦峅寺村に御蔵を置き、そこに

直接納入するものであった。なおこの算用状は皆済状ではなく、後に御印として改めて渡されるものであった。

芦峅寺の門前百姓は、「諸役御免許之御高地居住之門前百姓共」(37)と記され、諸役御免許の特権を賦与された芦峅寺境内に居住する百姓であり、中宮寺境内の地を請地(借地)して、「衆徒・社人・百姓・頭振入交」る形で居住していた。(38)「入交り」の様態は、火災状況を記した文書でも知ることができる。居屋敷「入交り」の様態の最初は、寛永四(一六二七)年の新村のスタート時点と考えられ、衆徒・社人と百姓居屋敷が横並び(文字どおり隣接)のみならず、前後(道に対して表裏)の位置関係にあったと考えられる。(39)このことは、嘉永六(一八五三)年六月二十六日朝の福泉坊からの出火により、吉祥坊・善道坊・宝伝坊等の坊家と門前百姓新右衛門・清六・三郎右衛門の家が類焼している記述からもうかがえる。(40)なお、このほか安政二(一八五五)年三月二十六日に門前百姓小三郎より出火、隣家源右衛門・仁左衛門・忠兵衛・教算坊が類焼している記録もある。(41)

また「入交り」の様態は、芦峅寺五人組の構成からもうかがえる。加賀藩は村落支配の一方法として、村の単位である十村組に加えて、各村内に「五人組」の単位で年貢皆済や治安などに係る互助組織を作らせた。芦峅寺においても、他の村と同様に「五人組」が設けられた(設置の起源は管見史料では不分明)。この五人組の構成は、天保八(一八三七)年八月以前は「五人組之儀、衆徒・社人・百姓・頭振軒順」で組織され、衆徒・社人と百姓の「入交り」の様子がうかがえる。しかしこの「入交り」は様々に問題が生じたので、天保八年以後は「万事致齟齬候ニ付、改而衆徒・社人ハ其身分を以五人組仕リ、百姓・頭振ハ百姓ニ而組合仕」るようになった。(42)かくして、天保八年以降には芦峅寺においては、宿坊・社人と門前百姓は主と従の関係が確認され、ひいては一種の階層分化の状況が生み出されたのである。

五　門前百姓の村雑用「三ノ壱」負担

門前百姓は、藩や衆徒・社人の「輿守之者」の認識により、衆徒・社人によって「立山一山」の法義の運営の支援の名のもと様々な負担が課せられていた。負担の内容は大別して、(ア)造用（金銭的）を負担するもの、(イ)直接勤労を伴うもの、の二種に分けられる。

(ア)については、①御普請方の役人の出張等に係る経費の三分の一を負担する、②大宮の御輿の修復に係る経費を負担する、③藩からのお触れを読み聞かせる経費（門前百姓に関係する分）を負担する、④門前の家作の状況見分に係る経費の一部を負担する、などである。(イ)については、①正月と九月の祈願行事の際「薪等取集幷煮焼人足」を門前から出す、大宮・若宮の年籠に当たる一七日間の宮仕人足方を勤める、②大宮の六月祭礼の際に「湯花釜之火焼曁大宮等諸世話」をする、③四月十四日に大宮・若宮の神前で行われる「高貴山与申神代之行法」の入用物の調達と宮仕人足を勤める、④十一月二十四日の「天台大師之法会」の際には宮仕を勤める、⑤御普請所の火の用心及び境内の掃除をする、など様々な課役（負担）がみられる。(43)

芦峅寺の門前百姓は、これら負担のうち、村の構成員として必要な負担は当然するが、いわゆる「輿守」としての負担は百姓身分としての本来の負担ではないとの認識はもちながらも、寺社奉行支配の門前百姓ということで慣行的に応じてきた。

ここで取上げる「三ノ壱銭」負担の起源については管見史料では確認できないが、門前の百姓に対して、芦峅寺の運営に関する諸経費の三分の一を負担することが衆徒によって求められるのが常であったようである。安政六（一八

表1　天保14（1843）年の門前百姓が負担した「三ノ壱出銭」の内容一覧［註46］

1、諸堂の修理等のため藩の御作事雑用 ・宿泊費（教覚坊・等覚坊・教順坊・三学坊・教蔵坊・宮之坊・宝龍坊・金泉坊の宿泊費） ・奉行一行の宿泊費 ・職人宿泊費 ・その他（そうめん・酒）	 1貫530文 8貫880文 22貫380文 1貫193文
2、御媼堂用経費（炭34貫・屛風半双）	1貫860文
3、御前堂御見分雑用（そうめん・蕎麦・酒1升・宿泊費）	655文
4、布橋石垣修理（御作事職人宿泊費）	30文
5、6月祭礼の雑用（杉原紙32枚・酒2升・15匁蠟燭6挺5匁蠟燭20挺）	716文
6、旅費（御礼等のための役僧路用）	6貫600文
7、家来雇代	400文
8、目代茶代（7月切・12月切）	1貫200文
9、職人日雇	5貫880文
10、その他（定例日持辻札代、その他）	966文
合　計	52貫290文

五九）年の「御郡所江之答書」に衆徒の言い分として、その理由を御郡奉行に「元来此三ノ壱出銭与申ハ、当六月（安政六年）御郡所江之答書ニ委曲奉申上候通、往昔より門前名目之謂を以割賦差出古格[44]」と述べている。芦峅寺衆徒は「従御先代様諸役免許ニ被仰付候、其謂者御媼尊・大宮・若宮等之御普請御建物数多有之、法会祭礼及万一非常大変之節ハ助成為致門前百姓ニ御座候、依而於当時者収納同様之三ノ壱出銭与相心得罷在候」と答えている[45]。

なお、表1は「天保十四年分衆徒より造用三ノ一割候内可指出分　芦峅寺村百姓共」を整理したもので、天保十四（一八四三）年の門前百姓が負担した「三ノ壱銭」の内容がわかる[46]。

表1でみられるように、芦峅門前の百姓は、単に村運営の負担のみならず、明らかに宗教村落芦峅寺の運営費、すなわち「諸堂非常の義、法会等」に係る費用負担のほか、他村の村肝煎に当たる「目代《もくだい》」の経費負担も課された。天保十四（一八四三）年の負担額は銭五

二貫二九〇文、このうち諸堂修復にかかる費用は三三貫九八三文、一山運営の諸経費が一五貫七九二文、媼堂の運営費が二貫五一五文であった。なかでも一山運営の諸経費が四一・六%を占めている。

また、「一山」が取り仕切る祭祀に関わる法義以外は、百姓はもとより衆徒・社人も郡奉行支配とする藩の裁定が嘉永六（一八五三）年三月に下ったが、その後の安政六（一八五九）年頃の「村方雑用之儀」をみると、御郡御奉行所の見分に際しての諸雑（造）用や、奥山廻・檀ケ原廻御役人の宿泊に伴う雑用、道橋普請の雑用、かつ祭礼の際の警護の雇人の雑用などは、衆徒・社人をはじめ百姓・頭振まで面割で取り立てることになっていたことがわかる。[47]さらに、村肝煎扶持米も同様に衆徒・社人まで一面に二升宛取立てたのである。このようにみてくると、門前百姓の支援負担は大変なものであったと推測される。

こうした過重と思われる負担が、天保十四（一八四三）年になって門前百姓と衆徒・社人との対立を生み出したのである。文政元（一八一八）年に、門前百姓が従来から負担してきた「三ノ壱銭」、すなわち往古より御定式御祭礼・年頭・御札献上及び御作事御休泊之余荷《よない》雑用等の経費負担である門前百姓の「三ノ壱銭」を一切負担しないという事件が起きた。このときは魚津の公事場において詮議・裁定され、翌文政二年二月、公事場の裁定をうけて門前百姓側は衆徒と和談の上、「在来之通り」「三ノ壱銭」を負担するということで一旦決着がついたようにみえた。[48]

文政元年ニ門前百姓共彼是不熟之義申立、出銭不指出候ニ付御裁判方奉願上候処、御公事場江被仰遣、即於御場所御詮議御座候処、百姓共不熟相改、在来之通り割符合之出銭指出可申旨ニ付、即願書願下ケ漸々事済仕候、

しかし天保十四（一八四三）年八月、芦峅寺の百姓は「門前の百姓」ではないとして「三ノ壱銭」の負担を忌避したのである。[49]この件については、加賀藩では、芦峅寺門前百姓の身分の扱いについて寺社奉行と郡奉行との間で論議された。（以下第二節三〇四頁参照）

六　衆徒・社人と門前百姓との対立

1　衆徒・社人及び門前百姓の身分支配

宗務を担う衆徒・社人は加賀藩の寺社奉行の支配を受け、門前の百姓も文政二（一八一九）年頃までは、社地敷地の内にある居屋敷や田地も含めて寺社奉行支配となっていた。衆徒・社人の認識は、「当山之振合者、往古より衆徒ニ相抱リ候支配方、一山目代御用取次仕候、高方之儀ハ門前肝煎致取次、万事目代方江及示談、御用取次仕候」というものであった[50]。しかしその後の嘉永六（一八五三）年三月の通達によれば、「法義」すなわち宗教的儀礼儀式など宗務に関しては寺社奉行の支配であるが、高方に関しては「衆徒共居住所者勿論、社地迄も全ク」御郡奉行支配とされた。これに対して芦峅寺衆徒は、万延元（一八六〇）年十一月、「一人之身体を双方より致支配」することは不合理であるとして反対したが[51]、同年十一月、以前のとおり衆徒身分は全て寺社奉行所御支配となり、高方等については、御郡奉行並びに改作奉行が取捌き、「両寺共目代を立、右奉行等支配を為請可申、社地幷衆徒居住所之義も、改而各支配ニ可申渡」されることとなった[52]。

一方、門前百姓の支配については、安政五（一八五八）年の芦峅寺詮議答書よれば、この時点では、寺社奉行支配なのか郡奉行支配なのか「百姓とも身分支配の義ハ詮議中」であったが、藩側の考えは「芦峅寺門前名目之義、今更相改候義難致候」として門前百姓は寺社奉行支配という往古よりの慣行を踏襲するものであった[53]。

2　衆徒・社人の「門前百姓」に対する認識

芦峅寺衆徒・社人は、加賀藩祈禱寺院としての特権を強く意識し、「当時衆徒・社人身分御支配之儀御尋御座候ニ付、身分之義者御目見奉申上、数通之御印章奉頂戴、御札守献納仕候衆徒等ニ候間、全ク寺社所御支配」[54]であると旧例・古格を列挙し、身分として寺社奉行支配のもとにあると主張した。さらに従来の古格にもとづき、芦峅寺は衆徒・社人・門前百姓、及び社地境内・山方・村方のすべては寺社奉行の支配下にありとし、藩と芦峅寺との関わりについては、天保十四(一八四三)年七月まではこの古格のとおり、芦峅寺衆徒・社人と寺社奉行との間で進められてきたというのである。衆徒・社人の寺社奉行に対する陳述は次のようである。

諸御印章ニも芦峅寺与有之、村之字一切無御座候、依之惣高策配衆徒社人江被仰渡有之ニ付、御社領高も御納所高も田畑山林打混有之、地面相別居不申候、拙僧共義往古より身分之義ハ全ク寺社奉行へのミ奉嘆願候得共、其外地方山方等ニ而も御社領高打混有之意味を以寺社御奉行所江御嘆願申上候、[55]

すなわち、「芦峅寺」とは加賀藩の祈禱寺「中宮寺」のことを指し、加賀藩からの印章(通達文書)には「芦峅寺」とあり「村」の一字は一切記されていないので、衆徒・社人が村の支配を一切委ねられたと主張している。従ってこの通達は加賀藩の祈禱寺院「芦峅寺」を執務する衆徒・社人に対して下されたものであり、「御社領高も御納所高」をはじめ「其外地方山方等」をも寺社御奉行所のもと取り仕切るというものである。このように実態的には衆徒・社人側では芦峅寺に居住する百姓を、中宮寺に奉仕する「門前百姓」と認識しており、それは「輿守百姓」と呼称されていることに端的に現れている。加賀藩側でも宝永五(一七〇八)年の「大銭出来につき申触書」[56]には「触下之寺社幷門前之者共へ」とあり、寺社奉行は芦峅寺居住の百姓についても衆徒と同様に「芦峅寺の門前百姓」と認識していたのである。

こうした衆徒・社人の百姓に対する認識は、天保十三（一八四二）年に加賀藩が芦峅寺に対して往古よりの旧例を尋ねた返書のなかに、「門前百姓への藩の触渡しや宗門改帳の御請印形書上、諸種調書上、軒割りの上納金、そして日常の門前百姓の締まりなど一切についてはすべて衆徒・社人に申付けられている」(57)と述べていることからもうかがえる。加賀藩においても幕末の記録には、立山岩峅寺・同芦峅寺・津幡弘願寺・埴生八幡・高岡五社(58)を「門前有之寺庵」（門前を有する寺社）とし、「触下之寺社并門前之者共へ茂、急度御申渡早速御請可有御出候」(59)などと書き上げており、芦峅寺衆徒と同様の認識を示している。

また、芦峅寺の法務を主宰する衆徒・社人は、上記のような門前百姓の位置づけを利用し、門前百姓を「衆徒雇つかい又は山畠作」(60)や「社堂之草除」(61)「百姓門前等社役勤」(62)などの「社役」に徴用し、衆徒・社人の支配下にあると認識していたのである。こうした衆徒・社人の門前百姓に対する認識は、門前百姓への藩の触渡しや、宗門改帳の御請印形書上、諸種調書上、軒割りの上納金、そして日常の門前百姓の締まりなど、すべて衆徒・社人に申付けられているという加賀藩の支配の仕組みから生じたものであった。

　御縮方者、都而衆徒社人江被仰渡、即御印章、諸書物も拙僧共御渡被為成有之、依之拙寺より諸縮門前之もの江触渡御請等差上来り申候、往古宗門御改之節、衆徒社人并門前之もの迄御請印形差上、御縮方相立申候、(63)

なお、宝永五（一七〇八）年の触書には「触下之寺社并門前之者共へ」(64)とあり、寺社奉行も百姓に対しては衆徒と同様に「門前百姓」を衆徒の下位に位置するものと認識していたのである。さらに芦峅寺衆徒は、

　御郡所一円之百姓ニ候得者鍬米役始め夫銀・打銀・山役・転（伝）馬等迄指出可申筈、其義も無御座候、従御先代様諸役免許ニ被仰付候。其謂者御嫺尊・大宮・若宮等之御普請御建物数多有之、法会祭礼及万一非常大変之節ハ助成為致門前百姓ニ御座候、依而於当時者収納同様之三ノ壱出銭与相心得罷在候(65)

と御郡奉行に答え、門前百姓が「三ノ壱銭」を出すのは当然のことと考えていたのである。こうした衆徒・社人の認識が天保十五（一八四四）年の門前百姓と衆徒・社人との身分をめぐる論争を引き起こすことになったのである。

3　門前百姓自身の認識

芦峅寺の百姓は決して自らを門前百姓とは考えておらず、先述した衆徒・社人の門前百姓の認識のもととなっている「池田之城主職定公より被為下置候御判物」については、「芦峅門前百姓中与御座候共於私共者右様之儀、往古より伝承仕候儀も無御座、勿論右書物ハ御治世以前之儀与奉存候ニ付、是等ハ證跡ニ相成不申」[66]として、衆徒・社人の依拠する根拠を否定しているのである。

ちなみに「池田之城主職定公御判物」は芦峅寺「一山会文書」に池田城を拠点としていた寺島職定の文書が八通遺されているが、「芦峅寺門前百姓」の文言があるのは二点で、芦峅「寺門前」(異筆)百姓、葦峅「門前」(異筆)百姓とある。しかし問題の「寺門前」「門前」の文字は「異筆」であるという[67]。後世に加筆したものかもしれないのである。

芦峅寺百姓はすべて浄土真宗寺院の檀家となっており、宗門的には「立山一山」とは関わっていないという認識があった。しかし、一方では、衆徒の課する負担は「諸役御免許の特権」の対価であり、止むをえないという認識でもあった。また、芦峅寺の百姓の間では、その身分は寺社奉行の支配下ではない、言い換えれば衆徒・社人に附属する門前百姓という身分ではなく、他村と同様に御郡奉行の支配下にある百姓であるという思いが、文化・文政期以降次第に強まっていった。こうした門前百姓の思いは、往古より負担してきた「三ノ壱銭」を負担しないという事件によって一機に表面化したのである。

天保十四（一八四三）年七月の寺社門前地における家作御見分の際に、組合頭平三郎・猪之助等は、「門前百姓ニ而ハ無之、御郡付之百姓」と申立てている(68)。

去卯（天保十四年）七月、寺社門前地、家作御見分相済候後、組合頭平三郎・猪之助等門前百姓ニ而ハ無之、御郡付之百姓与申立、其儀ニ付一山之百姓与申分致出来、終ニ御郡奉行江組合ニ成、御郡之権威を以、身分支配方迄被遮、其以来漸々往古之旧例も押潰候様ニ被仕成、

そして翌天保十五（一八四四）年の正月四日、恒例の「当山評定」には本来、衆徒・社人・門前百姓が一堂に会して年中の運営を相談することになっていたが、門前百姓の組合頭が出席しないという状況が生じた(69)。ここに古格が崩れることとなったのである。古格とは、「往昔より門前名目の謂を以割賦差出」すことであった(70)。衆徒側では、立山信仰の宗務を主宰するものは衆徒・社人であり、法義の運営に関わる費用及び直接勤労を負担するのが門前百姓であるとの認識があった。これは、加賀藩自体も寺院統制策による「触れ下の寺院」と同様の位置づけをしていることは先述のとおりである。

一方、門前百姓が「御郡付之百姓」と主張する背景には、

一つには、「共に立山大権現を奉ずるもの」というお題目のもとに課せられた金銭的負担と直接勤労を伴う過重な負担があった。しかし、この「三ノ壱銭」については、「往昔より門前名目之謂を以割賦差出」すとの古格によるものと、やむをえず受け入れてきたものであるが、公的諸役御免の対価を理由に「芦峅寺諸懸雑用之内三之一門前輿守之者より可指出割符(71)」するということには納得し難いものであったのである。このような状況のなかで、門前百姓に課せられてきた過重な負担により「門前百姓余荷分不残借財打重リ居、弥衆徒も他借之手段も尽果候得者、此上ハ御用支之場ニも押移リ申候(72)」という問題が起きてきたのである。

また一つには、加賀藩の高方仕法を推し進める政策により、寺領の寺社奉行から郡奉行・改作奉行支配への転換政

策と併せて、「門前百姓」から「御郡付之百姓」への転換について強く指導されたことが背景にあったと考えられる。

しかし、こうした門前百姓の「三ノ壱銭」忌避の願いは叶わなかった。加賀藩では門前百姓の身分について、安政五(一八五八)年の芦峅寺詮議答書によれば、「芦峅寺門前名目之義今更相改候義難致候」として「寺社奉行所ハ勿論、於其場(御算用場)も如形連綿貫通いたし来し名目之処、御郡奉行より不相当と申立候義者、先以其御場江対相違之廉と相聞候」とあり、衆徒・社人の主張する古格を追認するものであった。(73)

4　身分をめぐる争論の勃発とそのゆくえ

天保十四(一八四三)年八月、寺社奉行の家作見分に端を発した芦峅寺の緒雑用負担をめぐる問題は、同年末に至り、寺社奉行が門前百姓に対し、緒雑用のなかに見分諸費用を含めて割付したことから、同村百姓はそれを不当であるとして反対し、(74)以来、芦峅寺雑用負担を拒否し、文政元(一八一八)年の一件と同様、再び衆徒・社人と同村百姓との間で争論が起きたのである。以後、安政四(一八五七)年まで十六年間、門前百姓が「三ノ壱銭」を負担しなくなったのである。金額にして銭六一二貫六七七文(年間平均三八・三貫。金にして大凡二二両)に達している。(75)芦峅寺の百姓の間では、その身分は寺社奉行の支配下、言い換えれば衆徒・社人に付属する「門前百姓」という身分ではなく、他村と同様に御郡奉行の支配下にある百姓であるとの強い思いがあったのである。

一方、衆徒側が、百姓身分を「門前百姓」とすることに固執する理由は、門前百姓の負担(奉仕)にあった。特に負担過重の件については、「応答記」のなかでいみじくも、

年々当寺江差向候御普請方始、其外諸役人御休泊造用余荷、曁御普請方出府路用、御触状伝達方造用等も都而百姓ニ而余荷不申、右門前百姓余荷分不残惜財打重リ居、弥衆徒も他借之手段も尽果候得者、此上ハ御用支之場ニ

も押移リ申候、(76)

と述べ、百姓の負担なしでは芦峅寺の宗務運営は成り立っていかないことを改めて主張し、百姓を「門前」の身分に留め置くためにも、身分の問題に固執せざるをえなかったのである。

なお岩峅寺・芦峅寺の衆徒は、天保十五（一八四四）年八月に、寺社奉行とではなく、郡奉行との掛合いのなかで、いずれも「往古より之振合」を申し立て、身分・地面ともに寺社奉行支配であることを主張している。まず天保十五年八月の段階では、加賀藩は、岩峅寺・芦峅寺の衆徒に対して、宗教上の身分は寺社奉行支配とするが、高方（年貢対象の田畑）や山方（山中の所有地）、及び社地境内のうち衆徒・社人・門前百姓の居住地は、御郡奉行支配としたい旨の意向を伝えてきたが、両寺ともに納得し難きこととして、これまでの身分支配に関する旧例を主張し、芦峅寺は改めて寺社奉行支配となることを願い出た。

嘉永六（一八五三）年三月、藩の裁定が下った。藩は、法義についての身分は寺社奉行、衆徒居住所及び社地、山方・高方については郡奉行・改作奉行の支配と裁定した。芦峅寺衆徒は身分支配は寺社方を望んでいたが、結局寺社方と郡方の両支配が申し渡された。(77)しかし、この裁定に対して芦峅寺は納得せず、さらに新川郡奉行と掛け合った。安政六（一八五九）年には再び門前百姓からの願出があり、新川御郡所、さらに御算用場へと論議が及んだ。門前百姓の言い分は、衆徒らが「御郡御奉行所御支配之百姓を門前百姓抔与新タニ名目を付」け雑用を割符してきたもので「甚不信服」であり、門前百姓などと申し立てなければ、これまでどおり雑用を負担すると衆徒へ申し入れたのである。

藩は、改めて万延元（一八六〇）年十一月に、嘉永六（一八五三）年の裁定どおり、衆徒身分及び社地ならびに衆徒居住所は寺社奉行の支配に、山方・高方は新川郡奉行及び改作奉行の支配であり、百姓の身分は御郡奉行支配と裁定し

た。(78)

越中立山岩峅寺・芦峅寺衆徒身分支配方之儀、其以来各与新川御郡奉行懸合之趣有之法義ニ付而之身分ハ尤可為各支配、乍去当時衆徒共居住所者勿論、社地迄も全ク右御郡奉行可為支配旨等、委曲嘉永六年三月申渡候通ニ候、

これに対して芦峅寺は、万延元(一八六〇)年十一月付でこれまで交渉の経緯を調整し、寺社奉行へ調書を提出した。調書の末尾に社地敷地の境界が明確でないとして、寺社奉行と郡奉行との間で齟齬もあるとし、来春(万延二年)雪解けをまって見分し境界を極めることで、身分の件は落着の方向に向かった。(79)

この芦峅寺の調書を受けて藩の御算用場は、「立山岩峅寺・芦峅寺衆徒身分支配方等之義」について裁定を出した。その裁定の内容は、芦峅寺が地域の十村である神保助三郎・伊東彦四郎宛てに出した請書に示されている。(80)

芦峅寺衆徒・社人とも、身分支配方之儀、嘉永六年以来、寺社御奉行所・御郡奉行所両御支配被仰渡候へ共、今度改而拙僧共身分之義、寺社所一向之御支配ニ被仰渡候段、奉得其意申候、仍而御請上之申候、

(万延元年カ)
申十二月　芦峅寺

神保助三郎殿

伊東彦四郎殿

その裁定によれば、衆徒・社人の身分及び境内地の居住地に係ることは一応の決着をみたことがわかる。しかし百姓の身分については格別の裁定はなく、両者の対立はそのままに幕末・維新にもちこまれるのである。

以上、本節では、芦峅寺における門前百姓の存在とその果たした役割を通して、江戸時代における寺社門前地の百

姓の本質的な有り様をみてきた。芦峅寺の百姓は、藩や衆徒によって「寺社門前百姓」と位置づけられ、過重と思われる諸負担に応じながらも、芦峅寺一山という由緒・格式にしがみついた権威的な生き方を選ばず、文政期（一八一八～三〇）以降の衆徒との対立のなかで、宗門は天台宗ではなく浄土真宗とし、一介の村人としての生き方を希求する「百姓」としての自覚と姿勢を貫いた。芦峅寺衆徒社人の、こうした門前百姓の支援の上に成り立っている権威的なあり方は、幕末を迎える時期に綻びをみせた。いうなれば、加賀藩の政策上の自己矛盾と経済的いきづまりのなかで、特権的宗教村落芦峅寺の存立も矛盾・限界を露呈したといえるのである。

註

（1）「安政五午年　当山諸懸リ雑用之内、三ノ壱門前百姓方指出不申に付御郡所江往答書等」『越中立山古記録Ⅱ』（立山開発鉄道、一九九〇年）一頁。

（2）田中喜男『加賀藩における都市の研究』（文一総合出版、一九七八年）三三頁。

（3）「天保十五辰年　拙僧共身分御支配方幷ニ門前之もの共儀ニ付、往古より之振合奉申上候ケ条書　立山芦峅寺」（雄山神社蔵文書）。

（4）「芦峅寺諸懸雑用之内、三ノ一門前輿守之者より可指出割符致」『越中立山古記録Ⅱ』一七頁。

（5）脇田修「寺内町の構造と展開」『史林』第四一巻一号、（史学研究会、一九五八年）二・六頁。

（6）原田伴彦「門前町」『世界歴史大辞典　一九巻』（教育出版セミナー、一九八六年）三四頁。

（7）木倉豊信編『越中立山古文書』（芦峅寺文書　三四番）一八頁。

（8）『越中立山古文書』（芦峅寺文書　三五番）（国書刊行会　一九八二年）一九頁。

(9)『越中立山古文書』(芦峅寺文書　二四番)一三頁。
(10)『越中立山古文書』(芦峅寺文書　三六番)一九頁。
(11)『越中立山古文書』(芦峅寺文書　一番)一頁。
(12)『越中立山古文書』(芦峅寺文書　四番)二頁。
(13)『越中立山古文書』(芦峅寺文書　二四番)一三頁。
(14)『越中立山古文書』(芦峅寺文書　二六番)一四頁。
(15)『越中立山古文書』(芦峅寺文書　三〇番)一六頁。
(16)『越中立山古文書』(芦峅寺文書　三四番)一八頁。
(17)『越中立山古記録Ⅳ』六九頁。
(18)『越中立山古文書』(芦峅寺文書　三五番)一九頁。
(19)『越中立山古文書』(芦峅寺文書　七一番)三三頁。
(20)『越中立山古文書』(芦峅寺文書　二四番)一三頁。
(21)『越中立山古文書』(芦峅寺文書　三六番)一九頁。
(22)『越中立山古文書』(芦峅寺文書　一九一番)九二頁。
(23)『越中立山古文書』(芦峅寺文書　一九三番)九三頁。
(24)『越中立山古文書』(芦峅寺文書　四番〜三六番)二頁〜一九頁。
(25)『越中立山古文書』(芦峅寺文書　四三番)二二頁。
(26)『越中立山古文書』(芦峅寺文書　六八番)三一頁。

(27)『越中立山古文書』（芦峅寺文書　八二番）三九頁。
(28)『越中立山古文書』（芦峅寺文書　八五番）四〇頁。
(29)『越中立山古文書』（芦峅寺文書　八六番）四一頁。
(30)『越中立山古文書』（芦峅寺文書　七八番）三七頁。
(31)『越中立山古記録Ⅱ』八二頁。
(32)『身分支配方再願并再々願』（雄山神社蔵文書）。
(33)『越中立山古文書』（芦峅寺文書　一三番）八頁。
(34)『越中立山古記録Ⅱ』二一一頁。
(35)『越中立山古文書』（芦峅寺文書　四〇番）二一頁。『越中立山古記録Ⅱ』二〇九頁。
(36)『越中立山古文書』（芦峅寺文書　四三番）二二～二三頁。
(37)「身分支配方再願并再々願」（雄山神社蔵文書）。
(38)『越中立山古記録Ⅱ』「天保十三壬寅年　当山□《（速）》要□□《（御用留）》」八八頁。
(39)「芦峅寺高割山絵図」『富山県［立山博物館］特別企画展図録　山宮に生きる』（富山県［立山博物館］二〇〇三年）六頁。
(40)『越中立山古記録Ⅱ』一二八頁。
(41)『越中立山古記録Ⅱ』一四〇頁。
(42)『越中立山古記録Ⅱ』八八頁。
(43)「天保十五辰年　拙僧共身分御支配方并ニ門前之もの共儀ニ付往古より之振合奉申上候ケ条書　立山芦峅寺」（雄山神社蔵文書）。

(44)『越中立山古記録Ⅱ』一〇頁。
(45)『越中立山古記録Ⅱ』一〇頁。
(46)『越中立山古記録Ⅱ』「天保十四年分衆徒より造用三ノ一割候内、可指出分、芦峅寺村百姓共」一九〜二〇頁。
(47)安政六年十一月の芦峅寺組合頭・百姓総代の連名の「芦峅寺諸懸リ物雑用三ノ一指出方之義ニ付御郡所より被仰渡之趣御答帳」『越中立山古記録Ⅱ』一七頁。
(48)「身分支配方再願并再々願」(雄山神社蔵文書)。
(49)『越中立山古記録Ⅱ』一頁。『越中立山古記録Ⅱ』一六頁。
(50)『越中立山古記録Ⅱ』二四一頁。
(51)『越中立山古文書』(芦峅寺文書　二五五番)一一五頁。
(52)『越中立山古文書』(芦峅寺文書　二五五番)一一五頁。
(53)『越中立山古記録Ⅱ』二頁。
(54)『越中立山古記録Ⅱ』二二七頁。
(55)「天保十五辰年　拙僧共身分御支配方并門前之もの共儀ニ付、往古より之振合奉申上候ケ条書　立山芦峅寺」(雄山神社蔵文書)。
(56)『越中立山古文書』(芦峅寺文書　七八番)三七頁。
(57)『越中立山古記録Ⅱ』二一一頁。
(58)『越中立山古記録Ⅱ』一五八頁。
(59)『越中立山古文書』(芦峅寺文書　七八番)三七頁。

(60)『越中立山古文書』（芦峅寺文書　八四番）四〇頁。
(61)『越中立山古文書』（芦峅寺文書　八六番）四一頁。
(62)『越中立山古文書』（芦峅寺文書　一〇六番）四九頁。
(63)『越中立山古記録Ⅱ』二一一頁。
(64)『越中立山古文書』（芦峅寺文書　七八番）三七頁。
(65)『越中立山古記録Ⅱ』一〇頁。
(66)『越中立山古記録Ⅱ』一八頁。
(67)『越中立山古文書』（芦峅文書一三一）八頁・（同芦峅文書一六）九頁。
(68)『越中立山古記録Ⅱ』「弘化二巳年八月改之　当山高方門前肝煎入札之儀往答記衆徒社人中」二四一頁。
(69)「当山評定始与申而、衆徒・社人・門前之者迄打寄、年中諸縮方申談、其通一統相心得候処、右組合頭共寺社方の評定席江立合不申段申聞、其儀ニ付又候申分致出来、依之漸々古格取潰候而ハ不相成候」『越中立山古記録Ⅱ』二四一頁。
(70)『越中立山古記録Ⅱ』一〇頁。
(71)『越中立山古記録Ⅱ』一頁。
(72)『越中立山古記録Ⅱ』二四二頁。
(73)『越中立山古記録Ⅱ』二頁。
(74)『越中立山古記録Ⅱ』二二～二四頁。
(75)「身分支配方再願并再々願」所収「安政五年六月　門前與守者共三ノ壱割賦出銭相滞り候分委細帳」（雄山神社蔵文書）。
(76)「弘化二巳年八月改之　当山高方門前肝煎入札之儀応答記　芦峅寺衆徒社人中」『越中立山古記録Ⅱ』二四二頁。

(77)　『越中立山古文書』(芦峅寺文書　二五五番)一一五頁。

(78)　『越中立山古文書』(芦峅寺文書　二五五番)一一五頁。
(包紙)万延元庚申十一月二日衆徒等身分、全ク寺社奉行所御支配幷社地・居住所共、御奉行所御支配方ニ被仰出之御奉書、万延元申年十一月九日調之候、身分御支配御入

(79)　『越中立山古文書』(芦峅寺文書　二五五番)一一五頁。

(80)　『越中立山古文書』(芦峅寺文書　二五八番)一一六頁。

第三節　岩峅寺・芦峅寺の歴史的景観と争論

一　近世における両峅の概略

1　岩峅寺の概略

岩峅寺は先述したように室町時代には立山寺と称し、天正十六（一五八八）年頃から立山寺を岩峅寺と称するようになった。同年十一月晦日付の前田利家寄進状には「岩倉村之内ヲ以、立山権現江為新寄進」(1)とある。さらに、慶長七（一六〇二）年十二月九日付の立山寺付の立山寺衆徒中神主中宛の前田利長の寄進状により、利家同様一〇〇俵の地が安堵されている。(2)

また江戸時代初期には加賀藩の祈禱寺院に指定されている。慶長十八（一六一三）年三月十日付で、利常の家臣奥村栄明が岩峅寺延命院に対して、利常の長女亀鶴姫の誕生に際して益々の息災の祈禱を依頼、(3)元和元（一六一五）年十二月五日付で、室（正妻）天徳院（徳川氏）の息災の祈禱を依頼し、(4)元和六年五月晦日付で利常の室天徳院の安産の祈禱、(5)寛永十五（一六三八）年二月三日、利常の末子利治の疱瘡平癒の祈禱、(6)正保二（一六四五）年三月四日、犬千代（綱紀）の疱瘡本復の祈禱等々、(7)藩主の夫人や姫の出産や藩主・子息の病気平癒を立山権現に祈禱を怠りなく行うのが、加賀藩における祈禱寺としての役割であった。また、時には、加賀藩の要請により、将軍家の病気平癒や安泰をも祈禱することがあった。

歴代加賀藩主及び夫人のなかで立山権現に対して最も信心の篤かったのが前田利長の夫人玉泉院である。特に岩峅寺の宿坊の一つ延命院は、玉泉院との関わりが深く、祈禱札や護符を進呈するほか、伊勢神宮への代参や血盆経を納めるなど積極的につながりをもった。これに対して玉泉院は、初穂料や金子を賜うとともに、元和年中（一六一五〜二四）には狛犬の寄進を約束している。(8) 寄進された狛犬は、現在でも雄山神社の拝殿に鎮座し、参詣者の厄を祓っている。岩峅寺は、さらに京都の公卿との接触もあった。明和七（一七七〇）年九月、京都の公卿町尻三位兼久が、心願の子細あって、立山権現に、後光明院の宸翰や幕・提灯など皇室ゆかりの品々を奉納寄進している。(9) なお、寛政五（一七九三）年以降、毎年の如く五穀豊穣の祈禱も仰せ付けられている。(10)

ところで岩峅寺村は、宗教村落として、宿坊二四坊と門前の百姓から成り立っていた。岩峅寺村の村高は、「正保郷帳」(11)では、三一二石余り、内、田方一五町五反余り（二三二石余り）、畠方五町三反余り（八〇石）、明暦二（一六五六）年の「村御印」(12)、延宝五（一六七七）年の「岩峅寺高物成」(13)では、草高二七五石、内寄進高五〇石で二四坊の支配となった。また、宮路いわくら（岩峅）持分の懸作高は一三石七升であった。なお、小物成などの雑税はなかった。草高三二五石、免五ツ四歩であった。また五〇石が灯明料として寄進された。天保八（一八三七）年九月「御高幷柴山等書上帳」(14)によれば、岩峅寺坊中の持高が二五八石四斗八合で全体の九割以上を占め、他に御寄進地五〇石、及び柴山が岩峅寺二四坊で配分された。また、一六石五斗九升二合は、上滝村・下田村・宮路《みさだ》岩峅村など他村への切高ならびに質入れの分であり、岩峅寺門前百姓一名がみられた。年貢米の収納は、芦峅寺と同様に立山大権現付の高であったことから、「年貢米所蔵収《ところのくらおさめ》」、すなわち岩峅寺の地蔵が充てられていた。岩峅寺門前百姓は、岩峅寺境内に居住して寺社奉行の支配を受け、衆徒の田畑を耕すものとされた。文政二（一八一九）年の加賀藩の申渡書によれば[15]「一、禅定人有之節、荷物人足ニ罷出候義、岩峅寺門前之百姓六、七人も居申、賃銭を以助成ニいたし来候処」とある。また、嘉永六（一八五三）年六月、岩峅寺からの書上げによれば、「尤門前之者共高杯《など》持不申、御祈願法用（要）之節、若党等相勤[16]」とあり、岩峅寺門前之百姓六、七人の賃銭稼とは、立山禅定人などの荷物人足による稼ぎであり、岩峅寺御祈禱法要の際には若党などを勤めていたことがわかる。

　この無高百姓である門前之百姓六、七人は一山会や法儀にも関わらないという点で、芦峅寺門前百姓とは、その位置づけ、役割などが大きく異なっていた。岩峅寺村では、時には宿坊は、困窮により持っていた田畠や桑山を、近隣の村々の上滝村（質入高七斗）・下田村《みさだ》（質入二石五斗）・宮路岩峅村（切高二石五升七合）に質入れあるいは切高することもあった。天保八（一八三七）年には「他村へ切高幷質入高分」として一六石五斗九升二合が計上されている[17]。また、安政五（一八五八）年の大地震の際にみられるように門前百姓には「御救米」代銀が給与されることもあった[18]。その他、立山山中の諸堂や参詣登山道の維持管理を主たる任務としていた。具体的には、貞享三（一六八六）年の春、加賀金沢の浄安寺・極楽寺・妙慶寺の三ケ寺から、岩峅寺が管理する立山山中の諸堂や参詣道などの管理に対して寄せられた金品を記した「奉納越中之中州立山絶頂宝蔵一軸[19]」や、その後に加筆された寄付の書留にみることができる。

　次にその一端を記すと、「芦峅寺より湯の川までの道刈料」、「材木坂道刈り」、「不動堂よりぶな坂迄道刈」、「ぶな坂より桑ケ谷迄道刈」、「立山道刈、美女杉ぶな坂迄壱里ノ道刈」などの参詣登山道の維持管理費、水上堂・六道堂・加羅多山堂・谷地蔵堂・池地蔵堂・一の谷堂・追分堂・浄土山ノ水上堂等、山中の諸堂の維持管理費、室堂の管理や、室堂が宗教施設としての機能を果たすための什器の整備・管理、灯明料などの準備等々、様々な責務があったことがうかがえる。

　しかしながら、このような参詣道や諸施設の維持管理は、寄進だけではとうていまかなえるものではなかった。収入の方途としては、立山禅定登山者に対する山銭徴収や、廻国六十六部納経帳の記帳費、加賀藩の許可を得て、加賀・能登越中を中心としながらも、時には全国にも出掛け、立山信仰に関わる仏像や宝物を公開し、金品の寄付を受ける「出開帳」、あるいは講を組織して基金を調達する「万人講」などがあった。「出開帳」は、春秋の二度、加賀・能登・越中において「立山権現の出開帳」として行われ、そのための人馬運輸の便宜が与えられた。文政十年（一八二七）年三月、氷見西念寺の出開帳の際には、宿人足三五人、本馬一疋、軽尻二疋の宿継ぎが許されていた[20]。同年の秋十月、金沢卯辰山観音院において十八日間、立山権現出開帳が行われている[21]。翌十一年には富山で行われ、宿継人足三五人、本馬一匹、軽尻二匹の宿継が許されている[22]。出開帳の期間は、通常十五日間であったが、時には三日程追加が認められた。満日には、藩主の武運長久を祈禱した。「万人講」は、明和五（一七六八）年の場合、諸堂復興や遷宮入用費などを得るために一三回の万人講の興行の許可を得た。この万人講とは、富突き、今の宝籤と同じものである。この講は一月に一回とした[23]。

岩峅寺の宿坊は、いつの頃に成立したのかは明らかでないが、天正十一（一五八三）年八月二十日付の佐々成政の寄進状の宛名に二三の宿坊の名が記されていることから[24]、既にこの頃から宿坊を中心とする宗教村落であったことがうかがわれる。後に一坊が加わり二四坊となった。貞享三（一六八六）年以前のことであろう[25]。これら宿坊は、時世の流れのなかで交代することもあり、天正年間（一五七三〜九二）と貞享年間（一六八四〜八八）の宿坊を比較すると、同名が一四坊、坊名が変わったものが九坊であり、約百年の間に四割の宿坊に変化があったのである。その後九十年経った安永五（一七七六）年の間には二坊の変化しかみられないので[26]、江戸時代中期にはほぼ固定したと考えられる。

宗教村落岩峅寺は、衆徒と呼ばれる宿坊の主人及び家族と門前の百姓及び家族によって成り立っている。その人数に関する記録はあまりないが、安政五（一八五八）年の大震災の記録[27]に、岩峅寺全体で一八四人とある。宿坊は「一山」と呼ばれる自治組織をもっていた。

なお、岩峅寺村の変遷について、天保十二（一八四一）年、岩峅寺村目代から十村神保助三郎に宛てた願書によると、次のようである。(28)

①往古（室町期か）岩峅寺門前には一九軒あり、明応年中（一四九二～一五〇一）より開田し、天正十（一五八二）年頃に岩峅村に改めた。

②寛永十七（一六四〇）年、秋ケ嶋用水の完成に伴い分地し、万治年中（一六五八～六一）に岩峅村から一二軒が新開地へ転住し、宮路岩峅村が成立した。岩峅村にはわずか七軒が残るのみであった。岩峅村の門前百姓である。

③明暦年中には四石手上高となり、神領高は都合二七五石、免五ツ四歩、草高の御印は寛文十（一六七〇）年に仰せ付けられた。

2　芦峅寺の概略

加賀・能登・越中の三郡を支配することとなった前田利家は、天正十六（一五八八）年十一月晦日付の衆徒・社人宛寄進状で媼堂に「当村之内を以百俵の地」を寄進し、寺務・諸堂の修理・勤行を怠ることなく励行することを申し渡している。(29)利長も同様、慶長七（一六〇二）年十二月九日付の寄進状で一〇〇俵の地を寄進している。(30)三代利常も元和四（一六一八）年三月十七日付を以て寺領三五〇石の地を寄進し、諸役免除、残り三〇〇石の地の年貢を金納としている。(31)

前田氏は、立山両峅を祈願所とし、専ら両峅の衆徒を保護懐柔し、平和な施策に協力させることに腐心している。両峅は、年頭や歳暮には護摩供養を行って藩主をはじめ一門の武運長久・息災延命・国家安全などを祈り、あるいは病気平癒・安産・その他、領内の五穀豊穰・天候回復などを祈って祈禱したのである。また、加賀藩では社殿の造営修理に力を注ぎ、米や初穂料のほか、戸帳・袈裟・紙・白布・用材などを与えた。

藩の立山保護及び管理政策は、信仰上のほか、立山連峰が越後・信濃・飛騨の三ケ国の国境に接していることから、山中樹木の盗伐や国境警備に及んだ。藩では奥山廻り役を任命して山の取締りに当たらしめ、一般人の奥山入りを禁止した。寛永十七(一六四〇)年、浦山村伝右衛門を山中警備の「内役」に任命をしたのが最初で、その後、慶安元(一六四八)年、三代藩主利常の特命により芦峅村十三郎親子は、特別に派遣された三奉行とともにざらざらごえ(佐々成政が立山越えをした故事による)を行い、「夫より信州野口村領之内馬留と申所迄」案内をしている。芦峅村十三郎はこの功績により初代の「内役」を勤めた浦山村伝右衛門の跡をうけて「内役」を相続し、承応二(一六五三)年春、殿村四郎左衛門を加え、この両名が新川郡山廻りに任じられている。(32)

芦峅寺の村高は、「正保郷帳」(33)では、三〇二石余り、内、田方一五町六反余り(一三五石余り)、畠方四町五反余り(六七石余り)、明暦二(一六五六)年の村御印(34)では、草高三三八石、寛文十(一六七〇)年の村御印(35)では、草高二九六石、免四ツ六歩であった。また五〇石が灯明料として寄進された。しかし寛延二(一七四九)年の「年貢皆済状」(36)では、草高一八四石と減少したが、天保十一(一八四〇)年の「新川郡高免帳」(37)では打銀高二三四石(打銀高一八四石+寄進高五〇石)とあり、寄進高を加えるとほぼ寛文十年の草高に回復している。高の減少の理由については史料上明らかにしえない。

また雑税として寛文十年の村御印によれば、小物成として漆役三匁、炭竈役五二匁があった。年貢米の収納は、岩峅寺と同様に立山大権現付の高であったことから、芦峅寺の地蔵が充てられていた。芦峅寺の衆徒及び門前百姓は、加賀藩寺社奉行の支配を受けた。

門前の百姓は、農業以外に炭焼き・木挽きを生業とし、他に宿坊の雑用をつとめたり、農閑期の十月頃から衆徒の諸国配札廻りに同行したりした。夏期には、信者の立山登拝に、中語と呼ばれる山案内役をつとめている。この中語というのは、単なるガイドではなく、文字どおり天の声すなわち立山信仰の様相を登拝者に伝える仲介の役割を果たすものとされた。

宿坊は、寺院・宿屋・民家の三つの役割を果たしていた。その数は、享和元(一八〇一)年十月に三三坊五社人が連署して藩に届け、了承を得ている。[38] 以降、幕末まで変化がなかった。なお、以前においては、天正年間(一五七三～九二)の記録では一八坊二〇社人あったといい、[39] また衆徒六坊のときもあったという。[40] これは不確実としても、延宝(一六七三～八一)の頃は衆徒七坊一三社人であり、[41] 享保(一七一六～三六)の頃は衆徒・社人三二軒、[42] 元文(一七三六～四一)の頃には衆徒・社人三六軒あった。[43] 衆徒三三坊五社人は、「一山」と呼ばれる自治組織を有していた。

こうした坊家は、立山信仰の布教活動(廻檀配札活動)の主体であった。芦峅寺坊家の配札活動のはじまりは定かではないが、日光坊所蔵の慶長九(一六〇四)年の断簡文書から、この頃既に芦峅寺坊家は三河国・美濃国・尾張国に、その規模は不明であるが檀那場を形成していたことが確認できる。[44] その後、坊家の数も次第に増加し、享和元(一八〇一)年の三三衆徒五社人に固定したことを背景に、檀那場形成の活動も活発になっていったようである。全国に布教活動が許されている芦峅寺では、坊家ごとに配札地の範囲がおおむね固定しており、たとえば泉蔵坊は遠江・甲斐、日光坊・福泉坊は尾張、大仙坊は大和・河内、善道坊は三河、相真坊は伊勢・志摩といった具合である。また五社人については、佐伯宿祢此面神主は加賀国配札、佐伯宿祢弐極神主は砺波氷見郡配札などである。

衆徒の家では、十一月頃から男は御札刷り、女は経帷子《きょうかたびら》作りにとりかかる。正月が終わると、信徒に配札するための護符や経帷子・土産・薬などの搬送の準備をし、衆徒は供一人を伴い、檀那廻り、すなわち布教活動に出た。

配札の得意（信徒）先を記したものは檀那帳と呼ばれ、信徒数や配札した札数や得意先の情報などが配札地の村ごとに記されている。配札の状況は、宝泉坊の慶応四（一八六八）年の「廻檀日記帳」[45]によると、次のような内容が記載されている。

四ツ谷

福田屋新兵衛

一、薬と紙　十四状
一、血脈　五拾九本
一、大牛王　十一状
一、血盆経請取　弐百本
一、葛袋　廿八本
一、大札中半　五十四枚
一、御経帷子　九枚
一、御符　四枚
一、守護守　二枚
一、同半中　十九枚
一、金蔵坊様　十七枚
一、御嫗尊　七枚

長沢屋

一、書札　七枚　寿命札　七枚
一、不動尊　七枚　守護札　十枚
大札中半　壱枚　御経帷子　三十三枚
大牛王　五十四状　具す袋　七枚
血盆経請取　百本　門札　八枚
小牛王　十六本　薬紙　三状
西月守沢山　剣難除　沢山

この内容から、頒布された品物は、護符としては、大札、大札の中版、牛王札の大判と小版、守護札、寿命札、門札、剣難除、西月守、絵札の不動尊や媼尊・金蔵坊（天狗）などがある。この他、血脈や血盆経請取（血盆供養の勤修約束証と料金受領証の意味をもつ）・経帷子・薬紙（貼り薬か）・葛袋・書など多岐にわたっていることがわかる。なお宝泉坊の慶応三（一八六七）年東都檀那帳に記す収入金額は一四五両、支出金額は「江戸ニ而小懸ける」として路用を合わせて五四両三朱二九文である(46)。なお、廻檀配札活動において七〇〇両を超える事例もある。それは宝泉坊の元治二（一八六五）年江戸での廻檀日記帳に記された事例である。同帳の巻末に次のような収入集計が記されている。

・回向料・別祈禱料　六六件　二七両一分一朱四一二文
・日月茶牌料　一四両三分三朱
・血盆経料　頒布件数五〇件　六両二分二朱四〇三文
・経帷子料　頒布件数一二三件一七九枚　六五両一分
・諸大名（松平和泉守・松平安芸守・松平讃岐守他）や新吉原関係者、一般信徒からの奉加　六二六両二分二朱三九文と白銀一枚及び衣三枚

総額七四〇両三分一二一四文と白銀一枚及び衣三枚を記している。さらに、これ以外に初穂料や反魂丹料も加えると、相当の収入あったことがうかがえる(47)。

なお、芦峅寺の衆徒が布教活動で最も力を入れたのは、毎年彼岸の中日に行われる女性救済のための行事である布橋大灌頂への勧誘であった。古くから女性の登山が禁止されていたので、男が立山登拝によって地獄・極楽を現体験して来世が約束されるのと同じことを、女性は立山登拝せずに布橋大灌頂への参加によって来世体験ができると宣伝したのである。この布橋大灌頂こそが芦峅寺における立山信仰の大きな特徴であった。布橋大灌頂の執行に当たっては特別な勧進活動が行われた。

その実態については、福江充が天保二（一八三一）年十一月に三河国の檀那場で行った勧進状況をまとめた『立山御媼尊布橋大灌頂勧進記』（芦峅寺善道坊蔵本）から、おおよそのことがうかがえる。それによると、媼尊別当としての毎日の供養や布橋灌頂会の際の奉加として、さらには媼堂での諸行事に対する必要経費として、約七九両と白布三六〇反の寄進が得られたことがわかる(48)。

善道坊が示した勧進の趣意は次のようである。

十方篤信

大檀那衆中様

右勧進記ニ委細御座候通、御媼尊別当者年中之大行ニ而、当山ニおいて大切至極之勧行ニ御坐候。然処拙僧参来ニ午年当番ニ付、諸事支度此之節より梨（ママ）中付御坐候。凡四百ケ日之間、別火別行ニ而、毎日之供養之雑用抔の様御膳供燈明香花又彼岸布橋大灌頂執行之儀ハ、大造（ママ）至極之入用有之、其外年中諸伽藍之法会祭礼夥敷ニ付、莫大之入用相掛り、大いに心配仕居申候。拙僧自力ニ及びがたく御座候。依而十方御且（ママ）縁之御助力奉願候て、一生一度之大行成就仕度奉存候間、善男善女各様方思召附次第之御施入偏ニ奉願候。御名前戒名等相記、抽丹精祈念回向無懈怠執行可仕候。

二　岩峅寺と芦峅寺の争論

岩峅寺と芦峅寺との争論は十八世紀初め頃からで、その争点は、大別すると、「立山大権現」「立山寺」「立山別当」の呼称や格式など権威に関すること、今一つは、立山山中の支配権に関することである。前者は、両寺ともに経済活動（収入源）に直結するものとして激しい争論が幕末まで続けられた。後者は、芦峅寺側は材木の用益権を主張、岩峅寺側は「境内地のため不入」という宗教権を主張し、対象となった場所は幕末まで論争地として未解決のままであった。

本項では、前者に係る岩峅寺と芦峅寺の争論の展開と、争点である「立山大権現」の呼称や「別当」の呼称が格式や権威に依拠することの要因を考えてみたい。

1　岩峅寺・芦峅寺の「門流」争論と加賀藩

岩峅立山寺・芦峅中宮寺は、藩の祈禱寺院として、堂塔の御普請など外護を受ける寺院として、いわば菩提寺に次ぐ藩の公的な寺院として位置づけられ、両宗教村落は寺社奉行支配下に置かれていた。なお、門流争論の対応については、寺社奉行の仲介により公事場奉行の裁許するところとなった。ここで言うところの「門流」とは、岩峅寺と芦峅寺の開山以来の法脈継承の系譜のことを指すものである。

芦峅寺の認識は、岩峅寺・芦峅寺はともに慈興上人の弟子であり、その法脈を継承しているとの認識から、芦峅寺と岩峅寺は「法水一流の両派」であるとし、それゆえに立山大権現は両所共有の呼称であり、岩峅寺のみの呼称ではないとの主張であり、言うならば、芦峅寺の主張は「両寺は本来一流」であった。一方、岩峅寺の認識は、「両流の間柄において時々争論」と表現し、芦峅寺と岩峅寺は「両流であり、本来別々のもの」であるというものである。こうした認識の違いが宝永・正徳期（一七〇四〜一六）の争論となり、さらに社会的環境の変化に伴い、その後、文化十三（一八一六）年、文政元（一八一八）年、天保二（一八三一）年と繰り返され、明治維新期まで続くのである。

宝永・正徳期（一七〇四〜一六）にはじまった岩峅寺と芦峅寺の争論は、そのたびごとに加賀藩の公事場が裁定を行った。

この両峅の争論の主な争点は、①立山寺と号すること及び立山大権現の「別当」を呼称すること、②立山大権現を呼称すること及び立山大権現の「別当」を呼称すること、の宗教的（門流の）争論であり、③「廻国六十六部納経帳記帳」の権利に関すること、④戸銭・山銭の徴収権に関することの、いわば経済的利権をめぐる争論であった。その背景をなすものが「両寺同格」という案件である。この「両寺同格」が認められるか否かで、芦峅寺・岩峅寺の宗教的・経済的命運が決まるものであった。

また、配札廻壇活動、堂塔の修繕に係る件や、そのための費用捻出のための出開帳などは、藩当局の許認可事項であった。そのほか立山参詣に係る旅宿、道路通行に関してのトラブルも、やはり藩当局の判断に委ねられる問題であった。

ところで、争論にみられる門流の争いの手続きは、当該者である岩峅立山寺・芦峅中宮寺から願書・答書の形で窓口である寺社奉行に提出するが、実際的には公判を開き、公事場の指示により両方の立場を吟味し、裁定を行うのは藩の公事場においてであった。寺社奉行に裁定権はなく、公事場への取次ぎの役割を果たしていたに過ぎなかった[49]。慶安五（一六五二）年九月二十五日に前田利常が公布した「寺社奉行の職務」をみると、宗門争論は原則としてその宗派の触頭に任されており、余程のことでない限り藩への訴えは認められなかった[50]。しかし、岩峅寺・芦峅寺の争論の場合、宗教的にも経済的にも輻輳し、多岐にわたる問題であったために、藩の裁許を仰ぐことになったと考えられる。

⑴宝永・正徳期の争論

芦峅寺・岩峅寺の争論のはじまりは、宝永・正徳期（一七〇四〜一六）に起きた「立山権現の名称使用」及び「別当」と呼称する件に関してであった。そもそも「権現」とは、仏・菩薩が衆生利益のため、権《か》りに人身などを現すことであり、それゆえ「立山権現」とは、立山の「山神」が衆生利益のため「権現」という形で現世に出現したもので、いわゆる「立山信仰」の原体であるといえる。一般的には、こうした山神と仏との関係を仏教側において理論づけたのが、「権現」の誕生であった(51)。

ところで、「立山権現」の出現は、文献的には、既述の十巻本『伊呂波字類抄』「立山大菩薩」にみえるのが初見である。その後『類聚既験抄』、『神道集』巻第四ノ二十「越中国立山権現」にもみえ、以来、立山に顕現する神仏が「立山権現」であり、この「立山権現」を祀る信仰がいわゆる岩峅寺・芦峅寺の「立山信仰」であった。それゆえに、近世になっても「立山権現」を祀る本寺がどこなのか、すなわち「立山信仰」を勧める拠所がどこであるかが問題であった。

芦峅寺に関する史料には、文明七(一四七五)年五月、神保長誠から芦峅百姓に宛出された寄進状の文言「就立山権現社頭幷拝殿造営儀(52)」に「立山権現」と記されているが、以後、佐々成政・前田利家をはじめ加賀藩主の芦峅寺宛の文書には「立山権現」の四文字は全く登場しない(53)。一方、岩峅寺宛の文書には、天正一一(一五八三)年霜月、佐々成政が岩峅寺延命院他二二坊に出した寄進状に「立山権現勧行無懈怠之旨(54)」の文言があり、その後も、天正十六年には前田利家の寄進状の文言に「立山権現へ寄進(55)」が、慶長年中(一五九七～一六一五)、利長室玉泉院の礼状の文言に「りゅうさんごんげん(立山権現)さまへ、御みとちやうなされ候て(56)」が、元和元(一六一五)年、利常の寄進状の文言に「立山権現江寄進(57)」がみられる。

これらから察するに、加賀藩では、藩政当初から岩峅立山寺を「立山権現」の別当所として認識していたものと思われる。また、芦峅寺に対しては、中世以来、神保氏・寺嶋氏・佐々成政・前田利家などの武将が庇護してきた媼尊信仰の寺として認識していた。しかし、加賀藩は、こうした認識ではあったが争論においては権威による一方的な裁許によらず、争論をとおして、両者の言い分のなかで公事場の吟味によりお互いを納得させる形で、藩の本意を示していったものと思われる。この宝永・正徳期（一七〇四～一六）及びその後の文化十二（一八一五）年の争論がこのことをよく示している。このような藩の気遣いの背景には、宗教的にも経済的にも両寺がともに立ち行くことが望ましいとの判断があったものと考えられる。

こうした岩峅寺・芦峅寺の門流にかかる争論は、「立山大権現の名称使用」及び「別当」の呼称を争点としながら、結果として「両寺同格」の認識に起因するのである。

ところで「両寺同格」「立山大権現の呼称の使用」は、岩峅寺及び芦峅寺にとってどのような利をもたらしたものであろうか。ここで、両寺の争論の概要をみながら、加賀藩のこの争論に対する考え方をうかがうことにしたい。

加賀藩は、このような両峅の内的な「門流」の争論に対して、正徳元（一七一一）年、公事場において裁決をした。その結果は、「立山本寺別当」の呼称を岩峅寺に認め、芦峅寺には認めなかったのである。すなわち立山の本寺は岩峅寺であり、ひいては「立山大権現」を祀るのも岩峅寺であるとしたのである。加えて藩はこの正徳の裁決において、岩峅寺に対しては御戸銭・室堂入銭・六十六部納経帳など立山参詣者に関わる経済的権利を認め、一方芦峅寺に対しては、開山祭礼の執行及び他領他国の配札活動を認めたのである。この裁決は芦峅寺もやむをえず納得したことであった。

しかるに、正徳の裁決に対する両峅の了解事項も、百年を経た文化期（文化七〔一八一〇〕年から同十三年）には両者の間に認識の違いや思惑の違いが生じ、再び争論が起きている。芦峅寺は、「元来立山ハ一派之天台宗ニ而、無本山地故、両寺之外法類茂無御座候、相勤居申候ニ付、一山両寺ト相心得罷在、旧記伝来不仕候得共」[58]と言い、再び両寺同格を主張するものであった。

「両寺同格の事」については、芦峅寺は岩峅寺と同様に「立山寺」のお墨付きを頂戴しているという。

しかし、現在管見できる芦峅寺・岩峅寺に係る古文書には、芦峅寺が立山寺と呼称した史料は見当たらない。岩峅寺については、天正十六(一五八八)年十一月晦日付で、前田利家が「立山寺衆徒神主」宛の　〇〇俵の地の寄進状[59]があり「立山寺」となっているが、同日、利家が芦峅寺に対しても宛て出した一〇〇俵の地の寄進状[60]には「立山仲宮寺衆徒」宛となっており、「立山寺」とはなっていないのである。加賀藩では、公事場において双方の言い分や、関係文書を吟味の上、正徳の裁決と同様の裁決を下しているのである。すなわち加賀藩は芦峅寺の主張する「両寺同格」を明確に否定したのである。

こうした公事場の裁定に対して、芦峅寺は、文化九(一八一二)年九月の寺社奉行宛の申し立てによると、正徳(一七一一～一六)頃までは立山登山者のうち、芦峅寺止宿者は芦峅寺側で案内し、山銭を受け取り、岩峅寺止宿者は岩峅寺側で案内し、各山銭を受け取っていたこと、また峰御前堂の鍵は芦峅寺で管理し、両寺のうちより登山する者へ貸し渡すもので、鍵銭として四〇〇文を山仕舞の際に岩峅寺より芦峅寺へ渡すこととなっており、両寺同格であったことを述べ、しかし「往古よりの格式も、中古より岩峅寺に奪い取られてしまった」というのである[61]。

(2)文化十三(一八一六)年の公事場の裁定

文化十三年の争論について、公事場の言い分は、古格を証明する由緒書や裁許状などの不備を理由に、「岩峅寺同様ニ峯御前本社附之衆徒社人と心得候儀ハ難相成」として、加賀藩は芦峅寺の主張する「両寺同格」を明確に否定したのである。こうした藩の裁決の経緯は次のようである。

文化十三年六月十八日付で両峅納経一件争論につき芦峅寺衆徒六人が、公事場から召還され糺問された。公事場では岩峅寺衆徒も糺問した詮議の上、判決を申し渡すこととなった[62]。

これまでの争点は、①立山寺と号すること、②立山大権現を呼称すること、③廻国六十六部納経帳記帳のこと、の三点であり、ここで「両寺同格」が認められるか否かで岩峅寺・芦峅寺の命運が決まるものであった。芦峅寺にとっては、「両寺同格」により「立山大権現」の呼称が許可されると、他国廻国配札活動に権威が付与され、檀家獲得、ひいては経済的にもきわめて有益となる。それゆえに必死であった。一方、岩峅寺にとっては、「立山大権現」の呼称や「別当」としての格式を有することで、立山信仰における中核寺院としての権威を保っているが、芦峅寺との「両寺同格」を認めることは、これまでの権威を弱めるとの認識から、十八世紀の中頃から、事を荒立てて芦峅寺に対応してきた。

こうした岩峅寺の動静に対して、芦峅寺は、後の天保三（一八三二）年七月の記録をみると、岩峅寺の仕掛けてきたたびたびの争論について、「困窮の手元を見込み」、「程なくぞろぞろ」、「事を求め」、従来そのままで済んでいた「微細の筋を申したくみ」、「事々しく申し立て」てくる、などとして、煩わしくもやむをえず対応してきていると言う[63]。両寺のこうした動向に対し、公事場では、両寺の言い分や証拠書類を徴収し、「両寺同格」の問題、ひいては①～③の案件を一括して検討（審議）したのである。

ここで改めて争論の根幹である「両寺同格」をめぐる両峅の争論に対して加賀藩の裁定をみてみよう。公事場の言い分は、「御祈禱之祈念ハ、芦峅寺衆徒ニおゐて、立山大権現江致祈誓候旨、いづれ慈興上人立山開基之事と候得バ、其末流ニおゐて、御祈禱ハ立山両権現江奉祈禱と申茂、当然ニ相聞江候条、御祈禱之心得方ハ了簡次第」で、それもよろしかろうが、だからといって「岩峅寺同様ニ峯御前本社附之衆徒社人と心得候儀ハ難相成」、このことは天正十六（一五八八）年・寛文八（一六六八）年の先例にも明らかであり、芦峅寺は立山峯本社と「抱リ候儀ハ一円難申事ニ候」、「芦峅寺ニ而大宮を立山権現本社ト申候得共、此義甚難弁《わきまえがたく》」と裁定し、加賀藩は芦峅寺の主張する「両寺同格」を明確に否定した。そして決着は文化十三（一八一六）年の裁決において「依而、正徳元年公事場裁判之通可相心得義ニ候」とし、その理由を次のように述べている。[64]

其訳は、前条に茂調候通、天正十六年御寄進状両方江振分被下置、岩峅寺ニハ立山権現江御寄進之百俵を以、諸堂造営仕、祭礼勤行怠間敷と申義、御文面ニ相顕シ、寛文八年之制札ニ茂、立山岩峅寺別当式弐拾四坊、諸事輪番を以可相勤旨調有之、芦峅寺ニは媼堂江御寄進を以、寺務等油断仕間敷との御文面ニ而、本社江拘リ候義無之候得ハ、芦峅寺より本社江拘リ候義ハ一円難申事ニ候、依而、正徳元年公事場裁判之通可相心得義ニ候、

かくて、争論の大前提となる「両寺同格」については、文化十三（一八一六）年の段階では芦峅寺の言い分に対して「否」の判断がなされた。結局、藩は「天台宗ニ而、無本山」である立山寺について芦峅寺と岩峅寺との争論を通じて、中世来「立山寺」と称し、立山大権現の別当所としてきた岩峅寺の言い分を是としたのである。

藩の示した両寺門流の争論に対する判断の根拠は、基本的には、天正十六（一五八八）年の両寺に対する前田利家の寄進状が、そのまま由緒として固定化されていたことを示すものであった。すなわち、寺社の由緒について原則として前田氏入国以前の由緒来歴には触れず、利家の判物が、爾来、寺社の由緒の根拠とされたのである。まさしく、加賀藩の寺社統制における近世的な立場が明確に示された裁決と考えられる。殊に、この正徳二（一七一二）年の裁決は、岩峅寺にとっては、立山信仰における中核寺院としての権威を保ち、立山参詣に係る諸権利を確保するものであった。

天明二（一七八二）年二月岩峅寺は、加賀藩寺社奉行宛に願書を提出している。願書によれば、岩峅寺は、立山七木御縮方の役目を拝命した立場を利用し、立山寺こそが立山権現の別当であることを主張せんがため、立山御林を「立山権現山」と呼称し、「山即御神体故神代之昔より立すわり、動きなき明山故立山と申ニ付、上々様御崇敬、依之御

先代御寄進之地ニ候処」、「（七木の儀）諸事神物ニ而私物ニ無御座候ニ付」、「立山大権現山之名目ニ而御用立申度」と主張し、また、「立山之生木者縁起ニも神体之趣ニ御座候間、伐出候義ハ御容捨被成候様仕度由申聞候」とまで言い切っているのである。(65) なお、岩峅寺が立山山中の信仰域を管理していることの証左は、貞享三（一六八六）年の「奉納越之中州立山絶頂宝蔵一軸」（通称「立山寄付券記序」）(66)に記された内容に一目瞭然に示されている。

こうした岩峅寺の権利は、芦峅寺においても文政元年九月、「岩峅寺・芦峅寺争論之一件、今般於御公事場、御裁判之上、着被仰渡候間、以来、右書立通、無違失厳重相得可申旨被仰渡、奉畏候」(67)と答えている。すなわち、岩峅寺は峯本社立山大権現の「別当」という格式と、立山参詣者の立山登拝、及び廻国六十六部納経帳に関する権利を有し、以後、以前にも増して立山信仰の中核と自認することとなった。

以上、芦峅寺と岩峅寺の主に正徳争論（宝永六年～正徳元年）、文化争論（文化七年～同十三年）について論点の概要を示したが、次にこれらの争論の背景にある、①立山権現をめぐる両峅の認識の違い、②廻国六十六部納経帳記帳をめぐる両峅の認識の違いを検証しておきたい。

2　両峅の争論に係る基本的認識の違い

(1)立山権現をめぐる両峅の認識の違い

立山に居ます神を「立山権現」としたのはいつの頃からであろうか。『類聚既験抄』(68)に「越中立山権現、文武天皇御宇大宝元年始所建立也」、『神道集』(69)に「抑此権現と申すは、大宝三年癸卯年三月十五日に、教興上人という人、御示現を蒙て此山に行向ひ顕はれ給へり」、「抑越中国一宮立山権現申、御本地阿弥陀如来是」と記されている。『類聚既験抄』『神道集』の成立は鎌倉末期・南北朝にかけての時期であることから、この頃、少なくとも立山神が垂迹して「立山権現」となり、さらに阿弥陀如来になるという考え方が成立していたと考えられる。

立山大権現の呼称については、延宝二(一六七四)年八月十五日付の「芦峅寺衆徒・杜人からの答書」(70)、延宝三年四月の芦峅寺衆徒社人からの書上げに記された芦峅寺媼堂の由緒、大宮・若宮祭祭祀の状況(71)、延宝五年四月の「岩峅寺由緒」(72)をみるかぎり、岩峅寺と芦峅寺とではその認識を異にしていることがうかがえる。これらの史料をみると、芦峅寺は、まず第一に「媼三尊」が「立山権現」の本地であるとし、次のように「立山権現」の本地を国常立の尊としている。

佐伯有若之朝臣・同有頼ヲ以御建立之霊社ニ御座候、御本尊三尊之内、一尊ハ文武天皇御収影ニ而御座候、又ハ天津彦火乃御瓊々杵乃尊共あかめ奉り、一尊ハ伊弉諾乃命、一尊ハ伊弉冉乃命、此三尊於かりに御媼と名付奉り、惣じて六拾六尊御座候、(中略)正一位立山権現ハ本地国常立の尊、あいどのハ手刀雄命、日本王城の鬼門ヲ守給御神故、御媼三尊於御宝前ニ毎朝寅の一天を奉備御供、上御一人ヨリ下方万民至ル迄御祈稔(念)申上ル霊社御座候、(下略)(73)」

しかし、文政元(一八一八)年の芦峅寺側の記録には、開祖慈興上人が勧請した峯御前大権現を大宮に、立山地主権現を若宮に祀ったというのである(74)。

これに対して岩峅寺は、まず第一に「刀尾天神」が「立山権現」の本地であるとしている。

立山大権現は伊弉冊乃命、刀尾天神、御本地は阿弥陀如来・不動明王、(中略)天岩峅寺は刀尾天神之御社、天之岩戸仮(ママ)殿と申、神代より御座候、依其、立山前立堂数十九社、開起(基)人王四十二代之御門文武天皇ノ御宇、大宝元年ニ刀尾天神之御告ニ而佐伯有若之朝臣嫡子有頼、慈朝和尚之弟子慈興上人ノ開記(基)ニ而御座候、(下略)(75)」

両寺の史料を比較すると、両寺ともに「立山大権現」を立山の神としているが、実態的な考え方はそれぞれに異なっている。芦峅寺では、天津彦火乃御尊・伊弉諾乃命・伊弉冉乃命を垂迹神とし、その本地が媼三尊であるというのである。少なくとも起源を南北朝以前に遡ることができる媼尊信仰の存在との関わりを考える必要があろう。一方、岩峅寺は、伊弉冉乃命・刀尾天神を垂迹神とし、伊弉冉乃命の本地が阿弥陀如来、刀尾天神の本地が不動明王であるというのである。また、刀尾天神は立山一帯の地主神と伝承され、立山開山の由来を「刀尾天神の御告にて慈興上人の開基」と称している。それゆえに刀尾天神を第一義と考える岩峅寺では、刀尾天神の本地を「立山大権現」としたのであろう。すなわち両寺ともに「立山大権現」を立山の神としているが、芦峅寺は媼尊を、岩峅寺は刀尾天神を信仰の中核に据えており、明らかに依拠する本地を異にしているのである。

ここで、近世最初期の両寺に対する認識を、佐々成政・前田利家の寄進状からみることとする。

岩峅寺については、天正十一（一五八三）年八月二十日付の佐々成政寄進状[76]に「立山権現勤行無懈怠之旨、被申越之通承届候」、天正十六年の前田利家寄進状[77]に「岩倉村之内を以、立山権現江為新奇進百俵進之候」、年次不明の岩峅寺延命院へ宛てた玉泉院礼状[78]に「りゅうさんこんけん《（立山権現）》さまへ、御みとちやうなされ候て」との文言があり、岩峅寺の立山寺は立山権現を祀る寺院との認識であった。

一方、芦峅寺については、天正十一（一五八三）年霜月二十日付の佐々成政寄進状に「芦倉うは堂之儀被書落付て[79]」、天正十二年霜月付の佐々成政寄進状に「うば堂之威光承届候[80]」、天正十六年十一月晦日付の前田利家寄進状に「当村之内を以、媼堂江為新寄進百俵進之候[81]」、天正十八年十一月晦日付の前田五郎兵衛（前田利家の兄）安堵状に「仍而うば堂之儀、御寄進之地ニ候間[82]」との文言があり、芦峅寺中宮寺は媼尊を祀る寺院であるとの認識であった。すなわち佐々成政・前田利家らの寄進は、岩峅寺に対しては立山権現に、芦峅寺に対しては媼尊に対してなされていたのである。

かくして近世初期における両寺の「立山権現」の認識の違いは、以後の両寺の拮抗・争論を引き起こす背景となっていくのである。

⑵「廻国六十六部納経帳」記帳をめぐる両峅の認識の違い

芦峅寺は、諸国大名方より立山へ納経あるときは寺社御奉行を通して両寺へ仰渡されることになっていると主張し、天明元(一七八一)年十二月、上州高崎藩の家中秋池半蔵の心経一百巻納の申し出のときは、芦峅寺へ仰せ渡されているなどと、これまでの事例を述べ、さらに正徳元(一七一一)年の裁決に対しては、岩峅寺から立山への修行者の納経については芦峅寺は貪着しないが、「先代より代々納経帳を書出来申候」[83]として、決して芦峅寺から納経帳を書出さないということではないと理解しているというものであった。

　また芦峅寺は、立山登拝者の取り締まりのためにも関守と同様に必要との新たな口実を付加し、納経帳にかかる権利の取得を主張した[84]。すなわち岩峅寺のいうように、納経帳を岩峅寺に「差置」いて(預かって)、納経帳を持参せずに登山した場合、身元の確認ができず「関守」の役目が果たせなくなる、また、納経帳を持参していない廻国修行者は宿坊に止宿できないことは往古からの仕来りである、さらに、立山は高山ゆえ時々大荒れとなり、けが人や死者がたびたび出ているので、その際に納経帳を持参していなければ、「何以国所相尋可申便無御座候」ともいって、納経帳にかかる権利を主張している。

　しかし芦峅寺の主張は、先例を引き合いに出してはいるが、確たる判物などの証拠は提出されていない。従って正徳元(一七一一)年の裁決は覆ることはなかった。

　一方、公事場では、文化十三(一八一六)年十月、芦峅寺衆徒の廻国配札について、「立山の本寺別当」などと称せざることを条件に、正徳元(一七一一)年十二月、「寺社所江差出置候之(ママ)可急度可相心得旨、(中略)右他国廻リ之義可有御聞届候」として前例のとおり許可し、この旨、寺社奉行に通達された[85]。

文化十五（一八一八）年四月に、芦峅寺は、「岩峅寺他国勝手次第ニ致巡廻、納経帳茂岩峅寺而已指出申事ニ相成候而は、誠ニ拙僧共致方無御座候」と陳述し、納経帳禁止解除を求め、それが認められないならば、岩峅寺衆徒の他国巡回を停止させてほしいと願い出た[86]。しかし公事場は、文政元（一八一八）年の裁決で「芦峅寺ニ一宿いたす参詣人、岩峅寺別当江無断参詣為仕間敷、勿論納経抔、芦峅寺より相渡義一円仕間敷候[87]」と厳しく対応し不許可とした。

かくて、文化七（一八一〇）年七月に岩峅寺が訴えたことに始まった一連の争論、すなわち芦峅寺が正徳元（一七一一）年の裁定のうち、廻国六十六部納経帳に関する権利、そして「立山之本寺別当等と申ひろめ間敷」とのお達しに違反しているという争論は、文政元（一八一八）年八月に寺社奉行山崎庄兵衛・永原左京・青山将監より芦峅寺衆徒に採決の結果が伝えられ[88]、芦峅寺衆徒も「岩峅寺・芦峅寺争論之一件、今般於御公事場、御裁判之上、落着被仰渡候間、以来、右書立通、無違失厳重相心得可申旨被仰渡、奉畏候、依而連印を以御請上之申候[89]」と連印の上、請合証文を差し出して、一応の終息をみたのである。

3　天保期の争論以降

加賀藩の岩峅寺・芦峅寺に対する対応の姿勢は、正徳元（一七一一）年の裁定、文化十三（一八一六）年の裁定をみるかぎり、「両寺同格」を認めず、岩峅寺に対して、中世以来の「立山寺」としての由緒、それに付随する「立山大権現」の呼称を許可し、立山山中における立山信仰に関わる諸堂及び登拝道の管理・整備の義務を課し、立山信仰の実態的側面を委任し、立山登拝者に課した諸税及び納経帳にかかる諸権利を与え、経済的に成り立つように配慮した。

一方、芦峅寺に対しては、鎌倉期以降の芦峅寺に固有の信仰である媼尊信仰を中核に、媼堂・閻魔堂を中心とする中宮寺を仏事の場とみなし、雄山神社を立山開山者を祀る若宮・大宮と認め、立山信仰の布教にかかる諸権利を、ひいては諸国廻国配札の権利を認め、経済的に成り立つよう配慮したのである。しかし、宝暦期(一七五一〜一七六四)以後の、社会的生産力の増大による商品流通経済の拡大は、加賀藩の当初の配慮を大きく崩すものであった。すなわち貨幣経済の拡大は、これまでの米遣い経済を破綻せしめ、商品流通経済を促進していった。岩峅寺においては、これまでのように由緒・特権に依拠した活動では生計が成り立たず、いきおい、唯一認められた出開帳の権利を拡大解釈し、芦峅寺の有する他国廻国配札の権利を侵さざるをえなくなった。かくて岩峅寺は、芦峅寺の檀那場を掠め取る行動に出て、配布する御札にまで申し懸けをしたのである。こうした事態に対して、当然のことながら芦峅寺は強く反発した。天保期(一八三〇〜四四)の争論はこうした背景によるものであった。

文政八(一八二五)年五月、芦峅寺は、自他国への配札は大きな収入源であり、開峰の昔から芦峅寺の職掌で、芦峅寺・岩峅寺双方争論のときも公事場で認められたところであるのに、近年、岩峅寺は職掌分担の枠を超えて、不法にも諸国の芦峅寺の檀那場に進出し、そのため芦峅寺の収入が激減し辛労悲嘆しているとし、この上、岩峅寺の願いが聞き届けられ公然と配札を進めるようになったならば、もはや芦峅寺は露命をつなぐことも困難になるとして、寺社奉行へ善処を嘆願している。(90)

争論は再び起きた。天保二(一八三一)年、岩峅寺は出開帳を口実に、従来、芦峅寺衆徒が廻壇配札していた他国他領へ積極的に進出したのである。すなわち岩峅寺の惣持坊等が信州に入り込み、開帳して芦峅寺側の檀那場を荒らし、そのため芦峅寺衆徒は配札も宿泊も断られる場所が続出し困惑した。既に前年から岩峅寺の般若院が信州入りして、予めわたりをつけていったという。開帳予定場所は越後糸魚川から信州松本城下・伊那郡・諏訪郡に及び、さらに三河・越後・駿河・甲斐の諸国、その上、上野国高崎辺、武蔵国、江戸表にまでも手を伸ばそうという遠大な計画で、既に藩の許可を受け、京都からの免許状と称するものまで用意していたという。こうした危急の事態に対し、芦峅寺衆徒は狼狽恐慌して対策を講じた。

芦峅寺は一山の浮沈をかけて事実調査を行い、天保三（一八三二）年十二月、信州の檀那場が岩峅寺側（惣持坊・般若院）の進出によって荒らされ、芦峅寺側の廻檀活動が窮地に追い込まれた実情を報告し、「右開帳御指留之義、偏ニ奉願上候、一般御聞済之御印御渡シ御座候義を、遮而御指留之儀奉願候は、誠ニ奉恐入次第ニ御座候得共、往昔より信州廻勤之旦那場所持之人より別冊写之通申来候趣は、岩峅寺より新規ニ此方之配札幷定宿迄申穢シ入込候ハヾ、以後廻勤之義被相断候」と陳情し、岩峅寺の他国廻檀は既に許可済みのことで恐縮するが、何とか許可を取り消し、芦峅寺村が廃絶せぬよう取りはからってほしいと寺社奉行へ哀訴した(91)。

結果、天保四（一八三三）年正月十七日、藩は「右開帳之義ハ御聞届無之候、御返答被仰出候」と岩峅寺の他国配札を認めず、芦峅寺に対して、岩峅寺の関係者を召し出して詮議すると回答をし(92)、岩峅寺の老僧三名はその責任を問われ、謹慎処分に付された(93)。天保四年九月晦日、岩峅寺の他国配札は禁止、万一違反者を見聞したら早速注進致すべしという、右のような芦峅寺側にとって優位な判決が下された(94)。

御　請

今般、岩峅寺他国配札御指留之義、奉願上候処、向後、岩峅寺他国配札等被出候義、御指留ニ相成候段、被為仰渡、以後、岩峅寺より他国江配札等ニ罷越候ハヾ、見聞次第早速御注進可申上段、被為仰渡、難有奉畏候、尤、芦峅寺義も、先達而御場御裁判通心得違無之様被為仰渡、奉畏候、依而御請上之申候、以上、

天保四巳年九月晦日　　立山　芦峅寺　印

寺社奉行所

かくして、岩峅寺惣持坊・般若院が信州における芦峅寺の檀那場を荒らした一件は、天保四（一八三三）年秋に一応落着した。

この岩峅寺の檀那場荒らしの一件の落着後、岩峅寺は別当職を官位と心得違いし、立山御前別当職の権威を振って芦峅寺を賤《いやし》とみなしているが、これは同格の僧徒仲間にはふさわしくない[95]と藩が判断した。このことは注目に値する。さらに藩の認識にも大きな変化がみられ、今後、何事によらず、岩峅・芦峅両寺融和を心がけ、万事双方相談し、互いに心添えいたし、不都合なことがないよう気をつけよ[96]と両寺の融和を望むようになったのである。

しかし、実際には、なお岩峅寺と芦峅寺が「両寺同格」をめぐって反目している状態であった。芦峅寺は幕末まで「両寺同格」に固執し、明治元（一八六八）年十一月の芦峅寺から寺社奉行所宛に提出された「御一新之御趣意」状[97]にも引き継がれ、

御一新之御趣意ニ付、以前之通リ僧俗ニ不限、潤色等万事岩峅寺・芦峅寺弁別無御座、和之御裁判被下候ハヽ永年之憂ひ無御座、双方共実意を以和合之示談ニ相成候得者、開山之御尊意ニも相叶ひ、然者、当山繁栄之基と奉存候間、此段深ク被為加御慈悲、格別之義御沙汰を以、両寺打込之御裁判偏ニ奉嘆願候、

と主張している[98]。結果、翌明治二（一八六九）年三月、御一新、神仏混淆廃止となり、衆徒全員「復飾神勤」を命ぜられたのを機に、岩峅・芦峅の号も廃し、勝劣の隔てなく、東（芦峅寺、二八軒）、西（岩峅寺、二四軒）、東西社人六二軒について「列居同等、打込一和」となったのである[99]。しかし、岩峅寺は、峰本社の御戸銭等も東西社人が室所（室堂）で立会の上受納し、後ほど精算して六二軒に配当すべきであるのに、西社人二四軒で半額受け取りたいと願い出たのである[100]。同年十一月には、立山社東神職（芦峅寺）としては岩峅寺の所行が藩の趣意に反するとして、七ケ条を列記し

た嘆願状を金沢藩庁社祠方に願い出、同月に藩大参事衆で決定し社祠方から伝達された[101]。その結果翌十二月に「来年頭御礼、正月十五日被為請□（候）条、東西社人各宛壱人宛可罷出候。座列隔年ニ前後相立可申候事[102]」との達しが出された。つまり東側、芦峅寺側の主張が認められたのである。かくして永い争論に終止符が打たれたのである。

註

（1）木倉豊信編『越中立山古文書』（岩峅寺文書　四番）（国書刊行会、一九八二年）一五九頁。
（2）『越中立山古文書』（岩峅寺文書　八番）一六一頁。
（3）『越中立山古文書』（岩峅寺文書　一七番）一六六頁。
（4）『越中立山古文書』（岩峅寺文書　四六番）一七九頁。
（5）『越中立山古文書』（岩峅寺文書　四七番）一七九頁。
（6）『越中立山古文書』（岩峅寺文書　六三番）一八四頁。
（7）『越中立山古文書』（岩峅寺文書　七五番）一八九頁。
（8）『越中立山古文書』（岩峅寺文書　三一番）一七二頁。
（9）『越中立山古文書』（岩峅寺文書　一六二番・一六三番）二三四頁・二三五頁。
（10）『越中立山古文書』（岩峅寺文書　一八八番）二四三頁。
（11）「正保三年八月　越中国四郡高付帳」『富山県史　史料編Ⅲ　近世上　付録』二〇頁。
（12）「明暦二年八月　越中国郡別村御印之留―越中新川郡村御印之留」『富山県史　史料編Ⅲ　近世上　付録』八〇頁。
（13）延宝五年「岩峅寺高者成」『越中立山古記録Ⅰ』（立山開発鉄道　一九八九年）二三頁～二四頁。

(14)『越中立山古文書』(岩峅寺　文書二五一番)二六〇〜二六二頁。
(15)『立山町史』下巻(立山町　一九八四年)七一頁。
(16)『立山町史』下巻(立山町　一九八四年)七二頁。
(17)『越中立山古文書』(岩峅寺文書　二五一番)二六〇〜二六一頁。
(18)「立山岩峅寺衆徒幷門前之者共地震等ニ而及難渋候ニ付、御救米等之儀御願置、御詮義之上、壱人日ニ三合図りを以、百八拾四人七拾日分三拾八石六斗四升此方江御米三拾九石御貸渡、来未年より拾五ケ年賦返上之儀ニ御聞届」『越中立山古文書』(岩峅寺文書　三六六番)三〇三頁。
(19)『越中立山古文書』(岩峅寺文書　一三七番)二一〇〜二二四頁。
(20)『越中立山古文書』(岩峅寺文書　二二九番)二五四頁。
(21)『越中立山古文書』(岩峅寺文書　二三一番)二五五頁。
(22)『越中立山古文書』(岩峅寺文書　二三八番)二五七頁。
(23)『越中立山古文書』(岩峅寺文書　一五八番)二三二頁。
(24)『越中立山古文書』(岩峅寺文書　三番)一五八頁。
(25)『越中立山古文書』(岩峅寺文書　一三八番)二一五頁。
(26)『越中立山古文書』(岩峅寺文書　一七七番)二三九頁。
(27)『越中立山古文書』(岩峅寺文書　三六六番)三〇三頁。
(28)『越中立山古文書』(岩峅寺文書　二七三番)二七一頁。
(29)『越中立山古文書』(芦峅寺文書　四番)一四頁。

(30)『越中立山古文書』(芦峅寺文書　三〇番)一六頁。
(31)『越中立山古文書』(芦峅寺文書　三五番)一九頁。
(32)「立山下ざらざら越え往来御穿鑿」『国事雑抄』上　巻五(石川県図書館協会　一九七一年)一七六頁。
(33)「正保三年八月　越中国四郡高付帳」(『正保郷帳』)『富山県史　史料編Ⅲ　近世上　付録』一九頁。
(34)「明暦二年八月　越中国郡別村御印之留」『富山県史　史料編Ⅲ　近世上・付録』九二頁。
(35)寛文十年の村御印「越中新川郡芦峅寺物成之事」『越中立山古文書』(芦峅寺文書　七五番)三五頁。
(36)「納寛延二年分御蔵入御年貢米之事」『越中立山古文書』(芦峅寺文書　八七番)四一頁。
(37)「天保十一年二月　新川郡高免帳」『富山県史　史料編Ⅲ　近世上　付録』一七一頁
(38)『越中立山古文書』(芦峅寺文書　一一九番)五六頁。
(39)『立山町史』上巻、七六八頁。
(40)『立山町史』上巻、七六八頁。
(41)『越中立山古記録Ⅲ』五〇頁。
(42)『越中立山古文書』(芦峅寺文書　八四番)四〇頁。
(43)『越中立山古文書』(芦峅寺文書　八五番)四〇頁。
(44)福江充『近世立山信仰の展開』(岩田書院、二〇〇二年)三〇～三一頁。以下、檀那場の形成、檀那帳の分析は同書による。
(45)福江充『近世立山信仰の展開』三三一～三三二頁。
(46)福江充『近世立山信仰の展開』三五二頁、第十一表より。

(47) 福江充「芦峅寺宝泉坊の江戸での檀那場形成と立山信仰の展開(一)」(立山博物館『研究紀要』第一五号、二〇〇三年)二八頁。
(48) 福江充『近世立山信仰の展開』四六四頁。
(49) 『越中立山古文書』及び『越中立山古記録』に収載された争論文書の差出・宛名の関係を確認したことによるもの。
(50) 『加賀藩史料』第参編(清文堂出版　一九三〇年)三八四頁。
(51) 田村圓澄「権現の誕生」『山岳修験』第二号(日本山岳修験学会　一九八六年)二五頁。
(52) 『越中立山古文書』(芦峅寺文書　六番)三頁。
(53) 芦峅寺に伝えられる「一山会文書」「雄山神社蔵文書」のなかには管見できない。
(54) 『越中立山古文書』(岩峅寺文書　三番)一五七頁。
(55) 『越中立山古文書』(岩峅寺文書　四番)一五九頁。
(56) 『越中立山古文書』(岩峅寺文書　二七番)一七〇頁。
(57) 『越中立山古文書』(岩峅寺文書　三九番)一七五頁。
(58) 『越中立山古記録Ⅰ』六九頁。
(59) 『越中立山古文書』(岩峅寺文書　四番)一五九頁。
(60) 『越中立山古文書』(芦峅寺文書　二六番)一四頁。
(61) 『越中立山古記録Ⅰ』「納経一件留帳」六〇頁。
(62) 『越中立山古記録Ⅰ』「納経一件留帳」八一頁。
(63) 『越中立山古記録Ⅰ』「岩峅寺配札方基本願書」一三五頁。

(64)『越中立山古記録Ⅰ』「納経一巻等記録」九九頁。
(65)『富山県史　史料編Ⅳ　近世中』（富山県　一九七八年）二四三〜二四四頁。
(66)『越中立山古文書』（岩峅寺文書　一三七番）二一〇頁。
(67)『越中立山古記録Ⅰ』一〇一頁。
(68)「類聚既験抄」『群書類従』巻三輯巻五十八（経済雑誌　一九〇三年）八三頁。
(69)『神道集』「第廿越中國立山権現事」（文和三［一三五三］年から延文三［一三五八］年頃の成立）。近藤喜博校訂『神道集　東洋文庫本　巻四』（角川書店　一九五九年）。
(70)『越中立山古記録Ⅲ』三五〜三六頁。
(71)『越中立山古記録Ⅰ』「一山旧記控」一八頁。
(72)『越中立山古記録Ⅰ』「一山旧記控」二三頁。
(73)『越中立山古記録Ⅰ』一八頁。
(74)『越中立山古記録Ⅰ』九八頁。
(75)『越中立山古記録Ⅰ』二三頁。
(76)『越中立山古文書』（岩峅寺文書　三番）一五七頁。
(77)『越中立山古文書』（岩峅寺文書　四番）一五九頁。
(78)『越中立山古文書』（岩峅寺文書　二八番）一七〇頁。
(79)『越中立山古文書』（芦峅寺文書　二二番）一一頁。
(80)『越中立山古文書』（芦峅寺文書　二四番）一三頁。

(81)『越中立山古文書』(芦峅寺文書　二六番)一四頁。
(82)『越中立山古文書』(芦峅寺文書　二七番)一四頁。
(83)『越中立山古記録Ⅰ』「納経一件留帳上」五九頁。
(84)『越中立山古記録Ⅰ』「納経一件留帳上」五八頁。
(85)『越中立山古記録Ⅰ』「当山旧記留覚帳」一五頁。
(86)『越中立山古記録Ⅰ』「納経一件留帳下」九〇頁。
(87)『越中立山古記録Ⅰ』「納経一件留帳下」九八頁。
(88)『越中立山古記録Ⅰ』「納経一件留帳下」一〇一頁。
(89)『越中立山古記録Ⅰ』「納経一件留帳下」一〇一頁。
(90)『越中立山古記録Ⅰ』「岩峅寺配札方基本願書幷双方往復之旨趣書」一三七頁。
(91)『越中立山古記録Ⅰ』「立山大権現他国出開帳幷岩峅寺新規同配札御指留之出訟願書幷ニ始末御宥方済口《くち》御請書等控」一四二頁。
(92)『越中立山古記録Ⅰ』「立山大権現他国出開帳幷岩峅寺新規同配札御指留之出訟願書幷ニ始末御宥方済口《くち》御請書等控」一四三頁。
(93)『越中立山古記録Ⅰ』「立山大権現他国出開帳幷岩峅寺新規同配札御指留之出訟願書幷ニ始末御宥方済口《くち》御請書等控」一四三頁。
(94)『越中立山古記録Ⅰ』「立山大権現他国出開帳幷岩峅寺新規同配札御指留之出訟願書幷ニ始末御宥方済口《くち》御請書等控」一四七頁～一四八頁。

(95)『越中立山古記録Ⅰ』「岩峅寺諸国出開帳幷配札等御指留之義ニ付双方江被為仰渡為下度條々」一五二頁。
(96)『越中立山古記録Ⅰ』二一五頁。
(97)『越中立山古記録Ⅲ』「神仏混淆ニ付嘆願」一五三頁。
(98)『越中立山古記録Ⅲ』「王政御一新ニ付名改帳　立山芦峅社人」一五五〜一五六頁。
(99)『越中立山古記録Ⅲ』一六二頁。
(100)『越中立山古記録Ⅲ』「当社定修理打切銭御達方幷御米御切手願書等之控」一五七〜一五八頁。
(101)『越中立山古記録Ⅲ』「当社定修理打切銭御達方幷御米御切手願書等之控」一六四頁。
(102)『越中立山古記録Ⅲ』「当社定修理打切銭御達方幷御米御切手願書等之控」一六八頁。

第三章　芦峅寺衆徒の立山信仰観

第一節　芦峅寺衆徒の立山信仰観

はじめに

江戸時代の初め頃、宗教村落芦峅寺の様態は、前期（貞享年間〈一六八四～一六八八〉まで）と後期（以後幕末まで）の二期に分けて考えることができる。

立山山麓芦峅寺・岩峅寺は加賀藩の宗教政策の一環として、慶安五（一六五二）年二月に加賀長谷観音・白山・那谷寺・石動山が祈禱寺院に位置づけられている。その背景には、かつて兵力を有し、軍勢催促をめぐって神保氏や寺島氏など在地武将と深い関係にあった天台寺院が、元和（一六一五～二四）の頃になると、もはや加賀藩に敵対する力を喪失したことがある。そのため、かつて「禁制」と同じ効果を有していた「祈禱命令」も軍事的な要素が脱落して、芦峅寺は、基本的には前田家の武運長久や息災・病平癒の祈禱を執り行う祈禱寺院となり、一方、寄進・安堵・免除など特権が付与され、加賀藩の治世下における寺社を中心とする宗教村落となったのである。しかしこの時期の芦峅寺は、まだ立山修験の性格を残し、修験道の山岳信仰観をもって活動していたと考えられる。

貞享（一六八四～八八）の頃、加賀藩は、改作法によって農地・農民の掌握を達成し、武家による給人知（家臣の俸禄）直支配を禁止するなど農地に対する政策が功を奏した。また加越能三ケ国の寺社に対して、延宝二（一六七四）年には領内すべての寺社に対し「社寺来歴」を、貞享二（一六八五）年四月には、菩提所以外で寺社領が与えられている寺社を対象に「寺社由来」を提出するよう命じたのである。寺社が各々の由緒を差し出すということは、とりもなおさず加賀藩に従うことを意味するものであった。その結果が「延宝二年加越能社寺来歴」と「貞享二年寺社由来」に登載され、藩における寺社の格付けあるいは位置付けがなされた。

一　立山縁起の制作

かくして後期、貞享以降、加賀藩領の真言・天台系の山岳寺院は、これまでの修験的性格から転換して、新たな宗教村落の道を開かなければならなかった。それゆえに芦峅寺・岩峅寺では、霊山立山の信仰内容を吟味・検討し、立山の特異性をアピールした布教活動を進めることとなった。その結果、考え出されたのが、芦峅寺・岩峅寺で誌された立山縁起、及びそれに類する立山曼荼羅絵解き台本や、芦峅寺媼堂大縁起、神文など立山縁起の制作である。

立山縁起類については、現在、芦峅寺・岩峅寺で確認できるのは、次に挙げる諸本である。

①　芦峅寺権教坊本『立山略縁起』（「文化十三年子七月上ル」の記載がある。）

②　芦峅寺相真坊本『立山略縁起』（「享保元年の改め記す」の記載がある。）

③　芦峅寺泉蔵坊本『立山大縁起』

『立山大縁起』の中に次の縁起が含まれている。

・『立山宝和光大権現縁起』（「竜淵法印在版」「天保二年卯八月大吉日」の記載あり）

・『芦峅中宮御媼尊縁起』（「御媼堂大縁起」「文政十二年竜淵改訂」との記載あり）

・『神文』
④　芦峅寺日光坊本『芦峅嫗堂大縁起』（安永八年）
⑤　芦峅寺日光坊本『立山宝和光第権現縁起』（尾州大野邑松永寺現住の写本、安永八年仲夏）
⑥　芦峅寺日光坊本『神文』（安永八年）
⑦　岩峅寺延命院本『立山縁起』（嘉永六年丑八月吉日）
⑧　岩峅寺雄山神社蔵本『立山小縁起』（「維歳次天保何載何月何日」と記されている）
　このほか
①　『立山手引草』（「嘉永寅年三月下旬写之　延命院玄清書」と記されている）
②　木版摺『越中立山禅定名所図別当岩峅寺』（「岩峅寺絵図之小書ニ有縁起、写置申候。為念ニ写置申候」との記載あり。文化十四年丑四月、加賀藩寺社奉行に提出したもの）
③　『立山縁起』に類する『施主帳』や『奉加帳』にも「立山縁起」というべき内容が記載されている。などがある。
（以上の『立山縁起』類は、『富山県史　史料編Ⅰ　古代　付録Ⅱ』・『立山町史　上巻』・福江充『立山信仰と布橋大灌頂法会』（桂書房、二〇〇六年）に掲載されている。）

　なお、上記の立山縁起に先んじて、正徳二（一七一二）年に寺島良安が著した『和漢三才図会』巻之六十八に、「彼ノ山ノ伝記ニ曰ク」ではじまる「立山権現」の記事があり、立山縁起としては管見するところ最も古いものである。

　また、上記の縁起等のうち、(a)日光坊本の⑤⑨⑩、(b)権教坊本③、(c)泉蔵坊本④の五本は、『立山大縁起』の写本であり、(a)と(b)は全く同じものであり、(c)は(a)(b)の内容と同じであるが、若干詳細に書いてある。おそらく、立山縁起は各坊が自家用のものとして自坊の特色を出すために元本を写すか、あるいは若干脚色や書き加えがなされたと推測できる。表記については、『和漢三才図会』、佐伯静夫氏蔵本『立山縁起』、立山岩峅寺雄山神社蔵本『立山小縁起』、泉蔵坊本『立山宝(峯)宮和光大権現縁起』、泉蔵坊本『芦峅中宮嫗尊縁起』、『神文』(日光坊本)が漢文体で、他は、読み下し文である。

ところで、各立山縁起をみると、各本に共通して佐伯有頼の開山縁起を冒頭に記し、次いで立山禅定路に従って山中の地名や由緒など案内を記していることである。これら立山縁起から、芦峅寺衆徒あるいは岩峅寺衆徒の立山信仰観を端的にうかがえるものは、立山岩峅寺雄山神社蔵本『立山小縁起』(天保(一八三〇～四四)の頃の成立)であろう。この『立山小縁起』は、まず立山の霊山たる所以を記し、その後に開山者佐伯有頼の開山譚が続く。記述の順については概ね他本と同様に立山禅定路に従って記すが、他の立山縁起と異なり、山中の地名や由緒などを、適宜仏教経典を引くなどして衆徒の勘案した立山信仰観を示す記述となっている。

その一端を次に紹介しておくこととしたい。

二　『立山小縁起』の趣意

まずは本『立山小縁起』(岩峅寺雄山神社蔵本)は、他の立山縁起と異なり、立山の信仰景観を次のように記している(以下、筆者による意訳。語釈を①～⑤の数字で示した)。

立山は、高く雲を突き破り青天に霹靂する。その姿は天下の妙高峰であり、故に諸仏菩薩が感応し諸天善神が鎮護している。その世界は六道四聖、九界一法の円融①を我々衆生に開示し、迷いの世界から救い出してくれる。また一心三観をもって随縁真如を行い②、三諦即一をもって不変の真如を修める③ことができるという。立山はそのような山であると。さらに「山中は絶険多く峻極危殆（険しく危ない）にして神通力を得なければいささかも登ることができない。経に曰く、諸山深険にして栴檀（白檀）の樹華を敷くが如く常に諸仏に会う、この諸仏に向き合い仏天の力を加えられんことを念ずる」と記している。まさしくその昔、空海が示した山岳観に近い信仰観をうかがい知ることができる。

立山は「東方究竟最極尖寇」の山であり「此山即總テ是称ス㆓立山ト㆒」というのである。また立山は「雄神山」ともいい、大権現の本躰である。さらに立山大権現の仏性について、「仏本願経」を引用し、「大聖（大権現）の威光が普く照らし、蓋シ神通の神使到らざる所無しと」、また「金光明経」を引用し、「仏身は微妙にして真金の色であり、故にその光明は無辺の衆生を普く照らしている」と記している。さらにこの仏身は衆生（凡夫）にとって二つならざる妙躰で五の越という。一の越に至れば「雑染世界（現世）において、無量の色身を起し（はかりしれない仏身の力によって）、衆生を摂得（扶ける）する」、二の越は「普遍の世界に衆生を導く」、三の越は「一切衆生の心に入て、怨悪を止ます」、四の越は「喩伽三摩地無上ノ法味を以て、衆生に歓楽を得せしめん」、五の越は「能く衆生をして証（悟る）せしめ、煩悩即菩提を得て、故に禅定に入る④」というのである。立山は一の越から五の越に至る登拝において我々衆生を煩悩即菩提の境地に禅定せしめる山である。こうした信仰世界を総称するのが立山であり、単なる自然景観ではなく壮大なる信仰景観を示すもので、刀尾天神が化現する「経緯（筋道）天地、擁護国土、万古不易（いつまでも変わることのない）の霊地也」と記しているのである。ここにも衆徒の信仰観が如実に示されている。

剱岳については、立山連峰の最高峰であり、五鈷の宝剣が在所する故に剱御岳という。これ故に「剱岳は、大日本の神宝殿にして、清浄光仏の妙境である」と記している。

地獄谷については、「堕地獄の苦しみは、衆生の業報を憐れむものであるが、他ならぬ自らの自業自得の罪である」。経典にいうには、「若し仏法を聴くものがあれば一人として成仏せざるものなし、一念すれば随喜信力が増進⑤し、懺悔滅罪し、さすれば生死の海を脱することができる」と。また、華厳経にいうには、「法界の性は一切『唯心』を造るを観、この理により心自ずから仏心を作る。それゆえに仏は心中の衆生を感し、衆生は心中の仏を念ず」と。「さすれば地獄は天堂となり、自心の所欲に随うものである」と。また、維摩経にいうには、「無明の実性は即ち明であり、是を以て一切衆生皆悉く菩提の性を得るものである」と。言うなれば、地獄の苦しみは、衆生の心中に仏を念ずるこころを得させる方便であるというのである。

このほか、扶桑谷（桑谷）は、「流水により五穀豊穣をもたらし、衆民を安養す」、弥陀原は、「蓮華蔵の世界であり、一切衆生をして迷を転し悟を得せしめ、若し病の者が有れば良薬を与える」、浄土山は「菩薩摩訶薩天竜八部衆、諸山の大権現等灌頂の大道場である」、天狗平は「慢れる者の心を平らかならしめるもの」などと記し、立山山中は「如何なる地も諸仏善神の威光が普く行き渡り、登拝することにより迷いを転じ悟りを得せしめ、驕慢を調伏するなど自在の通力を示現するところである」というのである。

この「立山小縁起」には、立山山麓の人々の該博な仏教経典に関する知識を駆使して、立山の自然景観から導き出された立山の信仰景観が綴られている。

註

①　途方もなく広く無辺の世界に普く施す。

②　よく物を知別する力によって仏法の本質に迫る。
③　常住不変の絶対の真理を修める。
④　瞑想によって仏と合一し衆生を悟りに導く。
⑤　一心に念ずれば仏のまことに随う力が増してくる。

かくて上記の『立山小縁起』においてみてきたように、立山山麓宗教村落の衆徒は、立山に対して山岳景観がもたらした特異な信仰景観を基盤に、仏教経典をはじめ修験道の密教的信仰観を習合して立山信仰の趣意を創りあげ、多くの立山縁起を誌し布教活動に資するものとしたのである。

こうした立山縁起の趣意が絵画化されたものが立山曼荼羅で、その絵解きの手立てを媒介として、全国の檀那場信徒に喧伝された。立山曼荼羅制作の時期は享保〜宝暦にかけてで、山絵図版画の段階を経て試行錯誤しながら形を整えていったのであろう。この立山曼荼羅の創作は、芦峅寺衆徒の衆知を集めた事業であり、十分に練られた彼らの立山縁起に誌された立山信仰観を絵画に反映させたものであった。

立山曼荼羅は文字どおり立山「マンダ・ラ」であり、立山信仰の本質を映し込んだ絵画である。立山の山岳景観や室堂平・登拝道、閻魔堂・布橋・媼堂など諸堂を描き込み、現実世界をベースに非現実世界を重ね、阿弥陀信仰・地蔵信仰・閻魔信仰・十王信仰・帝釈天信仰など諸仏信仰の抽象的精神世界を、絵解きとともに見事に具現化したのである。

第二節　芦峅寺の境界認識

一　芦峅寺における「境界」認識の意味

芦峅寺を拠点とする立山信仰史研究は、これまで加賀藩の宗教政策に関するもの、芦峅寺衆徒の宗教活動に関するものなど、政治・経済史や宗教史など歴史学的視点からのアプローチを中心として進められてきた。しかし、芦峅寺の人々の〝自と他〟や〝聖と俗〟などを比較的に認識する視点から生じた「境界認識」については、ほとんど研究の対象とは考えられてはこなかった。それゆえに、本節においてはこれまでとは視点を変えて、芦峅寺の人々がどのような〝自他や聖俗などの比較〟から生じた生活感覚をもって日常生活を営んでいたのかを、「空間（地理）」という切り口から「境界」という視点で考えてみようとするものである。言い換えれば、芦峅寺という宗教村落の本質を探る場合の方法論として、芦峅寺に居住する衆徒・社人及び門前百姓が日常生活を営むにあたり、意識的あるいは無意識的にかかわらずどのように思考し行動したのか、その背景を「境界の視点」で考えることも必要ではないかとの思いで論を進めるものである。

なお、本節でいう「境界」とは、身体感覚のレベルで境界を意識するもので、きわめて地域在住民の共通した生活感覚から生じた認識によるものであり、多くの場合、その基準になるものは道や川・山などの自然景観に拠ることが多かった。芦峅寺の人々は、自然地形である川・谷・山のほか、橋を架けたり地蔵など石仏を鎮座せしめるなど、人為的に形として「境界」を認識したのである。〝境界を認識する〟ということは、様々な生活環境のなかから、必要に応じて、対峙する二つの異相する「もの」を色分けし、その相違する概念(イメージ)を空間的・地理的視点から、また宗教的視点から、「境界」という線引きによって明確に認識することを指すものである。

本節は、こうした芦峅寺の人々が認識した「境界」について、①全体領域、山の高割《たかわり》(村人個々の所有地を区画する境界を明確にすること)にみられる占有地の「境界」、立山権現社や中宮寺境内など空間的・地理的「境界」の認識、②山中他界観の考え方にもとづく三途の川や媼堂川を境界とする此岸と彼岸の認識、そして、③衆徒や門前百姓の身分、すなわち「人」と「人」との「境界」の認識、以上三つの「境界認識」について試考するものである。こうした「境界認識」が「聖と俗」「日常世界と非日常世界」の観念を生むに至り、立山曼荼羅にみられるような画面構成に反映されたのであろう。

二　芦峅寺の地理的景観

芦峅寺には、里部と異なる空間を画する地理的「境界」が存在した。芦峅寺は常願寺川上流の最奥集落であり、立山への登り口でもある。芦峅寺は、常願寺川の扇頂部に位置する岩峅寺から七㎞ほど奥にあり、山麓奥の孤絶した景観を有している。そのために芦峅寺を含めた当時の人々によって、里部とは異なる様々な「境界」が意識されていたと考えられる。

芦峅寺領域の地名を詳細に標記した絵図として、江戸時代後期に描かれた『芦峅寺高割山絵図』(1)が残されている。

芦峅寺集落は本古絵図にみると、立山道に沿って三三軒の宿坊と五社人の宿坊が両側に軒を連ねており、道筋に沿って宿坊の山側川側に門前百姓の家々がある。また、立山道に面して鳥居があり、鳥居をくぐると慈興上人を祀る開山堂を中心に手前に講堂があり、開山堂の奥北側に大宮とその拝殿、若宮とその拝殿が、杉木立のなかに配置されている。このエリア一帯がいわゆる慈興上人、すなわち「立山権現」を祀る一帯である。おそらく芦峅寺の中心は現在の雄山神社の神域であり、神社としての原型は、今日若宮がある巨岩であったろう。立山神の降り立つ「クラ」である。巨岩の前に開山堂があり、さらにその手前に講堂があった。この講堂は、文明七（一四七五）年の神保長誠の山中の材を採る許可状に「就立山権現社頭并拝殿造営儀(2)」、文明八年の寺嶋誠世の燈明料寄進状に「六間屋敷地子等之事、講堂為燈明、永代御寄進之由(3)」とあり、文明の頃には、現在の雄山神社境内には既に立山権現社及び拝殿・講堂があったことがうかがえる。

また、集落の東端に位置する仁王門から境内道を進むと、立山地獄に関わる閻魔を祀る閻魔堂・鐘楼堂、そして媼堂川に架かる布橋を越えると、杉木立のなかに芦峅寺の地母神である媼尊を祀る媼（祖母堂）堂がある。このエリアを『芦峅寺高割山絵図』では「中宮寺」と注記している。おそらく、近世において、媼堂のエリアを神宮寺と考え、開山堂・講堂のエリアを立山権現を祀る神社と区別して位置づけたのではないか。芦峅寺地域そのものが地理的に宗教性が付与された宗教村落であった。

三　芦峅寺の地理的景観にみる境界認識

1『芦峅寺高割山絵図』に写された境界認識

本図は標題にあるとおり、芦峅寺の住民、宿坊（衆徒・社人）、及び門前百姓の、北側の山中及び川側の地における高割りの実態を詳細に記したものである。高（税の対象となる土地）の占有者の名前を「日光坊当り」「泉蔵坊当り」などと記し、「当り」を付すことによって占有権と高の位置を公表したのである。絵図の北の山側に眼を転じると山中に延びる道が朱色で描かれており、山麓のみならず山中にまで芦峅寺の衆徒・社人の名が記され、高割りされた様子が描かれている。

『芦峅寺高割山絵図』（グラビア頁の絵図を参照）を概観すると、芦峅寺領域がエリアごとに色分けされている。芦峅寺住民居住域は薄い朱色、常願寺川や嫗堂川などの川や湿地は水色、山の中腹以高は薄緑色、山麓部の宿坊などが占有している地域は薄鼠色に塗り分けられている。こうした絵図上の色分けの概念は、古く荘園絵図や寺領榜示絵図・国絵図などにみられる地理的境界の表現方法で、道筋は赤、川筋は紺青、山は緑などに色分けされ、『芦峅寺高割山絵図』も道筋は赤、川筋は黒で示されている。「道」とは、『岩波古語辞典』では「ミは神のものにつく接頭語。チは道・方向の意の古語」とあるように、本来的に聖性を帯び、かつ境界的な場・空間であった。そのような意味では、『芦峅寺高割山絵図』は芦峅寺の人々の境界認識が色濃く反映されている興味深い絵図である。

このほか、芦峅寺域内の地名を拾ってみると、境谷《さかいだん》川・三途《さんずの》川・嫗谷《うばだん》川・志鷹谷《したかだん》川などの川、字閻魔《えんまの》土場《どば》、字堂《どう》ノ《の》後《しろ》、字北ノ門・字南門・字大門、字不動・字遠所地（円城寺）壁などの小字（地域区分の一つ）の地名、字蛇ワミ（蛇喰）・字ヲ谷・字小アッ谷・字イキン谷・字志鷹谷・字ツヘタ水・字野アラ谷などの谷筋の地名、字マヤセ・字ナダレなど山中の地名が記されている。

ある土地に地名がつくのは、それを付けるに当たった人々の現実的な行為である生産的活動や信仰行為など日々の生活によるものであり、それに媒介されることなしには地名は成立・存在しえないのである。そして地名はそれを付ける時点・段階において人々の地名付けの習慣、それを可能にするその時代の地名の名付け力のストック、さらには、それらを支えるその時代の人々の自然・社会認識の枠組に規定されているのである(4)。こうした絵図のなかで地名を標記することは、芦峅寺の人々の「現実的な行為、生産的活動や信仰行為など日々の生活感覚」によるものであり、絵図を色分けすることは、すなわち地域空間の役割を認識することであり、それぞれの地域を明確にする境界を意識したものといえよう。

2　芦峅寺村の地理的景観にみる境界認識

芦峅寺村の全体領域は『芦峅寺高割山絵図』にみられるように、南北は、字ナダレ・字北山・字杉ヤ谷・字中ノ谷・字大シ・字シナゴなどの小字名を付した山と、常願寺川に挟まれた帯状の領域である。東西は、境川から志鷹谷・字野アラ谷を越えて藤橋までである。

『芦峅寺高割山絵図』に描かれた芦峅寺集落を、立山道に沿って「境界」という視点でみていこう。まず集落の入口は境谷川にはじまる。境谷川から東に向かって芦峅寺の宿坊の持ち山が展開する。境谷川からしばらく東に進むと、まず三途川を渡る。東詰に地蔵がある。東に進むと「シデノ山」を越える。さらに進むと六地蔵がある。続いて、小アツ谷から流れる川と三途ノ川の上流との合流点に庚申塚がある。さらに進むと立山道を挟んで南北に門があり、北側は「字北門ノ本」、南側は「字南門ノ本」という。門をくぐると道の両側に社人三軒と門前百姓の家が入り交じり、さらに進むと坊家六軒が道の両側に軒を連ねている。まもなく左手に立山権現社の鳥居があり、くぐると手前に講堂があり、続いて開山堂の手前で参道が、若宮の拝殿と若宮に至る道と大宮の拝殿と大宮に至る道に分かれている。諸堂を含めたエリア全体が鬱蒼と繁る杉木立に包まれて聖域の空間を現出している。

鳥居を過ぎると、立山道を挟んで坊家が両側街の景観を呈している。宿坊の街並を進み、南に折れて中宮寺境内の入口の玉橋に至るまで芦峅寺集落が続く。東西は川が境界をなしている。聖地に入るには禊ぎの川（媼堂川）と橋（布橋）が用意されている。布橋を渡り中宮寺境内に入ると、参道に沿って左右に閻魔堂と鐘楼堂、進んで布橋を渡り、字堂ノ後《どうしろ》で芦峅寺集落が終わる。このエリアは杉木立に囲まれ神韻とした空間であり、媼堂川の以東側、道より北側が三昧・墓域であり、集落と山の境界をなしている。

3「山高」による境界認識

『芦峅寺高割山絵図』には、芦峅寺集落の北の山側に連なる山々に字名が付されており、その山に向かって一二本もの道が朱色で描かれている。山麓のみならず山中にまで道筋のある所には芦峅寺の衆徒・社人の名が記されている。

芦峅寺においては、拝領高を除いた村高一八四石の地は境内地を除いてほとんどが山間の地にあり、このような高（田畑）を「山高」と称していた。占有者の名は朱書きで「日光坊当り」「泉蔵坊当り」「新右衛門当り」などと記され、坊名に「当り」を付している。この「当り」の意味はわからないが、おそらくは高割りの意味を表しているものと思われる。それでも田畠は正確には占有者を特定しえないものであったようである。芦峅寺の村高は里の村と異なり、寄進地と村有地に截然とした区別がなく、また占有者ごとの区別も定かではない「御田地割一集」の状況であった。しかし、『芦峅寺高割山絵図』には芦峅寺住民の割当てられた土地のいわば高割りの場所の「境界」を明確にしたいとの「境界」認識が働いているのである。おそらく「境界」となる目印は、道・川や木々の特徴などによって、あいまいながらも識別・判別していたのであろう。

なお、芦峅寺村の山高の範囲は、「村高領続きより都而立山奥山迄[5]」であり、享保二十(一七三五)年頃までは「芦峅寺之持山」といっていた。その証拠として、「元文四(一七三九)年、媼堂仁王門造立之材木ハ立山段ケ原御林山ニ而相願、伐出シ[6]」ているというのである。

ところで、芦峅寺村の主たる生産物は米ではなく、焼き畑からの産物、及び漆・炭焼きであった。従って年貢の納入も、焼き畑からの産物をはじめ、小物成として生産を公認された漆役とともに、炭竈役(炭焼き)に依存していた[7]。焼畑や炭焼きの場所は立山の山間地にあり、その場所は平地における「田地割り」と同様「山割り」が行われ、場所が交換された。この「山割り」は、百姓中の持高に応じて行われ、時には原村・本宮村へも下《おろ》し作されたのである。それゆえに、山中の「高割」の境界は芦峅寺住民にとっては重要なものであったのである。

四　芦峅寺の此岸と彼岸の「境界」

立山道に沿って「村」の視点から芦峅寺域内をみる。西から東の山方へ進むと、まずは川の名のとおり境谷川が村落領域の入口となり、芦峅寺集落を過ぎて「字コウシラ谷」で終わる。また、芦峅寺集落は「字北ノ門」「字南ノ門」が入口となり字堂ノ後《しろ》で終わるというのが芦峅寺の人々の境界認識である。また、立山山中を「山中他界」という点からみると、「三途ノ川」がいわゆる此岸と彼岸の〝境界〟とイメージされるところである。「三途の川」を渡り、さらに東に行くと「シデノ山」に至る。ここには「此より三途ノ川、死出の山」と刻まれた巨石（現在、立山博物館前に展示）があった所である。吉祥本「立山曼荼羅」には「死出之山跡」と記された石碑が描かれている。この辺りは「三途の川」—地蔵—字「死出の山」—六地蔵—三地蔵—庚申塚があり、集落の入口である「字北ノ門」に至る。此岸と彼岸の〝境界域〟とイメージされるのに恰好の場所である。庚申塚とは周知のとおり、村境に祀られ外部の異神や邪神をこの地でくい止めるとされる民俗的な「境界」点である。集落を過ぎて小川に架かる玉橋に至る。この玉橋は、中宮寺境内の入口であり、集落との境界である。さらに進み媼堂川を布橋で渡り媼堂に至る。

昨今、復元された布橋灌頂会の影響からか、媼堂川は此岸と彼岸の〝境界〟というイメージがもたれているが、媼堂川は媼堂と対とされた川であり、また、布橋は「御宝前の橋」と言われ、やはり媼堂と対とされた橋であった。決して此岸と彼岸の〝境界〟の川ではなく、橋渡りの宗教儀礼を行う舞台として位置づけられたものである。

このように、芦峅寺の人々は地名を媒介としていろいろな「境界」あるいは「境界域」の認識をもっていたのである。

以上、芦峅寺の人々の「境界認識」について試考してきたものである。これまでの歴史学の方法論とは異なった方法論で、芦峅寺の人々の信仰観に迫ろうとしたが、本来の目的としたところには到底及ばなかった。今後の研究をまちたい。

註

（1）『芦峅寺高割山絵図』（個人蔵）（富山県［立山博物館］特別企画展図『山宮に生きる』）（富山県［立山博物館］、二〇〇三年）六～一二頁。

（2）『越中立山古文書』（芦峅寺文書　六番）（国書刊行会、一九八二年）三頁。
（3）『越中立山古文書』（芦峅寺文書　八番）四頁。
（4）黒田日出男『境界の中世・象徴の中世』（東京大学出版会、一九八六年）三九頁。
（5）『越中立山古記録Ⅰ』八三頁。
（6）『越中立山古記録Ⅰ』八三頁。
（7）雄山神社蔵文書。

あとがき

筆者は、富山県［立山博物館］の建設及び運営に関わった二十五年間、芦峅寺など地元の方々、先輩の研究者、立山博物館の学芸員など、多くの方々から山岳信仰あるいは立山信仰について〝いろは〟から教えてもらい、学ばせてもらった。こうした経験のなかで、先人の詳細な研究の成果から多様な論点を整理し、「立山信仰とはなにか」という素朴な疑問に答えられる綜合的な一書を編むのも重要なことと考えるに至った。

思えば筆者が立山信仰研究に関わった契機は、恩師である高瀬重雄先生の導きで立山博物館建設の仕事に携わることになったことである。そして折々にご指導をいただいていた廣瀬誠先生の存在であった。

高瀬先生は大学時代からの恩師であり、富山県史編纂事業に携わったときにも多くの薫陶をいただいた。高瀬先生の専門は日本古代思想であったが、ことに仏教思想には斯界から高い評価を得ておられた。先生は常々、「歴史研究には文献を博捜し緻密な史料吟味と解析を踏まえ、自らの視点で自らの論を行う研究態度が求められる」と教えられた。とはいえ、筆者は、高等学校の教壇に立ってきたので、先生の教えは、なかなか我が身には生かせなかったが、縁あってか立山信仰研究を行うに最適な環境が与えられ、富山県［立山博物館］の特別企画展や研究紀要に、学芸員と共々調査・研究を進めてきたのである。その際の座右の銘ともいうべき書は、高瀬重雄先生の『古代山岳信仰の史的考察』（名著出版、一九八九年）であった。本書はちょうど立山博物館の建設準備に入った頃に先生からいただいたものである。

また、富山県立図書館長でもあった廣瀬誠先生にも多くの学恩をいただいた。廣瀬先生は、文学や郷土の歴史に造詣が深く、なかでも立山の歴史・民俗での研究には『立山黒部奥山の歴史と伝承』（桂書房、一九八四年）など多くの優れた研究があり、折りに触れてご指導いただいた。また、本書のなかで、立山開山の問題も扱っているが、従来の見解を見直すに当たり、由谷裕哉氏の『白山・立山の宗教文化』（岩田書院、二〇〇八年）に大きな示唆をいただいた。なお、芦峅寺衆徒の檀那場形成と配札については、福江充氏の詳細な研究があるため、本論では、このテーマに関しては敢えて触れず、氏の『近世立山信仰の展開』（岩田書院、二〇〇二年）に任せることとした。

近年、特別企画展図録、研究紀要や研究会などに発表してきた論考を整理しているなかから、先人が我々に遺してくれた「立山信仰」とは「どのような思想で、現実の社会に悩み・苦労する人々にいかなる救いの手を差し延べてきたのか」を改めて考えてみたいと思い、本書を著すこととなったのである。構成については、先に挙げた「山岳信仰」の範疇から第一部を「立山信仰の諸相」、そして「山岳宗教」の範疇から第二部を「加賀藩の宗教政策と宗教村落芦峅寺の様態」として考察を試みたものである。

本書の刊行を足がかりに、同好の研究者の指導をいただきながら「立山信仰」のさらなる解明に進んでいきたいものである。そして、上記に挙げた「立山信仰」に関する多様な研究の成果が、多様化・情報化社会といわれる今日において、我々の日常生活のなかに大きな歴史的示唆を与えてくれることを願うものである。

なお本書は、これから立山信仰の研究を志す若い学徒の指針ともなればとの思いで著したものであり、願わくば「立山信仰研究をめざす学徒へ与えるの書」となれば幸いである。

本書は、初出論考に加えて、富山県［立山博物館］の特別企画展図録・研究紀要、学会発表や講演レジメなどの原稿にて部分的に加筆・補訂・削除など手を加えて構成したことをお断りしておきたい。

本書の刊行に当たっては、今は亡き髙瀬重雄先生・廣瀬誠先生をはじめ山折哲雄先生・林雅彦先生、筆者がかつて所属した富山県［立山博物館］の職員をはじめ学芸員の諸氏、史資料の閲覧提供などにご協力いただいた富山県立図書館、地元芦峅寺の方々に対し、深く感謝の意を表する次第です。

本書執筆に際しての格別の学術指導、写真・資料の閲覧・掲載など格別の御高配に対し、ここにお名前を記して厚く御礼申し上げます（五十音順）。

機関等　芦峅寺雄山神社、芦峅寺一山会、芦峅寺大仙坊（佐伯令麿氏［故人］、佐伯睦麿氏）、同日光坊、同善道坊（佐伯賢氏）、同宝泉坊（佐伯健一氏）

富山県［立山博物館］、富山県立図書館、富山県埋蔵文化財センター

個人　安念幹倫氏、岩鼻通明氏、太田久夫氏、加藤基樹氏、木本秀樹氏、久々忠義氏、久保尚文氏、佐伯泰正氏（故人）、佐伯信春氏、林雅彦氏、福江充氏、古沢尋三氏、安田喜憲氏、山折哲雄氏、吉秋潤氏、由谷裕哉氏

最後に、出版事情の困難な時期、快く本書出版の機会を与えていただき、上梓に至るまで格別のご配慮・ご便宜・ご指導を賜りました岩田書院　岩田博氏、桂書房 代表勝山敏一氏に心から感謝の意を表します。

平成三十年十一月五日

米　原　寛

初出一覧

各章を構成するに当たり参照とした論考の主な初出は次ぎのとおりである。

序章　立山信仰の研究史と考察概要

・「立山信仰研究に寄せて」富山県［立山博物館］企画展図録『立山信仰―祈りと願い』（富山県［立山博物館］編集・発行　一九九四年七月）

・「立山信仰研究の視点」『地方史研究』二六九　第四七巻　第五号（地方史研究協議会　一九九七年）

第一部　立山信仰の諸相

第一章　日本人の山岳観と霊山立山

・「日本人の自然観と立山」『ラスキン文庫』50号（財団ラスキン文庫　二〇〇六年）

・「日本人の霊山と立山」『山の世界』梅棹忠夫・山本紀夫編（岩波書店　二〇〇四年）

第二章　立山の宗教景観の変容と開山

・「検証　立山開山」について（富山県［立山博物館］『研究紀要』第一七号（富山県［立山博物館］編集発行　二〇一〇年）

第三章「立山信仰」の基層

・「剱岳信仰をめぐる若干の考察」（富山県［立山博物館］『研究紀要』第一五号（二〇〇八年）

・「霊山信仰と立山」『山の世界』

・「立山曼荼羅に内在する「立山信仰」の基層を考える」（富山県［立山博物館］『研究紀要』第一九号（二〇一二年）
・「序にかえて」富山県［立山博物館］特別企画展図録『立山に地母神おんばさま』（富山県［立山博物館］編集・発行　二〇〇九年）
・「芦峅寺うば尊の性格とうば尊像造立の背景―山姥の伝承から―」（富山県［立山博物館］『研究紀要』第八号（二〇〇一年）
・「山の民の祈り」県民カレッジテレビ放送講座『山に暮らす』（富山県民生涯学習カレッジ発行　平成一〇年）

第四章　立山信仰にみる地獄観と浄土観

・「文学にみる古代・中世の地獄思想と立山」（富山県［立山博物館］『研究紀要』第一六号（二〇〇九年）

第五章　立山信仰にみる救済の論理

・「立山にみる救済の論理」『富山史壇』第一七九号（越中史壇会 発行・編集　二〇一五年）

第六章　布橋大灌頂、そのカタチと思想

・「近世以前における『女性と救済』の論理―女性史の視点から」富山県［立山博物館］特別企画展図録『立山と帝釈天』（二〇一三年）

第七章　芦峅寺衆徒の立山信仰観―立山曼荼羅の諸相―

・「立山曼荼羅は参詣曼荼羅か」富山県［立山博物館］特別企画展図録『綜覧 立山曼荼羅』（二〇一一年）
・「越中における摺り物文化事情」富山県［立山博物館］特別企画展図録『木版文化と立山』（二〇一二年）
・「古絵図とそのコスモロジー」富山県［立山博物館］特別企画展図録『木版文化と立山』（一九九三年）
・「立山曼荼羅の絵解き」『国文学解釈と鑑賞』第68巻6号（至文堂　二〇〇三年）

・「立山曼荼羅に内在する立山信仰の基層を考える」富山県［立山博物館］『研究紀要』第一九号（二〇一二年）

第二部　加賀藩の宗教政策と宗教村落芦峅寺の様態

第一章　加賀藩の宗教政策と芦峅寺・岩峅寺

・「加賀藩の宗教政策と芦峅寺・岩峅寺」富山県［立山博物館］『研究紀要』第一八号（二〇一一年）

・「近世最初期における前田氏の諸大寺対策」富山県［立山博物館］『研究紀要』第九号（二〇〇二年）

第二章　近世宗教村落芦峅寺の様態

・「宗教村落芦峅寺の「村」としての性格―税負担の面から」富山県［立山博物館］『研究紀要』第一一号（二〇〇四年）

・「芦峅寺門前地の形態―宗教村落芦峅寺の場合―」富山県［立山博物館］『研究紀要』第一号（一九九四年）

・「岩峅寺・芦峅寺の論争とその歴史的要因」富山県［立山博物館］『研究紀要』第一三号（二〇〇六年）

第三章　芦峅寺衆徒の立山信仰観

・「近世における芦峅寺の境界認識について」富山県［立山博物館］『研究紀要』第二〇号（二〇一三年）

米原 寛（よねはら ひろし）略歴

1943年　富山市に生まれる。
1966年　富山大学文理学部文学科卒業。
1966年～2013年　県立高校教諭・校長、富山県史編纂室、富山県教育委員会
富山県［立山博物館］学芸課長、富山県［立山博物館］館長

■主要論文（共著）

・『日本農書全集』5　（農山村漁村文化協会　1978年）
・『富山県の歴史と風土』（『新越中風土記』）（創土社　1977年）
・『文化誌日本　富山県』（講談社　1987年）
・『富山県の教育史』（思文閣　1985年）
・『越中の人物』（巧玄出版　1978年）
・『図説富山県の歴史』（河出書房新社　1993年）
・『富山の知的生産』富山学研究グループ編　（富山県　1992年）
・『山の世界』梅棹忠夫・山本紀夫編　（岩波書店　2004年）

■論文

・「観音院の神事能について」（一・二・三）『富山史壇』第43号～第47号
・「日本人の自然観と立山信仰」
・「富山売薬株仲間の構造」上・下　『富山史壇』第68号・第70号
・「反魂丹売薬の機能と構造」『富山史壇』第62号・第63号合併号
・「越中における神仏分離と廃仏毀釈」『近代史研究』10号
・「富山の売薬」『近代史研究』16号
・「越中の茶の湯」『富山の茶室』（桂書房　1987年）
・「越中における情報と物流―立山信仰を素材として」『地方史研究』269（1997年）
・「売薬資本と近代産業の導入」『富山県薬業史』通史（1987年）
・「富山の文化個性―その試論」『富山の文化往来』（富山新聞社　1989年）

他

立山信仰史研究の諸論点

2018年11月30日　初版発行

定価　本体 2,500円＋税

著　者　米 原　寛
発行者　勝 山 敏 一

発行所　桂　書　房
〒930-0103 富山市北代3683-11
Tel 076-434-4600
Fax 076-434-4617

印 刷／株式会社 すがの印刷
製 本／株式会社 渋谷文泉閣

地方・小出版流通センター扱い　ISBN978-4-86627-057-9